INDICE

CW01502205

Della stessa autrice

Nella collezione Le Scie
Lucrezia Borgia

Traduzione di Tania Gargiulo

ISBN 88-04-42012-X

Geneviève Chastenet

PAOLINA BONAPARTE

La fedele infedele

MONDADORI

LE SCIE

PAOLINA BONAPARTE

Ad Antoine

I

FIGLIA DEI BOSCHI

Mentre Napoleone era nato il giorno dell'Assunzione della Vergine, la sorella minore Paola Maria venne alla luce nel giorno di Venere, un venerdì: il 20 ottobre 1780 alle dieci di sera, sotto il segno della Bilancia, nella modesta casa Buonaparte di via Malerba, ad Ajaccio.

Sedici anni prima suo padre, Carlo Maria Buonaparte, aveva sposato, diciottenne, la quattordicenne Maria Letizia Ramolino. Da quel momento le gravidanze della signora Buonaparte si erano succedute secondo un ritmo rigorosamente mediterraneo: la bambina venuta ad allietare il loro focolare era la sesta nella serie dei figli sopravvissuti.

A parte l'amore reciproco, i genitori della neonata avevano ben poco in comune: Carlo era un gaudente con le mani bucate, Letizia una «mamma di famiglia» ben organizzata. Il padre, di bell'aspetto, con una fisionomia regolare anche se un po' molle, era uomo di piaceri, amante del lusso, convinto che il denaro è fatto per essere speso, anche se uno non ce l'ha. Di qui la sua spiccata tendenza a diffondere a piene mani un bene quanto mai volatile. Carlo Maria aveva gusti fastosi – i suoi vestiti uscivano dalle mani del miglior sarto disponibile – voleva far colpo, era vanitoso; tendeva perciò allo sperpero. Sotto le magnifiche apparenze, poi, coltivava una passione nascosta: trovare, ad ogni costo, le prove dell'antichità e nobiltà del suo lignaggio. Dopo vari maneggi, nel 1757 aveva ottenuto dal granduca di Toscana, sovrano della Corsica, il «di-

ritto al patriarcato», mentre nel 1771 il consiglio giudizia-
rio di Ajaccio aveva dal canto suo attestato che i Buonaparte risultavano appartenere alla nobiltà da oltre due secoli. Tale felice sentenza non valse tuttavia a colmare i
vuoti nel bilancio di famiglia; Carlo Maria passava ore e
ore a sfogliare i rami dell'albero genealogico, senza darsi
il minimo pensiero dei bruchi che divoravano i gelsi nel
suo minuscolo possedimento ai Milelli. Eppure l'intelligenza sveglia e disinvolta, e la prontezza nel saper cogliere le intenzioni degli avversari, gli avevano assicurato la
celebrità come avvocato presso i suoi concittadini, oltre a
permettergli di recuperare qualche piccola eredità, dopo
mille brighe e cavilli. Era un uomo sempre perfettamente
disinvolto, più adatto all'intrigo che all'azione, mai turba-
to dall'eventuale rango del proprio interlocutore e dotato
di una faccia tosta a tutta prova. Sicuro di sé, vivace, per-
spicace, con una perfetta padronanza della lingua francese, una dote rara nella Corsica di allora: era insomma una
mente brillante, sapeva sedurre e persuadere. Il signore di
Marbeuf, inviato ad Ajaccio da Luigi XV dopo che i geno-
vesi avevano ceduto la città alla Francia, era rimasto ben
presto vittima del fascino meridionale di Carlo Maria, per
lui insolito e sconosciuto, ed era divenuto il protettore
della famiglia Buonaparte.

Letizia Ramolino, «bella come Amore», aveva sposato
Carlo Maria nel 1764. Era l'opposto del suo frivolo e volubile consorte: virtuosa ma non puritana, ignorante ma dotata di saggezza e saldezza di giudizio, una brava donni-
na con un senso dell'economia addirittura forsennato, che
completava nel modo più opportuno l'uomo leggero del
quale non condivideva né i gusti né le manie. In compenso tributava al marito una sorta di culto fatto di ammirazione e devozione, conservando un indulgente silenzio di
fronte alle sue scappatelle. Durante le aspre battaglie
combattute dai còrsi contro i francesi l'aveva seguito per
giorni e notti intere, arrampicandosi sui sentieri di montagna, sotto la pioggia, il vento, il sole, rianimando l'ardore

dei combattenti, esaltandone il coraggio e proclamando: «Bisogna battersi fino all'ultimo uomo, trionfare o perire».

Poiché il marito si era ben presto unito alle forze del re di Francia, Letizia si era a sua volta ritirata nel gineceo, con pudica discrezione; finiti i tempi eroici, era subentrato il grigiore quotidiano. Letizia, con il suo sano buon senso, piuttosto refrattaria alle chimere della voluttà, si trovava alle prese con un compagno dissipato sul quale non si permetteva di formulare giudizi. Senza recriminare, la giovane e indomita madre compiva autentici prodigi di economia per riuscire a metter qualcosa in pentola. In seguito sarebbe stata tacciata di spilorceria; nessuno avrebbe ricordato come nel corso di lunghi anni Letizia avesse dovuto ogni giorno lottare contro la paura delle ristrettezze, e quindi l'avarizia fosse una reazione difensiva imposta dall'esperienza.

I due figli maggiori non erano più a carico della famiglia, ma di Luigi XVI, grazie all'intervento del governatore dell'isola: Giuseppe nel collegio militare di Autun, Napoleone in quello di Brienne. I fratelli minori, rimasti nella casa di via Malerba, Luciano che aveva cinque anni, Elisa di tre (in origine il suo nome era Marianna) e Luigi di due, avevano accolto con curiosità la nuova sorellina. In genere i genitori preferivano l'erede maschio, ma secondo il detto popolare «la bella famiglia comincia da una bella figlia». Purtroppo la natura non era stata troppo generosa con Elisa, e quindi sulla nuova venuta, addormentata nella culla, si rivolgevano sguardi carichi di una certa ansia, che poi si scioglieva in compiacimento. La madre aveva intrecciato nelle fasce della neonata i consueti portafortuna: un minuscolo frammento di corallo rosso per difenderla dal malocchio, una foglia d'olivo benedetta nella domenica delle Palme, e smoccolatura di candele presa in chiesa, per impetrare la benedizione del Cielo. Fino al giorno del battesimo la protezione dei neonati restava affidata a questi oggetti.

Come padrino della neonata fu scelto lo zio dal quale si

sperava una eredità, l'arcidiacono Luciano Buonaparte. Nell'attesa, la famiglia doveva tenersi all'altezza del proprio rango ricevendo i notabili cittadini, vivere insomma al di sopra dei propri mezzi. Grazie al conte di Marbeuf, Carlo era stato nominato consigliere del re e assessore presso il tribunale di Ajaccio: tali onori implicavano una certa quantità di obblighi sociali, e di conseguenza una serie di fastidi soprattutto per Letizia, costretta a farsi prestare i piatti, l'argenteria, le tovaglie, a comprare candele, a procurarsi donne di servizio, a spostare i mobili e a sorvegliare i bambini, che approfittavano della confusione per scappare in strada; così diventava necessario distribuire sculacciate commisurate all'età dei colpevoli.

Le gravidanze proseguivano a scadenze regolari: ai primi del 1782 Letizia mise al mondo Maria Nunziata – che più tardi avrebbe preso il nome di Carolina – e due anni dopo Girolamo. Il 24 febbraio 1785 Carlo Maria morì di cancro allo stomaco a Montpellier, dove era andato per sbrigare i suoi affari. Dopo aver assistito il padre negli ultimi giorni di vita, Giuseppe si imbarcò alla volta di Ajaccio, per preparare la madre all'annuncio della perdita. Letizia aveva trentasei anni: «In diciannove anni di matrimonio» raccontò in seguito «ho dato alla luce tredici figli, tre dei quali sono morti in tenera età e due alla nascita». Da allora in poi, dedicò tutta se stessa agli otto superstiti: i cinque più piccoli erano completamente a suo carico, e tutto il suo patrimonio consisteva in qualche vigneto, certe povere fattorie e un po' di bestiame. L'esiguità dei suoi averi costringeva la signora Buonaparte a impostare l'economia familiare su basi ancor più modeste. Delle tre donne che costituivano la servitù soltanto una rimase al suo servizio: Saveria, con un salario di tre franchi al mese. I bambini continuarono a dormire tutti insieme sullo stesso pagliericcio posato sul pavimento; montare un vero e proprio letto sarebbe costato troppo.

Questi sconvolgimenti familiari non sembravano toccare Paolina, la piccola ammaliatrice traboccante di gioia di vivere, appassionata e maliziosa, sempre a cavalcioni sulla ringhiera delle scale, per la disperazione della madre. Senza la minima cattiveria, Paolina adorava fare scherzi sbarazzini, si divertiva a scarabocchiare pupazzi sui muri imbiancati a calce o a rifare il verso alla nonna, la signora Fesch, una vera e propria fata madrina. Tutte queste mancanze di rispetto erano severamente rimproverate, ma Letizia non sapeva resistere all'incanto di quella sua creatura impulsiva, che diffondeva intorno a sé felicità e allegria.

Il mondo infantile era destinato a essere spazzato via dall'apparizione del fratello ancora sconosciuto. Il 15 settembre 1786 giunse ad Ajaccio dalla Francia un battello sul quale viaggiava il primo còrso che fosse diventato ufficiale del re Luigi XVI. Sulla banchina, in mezzo alla folla oppressa dall'afa, lo attendevano Letizia, con un abito di merletto nero e con tutti gli accessori di cerimonia, insieme a Luciano, Luigi, Carolina e Girolamo. Tutti tacevano, soltanto Paolina tempestava la madre di domande. La scialuppa dei passeggeri si staccò pian piano dalla fiancata del grande veliero. A prua, spiccava nel sole la figura di un giovane nell'uniforme color blu reale, con i risvolti scarlatti.

Da lontano, Napoleone riconobbe la tribù parentale: con un salto fu sul molo, e poi fra le braccia della madre. Paoletta, sempre tanto chiacchierina, ammutolì di sbalordimento; il pallido, appassionato tenente diciassettenne, sorto dalle acque, guardava stupito la piccola selvaggia di sei anni dagli occhi d'ambra, che lo scrutava avidamente.

Letizia pensò che era ormai tempo di far diventare la giovane Paolina una persona civile; la scuola delle suore era quel che ci voleva.

Appena Napoleone fu ripartito per la Francia per rientrare in servizio, la famiglia si ripiegò su se stessa; e il denaro continuava a scarseggiare. La parola d'ordine era: mai spendere; perciò tutti dovevano dare il loro contributo. Luigi e Paolina avevano il compito di andare a prendere la farina al mulino, di raccogliere le patate, mungere le capre e le pecore, preparare i formaggi, bacchiare i castagni per farne cadere i frutti e vendemmiare la vigna dell'Esposata. La madre comprava soltanto l'indispensabile: riso, zucchero; ma nessun genere di dolciumi, mai. In inverno la dieta della famiglia era più che austera: minestrone di erbe e foglie di cavolo, di tarassaco, di finocchi, accompagnati da fave o da una polenta molto densa, e per finire un panetto che faceva le veci del dolce, il «pisticcino» di farina di castagne e formaggio. I piatti erano di terracotta e le posate di legno. Paolina sapeva già che «le disgrazie della pignatta soltanto il mestolo le conosce». Il rigore spartano della mensa si attenuava soltanto a Natale, quando nei piatti si affacciava la carne. Lo scrittore scozzese Boswell, che fece un periplo della Corsica, ne parlava come dell'«unico paese al mondo, forse, che non abbia mai conosciuto il lusso».

Paolina, ignara di ciò che il superfluo avrebbe potuto rappresentare, viveva in perfetta felicità, ben decisa a godere la vita con tutto il suo essere. Per metà selvaggia, per metà almeno un poco incivilita grazie all'intervento delle suore della scuola, con una sua ingenua grazia, a vederla correre per boschi, forre e calette nei dintorni di Ajaccio, pareva uscita dalla decorazione di un vaso greco. Il terreno da capre, i sentieri a picco sul mare non la spaventavano: insieme alle amichette e ad altri monelli della sua età, correva a perdifiato dappertutto, abbandonava i vestiti per tuffarsi in acqua, poi si asciugava sugli scogli, e quando cominciava a sentir fame, raccoglieva more selvatiche dalle siepi di rovo. Alla fine la piccola razziatrice tornava nella cupa casa di via Malerba, tutta inzaccherata, il vestito lacero, le scarpe sfondate; ma anche profumata di zafferano, ebbra di sole, di rosmarino e di libertà. In seguito avrebbe cercato spesso di ritrovare quella fragranza di paradiso, legata all'infanzia, a una felicità senza ombre. Invano.

Nel 1789 il clima francese divenne febbrile, e con il ritorno di Napoleone e di Giuseppe la tranquillità della famiglia fu sconvolta. Intanto, per prudenza fu staccato dalla parete il ritratto del conte di Marbeuf, troppo compromettente. Ad Ajaccio i due fratelli rividero l'amico Carlo Andrea Pozzo di Borgo, destinato a diventare più tardi un irriducibile avversario di Napoleone. Casa Malerba diventava così il luogo di riunione per l'intero clan dei patrioti; nel corso delle loro assemblee la madre moderava l'ardore dei neofiti, infiammati dal vino di Sposetto. Le discussioni si annodavano accanitissime intorno a una mensa frugale, prolungandosi fino al mattino, quando i meno dotati di resistenza erano ormai crollati addormentati sulle scale o addirittura al suolo, sulla terra battuta.

La generazione più giovane, di cui facevano parte Luigi, Paolina, Carolina e Girolamo, approfittava in allegria dell'allentamento nella sorveglianza degli adulti. I ragazzi andavano sulle piazze della città, per ballare al suono di un violino danze come la «zilimbrina», la «conca», la tarantella. La loro corifea vi si abbandonava con tale entusiasmo da rientrare grondante di sudore, eccitata, insomma indomabile. E del resto, al rientro della banda, gli scapaccioni toccavano innanzitutto alle monelle – era molto più semplice sollevare una sottana che slacciare un paio di brache – e soltanto dopo ai monelli. L'uso di simili energici mezzi di correzione, totalmente inefficaci benché somministrati con coscienziosità, spingeva i bambini a ricominciare senza fallo il giorno dopo, tanto più che le divergenze fra Napoleone e Paoli lasciavano loro il campo libero. Infatti, la loro era una casa di cospiratori.

Il fratello grande, più còrso che francese, aveva tentato un colpo di mano contro la cittadella di Ajaccio, ma senza successo. Dopo la sconfitta, il cauto Paoli lo aveva sconfessato, e da allora casa Malerba si era trasformata in una valle di lacrime. Alle tante disgrazie di cui soffriva la famiglia se ne aggiungeva un'altra: lo zio ricco, l'arcidiacono Luciano, non si decideva a morire, e prolungava la sua agonia su un materasso imbottito di monete d'oro, i risparmi di tutta una vita. Poiché dai Buonaparte la scarsità di denaro doveva essere cronica, la famiglia pensò di inviare dal morente la più furbetta della tribù, affinché ridendo e scherzando cavasse dalle profondità del materasso qualche luigi d'oro. Sorpresa sublime: la monella riuscì a tirar fuori un sacchetto troppo pesante per lei, che si lacerò cadendo sull'impiantito, per cui le monete si sparpagliarono in tutti gli angoli della camera. All'insolito strepito il vecchio assopito si scuote dal dormiveglia; sul momento l'enormità del malanno lo lascia senza parole, allorché scorge la birichina che saltella su uno strato di luigi d'oro, oppure si accoccola per giocare con le monete che rotolano sotto i tavoli. Ma la gravità del pericolo gli fa riacquistare la voce: grida, la famiglia accorre. Letizia, pietrificata, non crede ai suoi occhi, mentre i bambini osservano con stupore l'espressione indispettita con cui lo zio Luciano giura davanti a tutti i santi che quel tesoro gli è stato affidato da altri, e non appartiene a lui. Tutti sogghignano sotto i baffi, ma raccolgono i pezzi d'oro e li restituiscono al proprietario, che li conta uno per uno prima di rinchiuderli nella borsa di pelle.

Tuttavia l'arcidiacono era davvero in punto di morte; fu il giovane abate Fesch, fratellastro della madre, a portargli gli estremi sacramenti alla presenza dei familiari riuniti. Paolina, insieme ai fratelli e alla sorella, ricevette dal morente le ultime raccomandazioni e la benedizione. Per la giovanetta undicenne, quella era la prima visione della morte. Lo zio ricco aveva appena esalato l'ultimo respiro quando la madre chiuse con garbo le imposte e coprì gli specchi, mentre lo zio Giuseppe accendeva tre ceri a capo del letto. Paolina, Carolina e Girolamo ebbero l'incarico di spegnere il focolare. Poco dopo una folla rumorosa invase la casa per la veglia, mentre la «piagnona» cominciò il suo lamento, cantando un panegirico del defunto su una lenta melopea.

Il panegirico risultò in gran parte giustificato, quando furono note le ultime volontà dello zio: sia ai figli, sia alle figlie Buonaparte la fortuna parve sorridere. Queste ultime avrebbero ricevuto una «dote conveniente» ma sarebbero state costrette a rinunciare a casa Malerba e al podere dei Milelli.

Un anno dopo, accompagnato dalla sorella Elisa, che era appena uscita dalla scuola fondata dalla marchesa di Maintenon, sposa morganatica del re Luigi XIV, per le fanciulle della nobiltà in ristrettezze, Napoleone tornava all'isola natale. Paolina non aveva la minima simpatia per la sorella, piena di pose e di arie, alla quale aveva affibbiato il nomignolo di «Mademoiselle de Saint-Cyr». Elisa, dopo otto anni di scuola insieme a giovani aristocratiche, ostentava disprezzo per la contadinella; peggio, la sua pedanteria arrivava a farla parlare francese con Luciano. Il fratello aveva da poco accolto nella casa diversi militari di marina appartenenti alla squadra dell'ammiraglio Truguet, bloccata nel porto di Ajaccio dalla flotta inglese. Gli ufficiali dalle rutilanti uniformi suscitavano la meraviglia e la curiosità di Paolina, Carolina e Girolamo, che si divertirono non poco a interferire nel duetto d'amore intonato dal bel Truguet con Elisa. Ma l'amoretto ebbe vita breve, perché ben presto il giovane ammiraglio ricevette da Parigi l'ordine di levare le ancore.

In quel periodo la denuncia del «tradimento» di Paoli, accusato da Luciano di essere un «agente dell'Inghilterra», esponeva Letizia e i suoi figli al furore di un pubblico ostile. Non solo l'intera Corsica ribolliva di collera contro i francesi, ma era schierata con Paoli: e quindi, nella primavera del 1793 i Buonaparte furono dichiarati «traditori, nemici della patria e degni di esecrazione e infamia eterne». Letizia vietò ai bambini di uscire di casa, mentre Elisa, la sorella maggiore, aiutava la madre a calmarne il malumore.

La situazione si faceva sempre più insostenibile. La sera del 25 maggio Letizia non riusciva a dormire per la preoccupazione, dopo il laconico messaggio di Napoleone: «Preparatevi, questo paese non è per noi».* Il fratellastro

---

* In italiano nel testo. [*N.d.T.*]

Joseph Fesch la informò che i delegati della Convenzione preparavano da due giorni una spedizione punitiva contro Ajaccio.

Nella calda notte di maggio un gruppo di uomini armati percorreva in fretta la via Malerba; bussarono con discrezione alla porta di casa Buonaparte e il loro capo, Costa, si fece riconoscere, annunciando con voce affannata che i partigiani di Paoli li seguivano a pochissima distanza e non c'era un minuto da perdere. Cominciò uno sbattere di porte, un accendersi di lumi, subito spenti, dietro le imposte chiuse; in gran fretta, i bambini furono svegliati, si fecero dei fagotti con un po' di stracci, Elisa gettò alla rinfusa in una piccola borsa di cuoio pane, castagne, formaggio. Letizia affidò alla madre Girolamo e Carolina, troppo piccoli per essere esposti agli inevitabili rischi della fuga, ma anche per servire a Paoli come ostaggi. Era una notte di tempesta, sulla soglia della casa si riuscivano a distinguere appena le sagome di una matrona, con un velo sulla testa, di un ecclesiastico, l'abate Fesch, di un ragazzo e di due giovanette, Elisa e Paolina. Nel silenzio più totale, la piccola processione, attorniata dai fedeli contadini di Boccognano e di Bastelica, si mise in cammino nella città immersa nelle tenebre, in cui rieccheggiavano rumori e grida, e si diresse verso i Milelli. Dopo qualche tempo, i fuggiaschi scorsero in lontananza bagliori di incendio e pesanti vortici di fumo che salivano sopra Ajaccio:

«È casa nostra che brucia!» gridò Paolina.

«Non importa» rispose Letizia, «la ricostruiremo ancora più bella.»

Il luogo scelto per la prima sosta si rivelò poco sicuro, e il gruppo dovette ripartire. Nella campagna addormentata, nella notte buia, senza stelle visibili, una donna di quarantatré anni, accompagnata da pochi fedelissimi e dai suoi figli, si inerpicava per sentieri tortuosi, dove le spine laceravano gli abiti e insanguinavano le gambe dei proscritti. Per sei giorni e cinque notti continuò la loro odissea: la marcia divenne sempre più faticosa, Luigi e Paolina avevano i piedi indolenziti e pesti, gemevano e rabbrividivano per il freddo e la paura; e come tutta consolazione, Letizia diceva:

«Non piangete, fate come me, patisco e sto zitta.»

Ottimi consigli, ben difficili da seguire quando si hanno quattordici e dodici anni; quella fuga da incubo era destinata a provocare nella piccola Paolina uno sconvolgimento profondo, che lasciò su di lei un segno incancellabile.

Lo sfinimento costrinse i fuggiaschi a fare una sosta: avvolti nelle coperte, mentre gli uomini di Costa facevano buona guardia, si addormentarono sulla nuda terra, ma soltanto per qualche ora, perché il tempo stringeva. Le bande di ribelli, lanciate all'inseguimento dei Buonaparte come se fossero a caccia di selvaggina, li incalzavano da vicino, obbligandoli a rimettersi in marcia, ed essi proseguirono facendosi largo nella fitta macchia di corbezzoli, eriche, lentischi. Si trovarono di fronte l'ostacolo di un torrente gonfiato dalle piogge, ma che doveva ad ogni costo essere attraversato. Per miracolo, un contadino della scorta riuscì a procurarsi un cavallo in una vicina fattoria. Così, con una serie di trasbordi, tutti riuscirono a passare sull'altra sponda, e la fuga proseguì su sentieri impervi fra le rocce. Dopo tante prove, i proscritti, gli abiti laceri, sudati, tormentati dalle punture di insetti, ubriachi di fatica, giunsero alla meta tanto desiderata: una minuscola insenatura sul mare. Tutti si lasciarono cadere sulla distesa di sabbia e ghiaia, ma ben presto si ripresero, e rimasero a scrutare l'orizzonte come naufraghi sulla terraferma. Dopo molte ore ecco profilarsi un piccolo vascello che batteva bandiera repubblicana; subito Letizia e i suoi figli accesero un falò per segnalare la propria presenza. Il veliero si avvicinò e Napoleone, venuto a cercare i suoi familiari, fece mettere in mare una scialuppa. Ben presto il loro salvatore li prese a bordo e fece rotta verso Calvi, dove giunsero il 3 giugno.

Per il momento, il grosso peschereccio còrso aveva fi-

nalmente raccolto tutti insieme, isolati tra cielo e mare, coloro che dopo breve tempo sarebbero diventati un imperatore, un re, una regina, una duchessa e una principessa,
i cui nomi dovevano riecheggiare fragorosamente da un
capo all'altro dell'Europa.

II

IL FRUTTO ACERBO DEI BUONAPARTE

Ai profughi non ci volle molto per recuperare l'aspetto da persone civili: fu sufficiente una breve sosta presso i Giubega, ricchi parenti che offrirono loro la possibilità di sostituire gli abiti ridotti a brandelli e di medicare le escoriazioni. L'11 giugno, per non compromettere con la loro presenza una famiglia tanto generosa e ospitale, Letizia, dopo essersi riunita ai figli Carolina, Gerolamo e Giuseppe, che avevano trovato rifugio presso i cugini Parravicini, decise di imbarcarsi verso il continente. Ormai sapeva bene che l'avvenire dei Buonaparte era in Francia: la Corsica era perduta per sempre.

Al momento dello sbarco a Tolone dell'intero gruppo di disperati, quando Luciano si fece incontro alla madre per darle il benvenuto, Letizia non si sentì affatto sollevata. La città era in preda alla febbre e all'anarchia, mentre i «cittadini forzati» si erano ribellati, sfogando tutto il loro odio: avevano torturato e poi fatto a pezzi l'ammiraglio d'Argenson, il maggiore generale di Rochemares, e massacrato molti altri ufficiali.

Luciano riuscì finalmente a trovare per la sua famiglia, priva di tutto, due camere in una casetta nei sobborghi di Tolone, a La Valette, e si adoperò per rendere legale il soggiorno dei suoi. I passaporti, sui quali Letizia, Elisa e Paolina erano descritte come «sarte», mentre Luigi, Carolina e Gerolamo apparivano come «scolari», servivano a regolarizzare la loro posizione nei confronti del potere in carica, o almeno di colui che ne faceva le veci.

La loro padrona di casa, madama Cormeil, li ricevette con affettuosa cordialità e si affezionò ai ragazzi, i quali ritrovarono tutta la loro allegria, soprattutto Paolina: durante la tragica marcia fra le montagne, era rimasta così scossa che i primi sintomi della sua maturità di donna si erano manifestati in forma improvvisa e violenta.

Per un mese circa, vivendo in una regione di sole e di olivi che non poteva non ricordare loro la Corsica, Letizia e i suoi figli videro l'avvenire a tinte un po' meno fosche. Riuscirono a farsi assumere da una sartoria, dove Paolina scoprì incantata dei tessuti spumosi, le lievissime tele d'India. Il suo lavoro consisteva nel ricamare giarrettiere, e in quel regno della civetteria la fanciulla si trovava già pienamente a proprio agio.

Purtroppo il 12 luglio Tolone insorse, per scrollarsi di dosso il giogo dei clubbisti rivoluzionari. Per l'appunto Luciano era fra i membri più compromessi di quei circoli, e così, sotto la sua «protezione», la famiglia ammucchiò in tutta fretta, alla rinfusa, un po' di provviste e di stracci, e corse a rifugiarsi prima a Le Beausset, poi, siccome l'intera regione era insorta, a Mionac, a Bandol, infine a Marsiglia. Nella città fondata dai focesi il generale Carteaux, che aveva soffocato la ribellione, affidò un piccolo incarico nell'intendenza a Luciano, tornato in grazia, assicurandogli un modesto compenso che avrebbe permesso a Letizia e ai suoi figli di non morire di fame, e di trovare un tetto in rue du Pavillon numero 7.

La futura principessa Borghese, la futura granduchessa di Toscana, il futuro re di Napoli, il futuro re d'Olanda e la loro madre trovarono alloggio in una sordida viuzza del vecchio porto, dal selciato sconnesso, dai canali di scolo traboccanti di liquami di fogna, dove ristagnava l'odore di pesce marcio e di olio rancido, e dove si aggiravano in libertà cani, gatti, polli, maiali. Tre stanzette al quarto piano di una casa vetusta, a cui si arrivava per una scala ingrommata di sporcizia. L'arredo era quanto mai misero: tre materassi dovevano bastare per tutti, il tavolo era uno solo e senza sedie, il vasellame era di terraglia e legno; le finestre erano per lo più schermate con fogli di carta oleata e i pochi vetri rimasti interi erano così offuscati che era impossibile distinguere la strada.

Letizia non osava neppure uscire: parlava un cattivo francese, con un forte accento còrso che attirava troppo l'attenzione. Quindi mandava fuori la figlia maggiore e Paolina, vestite come mendicanti – ma prima aveva cura di fissare con gli spilli le coccarde tricolori alle loro cuffie – a fare la coda davanti al fornaio (ma il pane portato a casa sarebbe stato consumato soltanto una volta raffermo, in modo che rendesse di più) e alla macelleria, dove vendevano sangue di cavallo.

Per sfuggire alla soffocante presenza materna, le sorelle andavano a curiosare nella città in rovina. Le case nobiliari abbandonate, con le finestre sbarrate, erano di una sporcizia ripugnante, bande di giovani scalpellavano gli stemmi che ne ornavano le facciate, le chiese erano per metà chiuse, per metà saccheggiate, le statue delle piazze erano scomparse. Le strade su cui si affacciavano botteghe annerite erano ingombre di mercanti di cianfrusaglie, percorse da ronzini che trainavano vetture mangiate dai tarli; i passanti si affrettavano, inquieti, lo sguardo sospettoso. Impossibile non essere presi dall'angoscia alla vista delle enormi carrette funebri che percorrevano cigolando l'intera città. E per le due ragazzine, di dodici e quindici anni, ecco il colmo dell'orrore: non erano carrette di vitelli uscite dal macello, ma di uomini e donne appena ghigliottinati o massacrati, le cui membra ancora tiepide sfioravano il terreno lungo il tragitto fino alle fosse comuni. Come in una fiaba di orchi terrificanti, le Pollicine contemplavano affascinate il sangue che gocciolava dai carri macchiando il selciato, lo seguivano con lo sguardo. Tremanti, col cuore in gola, Elisa e Paolina si affrettavano con il loro carico di provviste verso la rue du Pavillon, il sordido alloggio avaramente illuminato che appariva come un rifugio di pace. Tuttavia a volte giungevano fino a loro laceranti clamori, pianti, grida di rivolta, implorazioni, miste al vociare avvinazzato dei carnefici, punteggiate dagli schiocchi delle fruste dei carrettieri, che portavano le vittime a farsi «accorciare». Tali spettacoli di morte, in cui l'orrore e il terrore si disputavano il campo, avrebbero sconvolto per sempre la sensibilità dell'adolescente.

In se stessa Paolina non poteva trovare nulla che l'aiutasse a sopportare un trauma così profondo: la sua educazione rimaneva molto trascurata, la madre era incapace di occuparsene. Letizia viveva «a casa» come una matrona romana, filando la lana e sbrigando le faccende domestiche, ma non educava i propri figli; e le figlie, abbandonate a se stesse, venivano su come bestioline.

Da quella miseria, grazie alla protezione di Antoine-Christophe Salicetti, influente uomo politico di origine còrsa, i Buonaparte riuscirono a passare, se non all'opulenza, a una condizione almeno decente. Fu requisito per loro il secondo piano del palazzo appartenente al fuoruscito signore di Cypières; inoltre, poiché le fortune non arrivano mai sole, Napoleone fu nominato tenente di artiglieria nell'assedio di Tolone, Luciano destinato a custodire il deposito di derrate alimentari a Saint-Maximin, Giuseppe promosso commissario di guerra di prima classe. Dopo la stamberga di rue du Pavillon, ai Buonaparte il secondo piano in rue du Faubourg-de-Rome sembrava una reggia: parati di damasco, grandi vetrate che rischiaravano le numerose finestre, caminetti di marmo, canterani, nel salotto poltrone rivestite di velluto di Utrecht, nelle camere letti a baldacchino con materassi di piume e armadi pieni di abiti.

Un'ebbrezza sconosciuta s'impadronì di Paolina, e perfino della saggia Elisa. Passati i tempi del gioco a «vola vola»: a volare erano adesso i vestiti di mussola o di seta bianca, gli scialletti di batista, i corpetti in bisso di lino. Le delizie del superfluo facevano girare la testa delle due ragazzine. Letizia le riportò alla realtà ordinando loro di interrompere la sarabanda: occorreva piuttosto preoccuparsi di mettere radici in una città in cui gli ultimi soprassalti del Terrore facevano presagire ancora giorni difficili. La madre decise perciò di offrire ai vicini i propri servigi per lavare il loro bucato. In tale funzione passava le giornate al lavatoio insieme alle tre figliole, e poiché il lavoro era fatto con cura, la voce si diffuse e piovvero le commesse. Letizia ben presto ebbe un vero e proprio giro di clienti; Elisa e Paolina consegnavano la biancheria a domicilio ed entrambe costituivano la migliore pubblicità per la nuova «impresa» dei Buonaparte; l'esilio si faceva meno gravoso. Anche se restava malinconica, la madre apprezzava la pensione assegnata ai «profughi bisognosi», che le assicurava 75 lire più altre 45 per i cinque figli minori di sedici anni, senza contare il «pane di munizione» fornito ogni giorno dall'«ufficio degli indigenti».

In questo periodo, Buonaparte ottenne una brillante vittoria sugli inglesi, e l'assedio di Tolone ebbe fine.

Proprio nel consegnare la biancheria Elisa e Paolina entrarono per la prima volta in contatto con i Clary. François-Étienne Clary, ricco commerciante, armatore, possessore di una bella proprietà a Istres, in riva allo stagno di Berre, era a capo di una importante impresa di seterie. Le sue cinque figlie chiacchieravano sempre più spesso con le piccole còrse, e ben presto dalla curiosità si passò all'amicizia. Indovinando il disagio dègli espatriati, Clary, con grande tatto, offrì a Elisa un impiego di governante, che portava alla famiglia un considerevole aiuto finanziario. Ben presto i figli di Letizia furono accolti a braccia aperte nella casa di rue des Phocéens. Il lavoro di lavanderia era ormai superfluo, tanto più che con il 19 dicembre Napoleone era diventato un eroe. Letizia colse l'occasione per esprimere in modo tangibile la sua riconoscenza alla generosa famiglia Clary. Come gran parte della borghesia marsigliese e della nobiltà, i Clary si erano compromessi nell'insurrezione antirivoluzionaria della città; molti parenti erano stati messi a morte come monarchici, e anche sul loro conto gravava ancora qualche sospetto. La protezione del generale di brigata Buonaparte, di Giuseppe e di Salicetti, ottenuta da Letizia, avrebbe cancellato in un sol tratto tutto il loro passato controrivoluzionario.

Alla fine del 1793 Paolina aveva appena compiuto tredici anni: per la grazia, la bellezza, il fascino, la voce dolcissima, seduceva giovani e meno giovani. Simile a una gazzella fuggita dal paradiso, la piccola incantatrice era tuttavia ignorantissima: Letizia decise dunque di mandare le due figlie minori e il piccolo nel collegio di Mme Daudou. Non c'era da scegliere, si trattava dell'unico istituto rimasto aperto, gli altri erano stati chiusi dalla rivoluzione. Pare che la scuola non fosse di gran livello, come dimostra la richiesta avanzata dalla direttrice al prefetto del dipartimento di Bouches-du-Rhône qualche anno più tardi, dopo il 1804:

> Abito a Marsiglia da trent'anni, avevo il più bel collegio della città, impartiva [*sic*] un'educazione al fior fiore della società marsigliese. Ho avuto l'onore di tenere in collegio nella mia casa le due sorelle minori del nostro Imperatore. Se il signor Conto [*sic*] volesse aver la carità di scrivere all'Imperatore, per contribuire agli stipendi della classe cristiana, si ricorderà bene che ho educato le sue due sorelle minori. Chi ha avuto l'onore di istruire gran signori si merita una ricompensa.

Furono in realtà le giovani Clary a «dirozzare» un poco Paolina, a insegnarle qualche rudimento di «buone maniere»; e lei, furba come una volpe, assimilava con avidità la loro affettuosa iniziazione. La crisalide desiderava ardentemente mutarsi in farfalla; ben presto i giovani avrebbero cominciato a ronzare intorno alla donna bambina, l'atmosfera generale diventava propizia alla galanteria. Sotto lo sguardo curioso della sorella, Giuseppe si invaghì di Désirée, la più graziosa del gruppo. L'idillio, e i gesti dei due giovani, negli spazi ristretti del palazzo Cypières, servirono a istruire l'indiscreta Paolina sulle questioni dell'amore nel modo più semplice e naturale.

In Corsica i giovani maturavano più in fretta, mentre i

francesi erano più riservati: durante le serate di intrattenimenti teatrali organizzate in casa Clary Paolina li trovava
impacciati e ridicoli, mentre avrebbero dovuto apparire
travolti dall'emozione. In realtà gli attori improvvisati dovevano essere intimiditi dalla mirabile bellezza della loro
compagna di recite.

Nel frattempo andava addensandosi l'uragano Napoleone. Quel fratello così strano, dal viso giallastro, con gli
zigomi rilevati, la zazzera nera e irsuta, che indossava una
uniforme troppo larga, restava meravigliato dalla sorellina quattordicenne. Ma davanti a Désirée Clary provava
emozioni ben diverse. Poco importava che Giuseppe ne
fosse innamorato: Napoleone decise sul momento che
quel tesoro di donna, spiritosa, amabile, spontanea, sarebbe diventata sua moglie. Giuseppe doveva ripiegare su
Julie, la sorella maggiore, brutta quanto virtuosa.

Nella primavera del 1795 Napoleone, incaricato della
sorveglianza costiera, si stabilì insieme al proprio stato
maggiore nel castello di Sallé, dove chiamò a raggiungerlo i familiari. Andoche Junot, l'ex sergente «Tempesta»,
aiutante di campo del generale, accompagnando il suo capo nella grande fattoria provenzale, si innamorò di Paolina. Gli era apparsa come una naiade quando l'aveva sorpresa mentre si bagnava nella sua giovanile nudità, sul far
della sera, ad Antibes. La visione non l'aveva più abbandonato: infiammato dalla civetteria acerba della fanciulla,
Junot aveva perduto il sonno e l'appetito, accanto a lei in-
cominciava a tremare. Non era facile addomesticare
l'inafferrabile cerbiatta che correva per i campi, concede-
va al sole il privilegio di riscaldarla, vagava negli orti, ru-
bava i fichi ai vicini e poi, con grazia disarmante, andava
a stendersi nel calesse del fratello, sotto lo sguardo ammi-
rato del cocchiere nero. Paolina era lusingata dalla passione di Junot, che stava diventando delirante, ma lasciò comunque a Napoleone la decisione sul suo futuro. Con
verdetto inappellabile, il candidato venne respinto; il suo
superiore gli disse: «Tu non hai niente, salvo le spalline di

tenente; e mia sorella non ha neppure quelle. Riassumendo, tu non hai niente, lei non ha niente. In totale? Per adesso non potete sposarvi. Aspettiamo, forse per noi verranno giorni migliori, amico mio». L'occhio dell'aquila vedeva lontano. Paolina era la più attraente delle sue sorelle: e nel suo pragmatismo, Napoleone voleva farle fare il matrimonio più vantaggioso per lei, per lui e per l'intera famiglia.

Intanto, si profilava la possibilità concreta di un buon affare. Il 1° agosto Giuseppe si unì in matrimonio con Julie Clary: la sposa aveva gli occhi un po' sporgenti, il naso schiacciato, la bocca informe, la figura sbilenca, e tuttavia era profondamente buona, e per di più ricca. Un buon matrimonio che compensava quello di Luciano, convolato a nozze il 4 maggio con Christine Boyer, analfabeta e di due anni maggiore del marito. In autunno i Buonaparte tornarono a Marsiglia, dove Giuseppe prese il posto del suocero nella gestione dell'azienda Clary. Solidamente radicato nella classe borghese, Giuseppe diventava per il momento il punto solido su cui potevano appoggiarsi Letizia e i ragazzi, ma ben presto il successo di Napoleone gli avrebbe tolto il posto d'onore. Napoleone divenne generale Vendemmiaio e poté far partecipare i suoi al godimento di un piccolo patrimonio, 60.000 franchi in argento e assegnati. La modesta cuccagna permetteva per la prima volta alle sorelle Buonaparte di comprarsi abiti e ninnoli eleganti: non si sarebbero più vestite grazie alla carità altrui.

Le tre figliole di Letizia attiravano i giovanotti per il loro particolarissimo fascino, dovuto all'originalità della fisionomia e alla musicalità dell'accento italiano. Ben presto intorno a loro si formò una piccola corte, su cui regnava Paolina. Ancora una volta si trattava di recitare commedie alla luce delle candele, fra due paraventi, di esalare sospiri d'amore. I candidati che aspiravano alla mano dell'incantatrice erano molti e di tutte le specie: dapprima ci fu un certo Billon, commerciante di saponi quarantenne, calvo e con la pancia, un personaggio ridicolo che si vantava delle proprie ricchezze. Napoleone si era incaricato di ricevere i pretendenti; prese informazioni, e constatando che il vantato patrimonio non esisteva affatto, scrisse a Giuseppe: «Il cittadino è privo di mezzi, non c'è neppure da pensarci». Dopo di lui toccò a un certo signore di Salcette, gentiluomo del Delfinato, anch'egli sulla quarantina, dotato però di beni sostanziosi sotto forma di proprietà terriere; Paolina gli piaceva molto, ma la famiglia, che gli parve poco seria, priva di qualsiasi educazione – la madre di quel bocciolo era veramente troppo incolta – ben presto raffreddò il suo entusiasmo, permettendogli di opporre una resistenza vittoriosa alla divina tentazione.

Per uno che si perdeva, se ne trovavano dieci. E a provarlo, ecco gli aiutanti di campo a sfarfallare intorno a Paolina: tutti avrebbero voluto succhiare il miele di quel fiore carnoso, far smarrire quegli occhi ardenti e focosi, che nella loro espressione profonda sembravano voler rivelare terre ancora ignote. Circondata da sguardi di ammirazione, Paolina sentiva benissimo che i suoi spasimanti stavano per perdere la testa, a dedicarle un vero e proprio culto, poco meno che un'adorazione.

III

L'INIZIATORE:
UN DONGIOVANNI DEL TERRORE

Ben presto Paolina si trovò di fronte un pretendente assai più pericoloso, una delle figure più tenebrose di quel Terrore che pure non è stato avaro di ignominie: Louis-Stanislas Fréron.

Il padre, Jean Fréron, era stato proprietario della rivista «L'Année littéraire» e bestia nera dei *philosophes*; i suoi confratelli, che non lo stimavano affatto, avevano composto su di lui una quartina satirica:

> Giorni fa, sul fondo di un vallon,
> Una serpe ha morso Jean Fréron.
> E come immaginate che sia andata?
> È la povera serpe ch'è crepata...

Fréron (ma Voltaire lo chiamava *Frelon**) aveva riposto ogni speranza nel figlio: Louis-Stanislas era stato tenuto a battesimo dal re Stanislao di Polonia ed era cresciuto sulle ginocchia delle sorelle di Luigi XV, le *Mesdames*. Di quel passato gli erano rimasti un certo profumo di cultura e una qualche finezza di gusto, ma nessun senso di riconoscenza. Plasmato dagli attenti maneggi del padre, si era dato anima e corpo alla Rivoluzione, con l'intento di accumulare un patrimonio; aveva frequentato il collegio Louis-le-Grand insieme a Robespierre e a Desmoulins, contribuendo a organizzare la giornata del 10 agosto e i massacri di settembre; si era poi dato al giornalismo e aveva aderito al circolo della Montagna; avvicinatosi a

---

* Evidentemente per assonanza con *félon*, «fellone». [*N.d T.*]

Desmoulins fino a diventarne l'alter ego, aveva cominciato a collaborare al suo giornale e addirittura si era inva-
ghito di sua moglie, Lucile.

Fu poi eletto alla Convenzione, dove prese posto nelle file dei montagnardi più focosi, e godendo della loro fiducia
fu inviato in missione nella Francia meridionale. Un suo
collega deputato alla Convenzione, Maximin Isnard,
avrebbe detto di lui che in quell'occasione il giovane conse-
guì «l'immortalità che si ottiene dal delitto». Per castigare
il Midi insorto contro la Convenzione, Fréron a Marsiglia
fece tagliare duecento teste, mentre a Tolone ordinò di fucilare ottocentoventitré persone. Tornato nella capitale, poiché intuiva la prossima caduta di Robespierre si unì alla
maggioranza degli oppositori per far cessare la dittatura
dell'Incorruttibile. Quindi organizzò e guidò la reazione
del Termidoro, per poter influire sulla Convenzione: si
trattava di bande – sarebbero state soprannominate «la
gioventù dorata» – formate da giovani di studio, avvocati,
attori, cantanti, commessi di negozio e giovani borghesi
onorati, riconoscibili dal bavero quadrato, che si riuniva-
no, armati di manganelli, in particolare nell'ex Café de
Chartres, ribattezzato Maison-Égalité. Al più piccolo cenno di Fréron, loro idolo e modello, questi giovanotti si pre-
cipitavano in strada. Era un'epoca di costumi disinvolti, in
cui si indulgeva agli svaghi, tutti commentavano i libri ero-
tici e parlavano delle donne confrontandole fra loro,
un'epoca in cui i balli facevano scalpore e gli amori facevano scandalo. Insieme a Barras, Fréron dava feste fantasti-
che, alle quali erano «invitate» dame della nobiltà terroriz-
zate. Fréron dettava legge con la ricercatezza del vestire:
capelli incipriati, cravatta enorme, frac azzurro dal taglio
impeccabile, pantaloni al ginocchio aderentissimi, calze
bianche con giarrettiere svolazzanti. Guardando la sua fisionomia da intellettuale sotto il cappello con la piuma che
contrassegnava i delegati della Convenzione, non lo si sarebbe preso per un feroce tribuno, bensì per un epicureo
travestito da imperatore del carnevale.

Il 13 vendemmiaio Fréron si fece mandare in missione a Marsiglia, dove giunse il 31 ottobre 1795. L'ex terrorista in ghingheri adottò una serie di misure tendenti alla pacificazione: sciolse il consiglio municipale, rimasto inerte di fronte alle estorsioni praticate dalle bande di monarchici, rinnovò l'amministrazione locale, restituì la libertà ai prigionieri politici, favorì la ripresa economica, costituì un comitato assistenziale per assicurare il pane agli indigenti. Insomma mise in atto un programma ideale per vincere la diffidenza e assopire la memoria dei marsigliesi che due anni prima, nel 1793, aveva decimati.

Poiché la buona società del tempo aveva bisogno di lui, tutte le porte gli erano aperte, e in particolare quella dei Clary, cui Napoleone aveva scritto: «Fate quanto è in vostro potere perché Fréron trovi gradevole il soggiorno a Marsiglia». Anche Letizia, che conosceva i sentimenti del figlio, accolse l'ospite a braccia aperte: il verme era entrato nel frutto.

Questa specie di dongiovanni del Terrore, il cui nome bastava da solo a suscitare raccapriccio, aveva bisogno di consolidare la propria posizione; e non poteva immaginare un trampolino migliore di un legame coniugale con una sorella del generale Bonaparte. Dopo un'esistenza di febbre, violenza e follia, per il gaudente ormai alle soglie della pensione si apre la prospettiva di un'oasi di felicità, di un porto amoroso pieno di promesse. Fréron, mascalzone dai capelli arricciati, dalle maniere mielate, amava le donne ma non disprezzava gli uomini. Del resto Grimm metteva in guardia un amico nei suoi confronti in questi termini:

Da Fréron puoi aspettarti di tutto,
Può prenderti anche da dietro...

Ricevendo buona accoglienza in casa Bonaparte, Fréron cominciò a passare in rassegna le tre grazie mettendole a confronto: Carolina era appena tredicenne, Elisa gli pareva troppo brutta, ma Paolina era il fiore più soave di quel giardinetto còrso. Senza troppe circonlocuzioni, si dedicò a farle la corte in piena regola. Con le occhiate tenere, la voce stretta dall'emozione, le epistole ardenti, le maniere cortesi da *ancien régime*, l'accento parigino che accentuava per vezzo, riuscì ad abbagliare le quindici primavere di Paolina, che corrispose in modo appassionato e molto esplicito alle profferte dell'ospite di sua madre. L'intera famiglia, Letizia compresa, si era imbarcata in una vera e propria congiura, così da favorire l'inclinazione della fanciulla per il potente del momento. Con la benedizione dei suoi, che l'avevano abituata ad attribuire la massima importanza ai segni esteriori del successo, Paolina, come intrappolata nella pania, stava per gettarsi anima e corpo nelle braccia di un Romeo in età sinodale, ma ammantato di tutto il prestigio del potere.

La nuova Giulietta, originaria di una terra in cui il risveglio dei sensi è precoce, viveva la stagione di tutti gli ardori, di tutte le illusioni e le curiosità; per lei si trattava di un gioco completamente nuovo. I suoi trasporti, le idee ingenue che esprimeva senza veli, la sua stessa inesperienza, o meglio la goffaggine, sembravano fatti per incantare l'uomo di successo.

Per la prima volta in vita sua Paolina arrivava a toccare una realtà fino allora indovinata da lontano, scopriva le ebbrezze del lusso e soprattutto imparava come si comportavano le persone di mondo. Non poteva non restare turbata e incantata da una simile metamorfosi, compiuta nell'uscire dalla miseria. Basti pensare alla violenza dei contrasti: Paolina era vissuta nel terrore, nel disagio, ma ormai il peggio era alle sue spalle, e lei si sentiva come trasportata in una fiaba delle Mille e una notte.

Fréron, il potente, il trionfatore, organizzatore delle feste rivoluzionarie, avanzava fra il rullar di tamburi e i clangori delle marce militari, fra gli schiocchi delle bandiere al vento, fra i brontolii delle artiglierie a salve: e Paolina era la sua regina. Così Paolina, che dalla fine del Terrore non aveva più conosciuto la gioia di vivere, si lanciò ebbra di felicità nella nuova esistenza.

Per conquistare Marsiglia il nuovo padrone presiedeva i balli popolari, dove danzavano gomito a gomito ricchi e poveri, dove artigiani e clienti sfoggiavano le più eleganti piroette. Chi ballava con scarpini di lusso, chi con le ciabatte, chi con gli zoccoli; l'accompagnamento era il suono nasale delle cornamuse o quello melodioso del flauto, e i ballerini eseguivano i salti dei balli all'inglese o i passi scanditi delle *bourrées*. Il nuovo satrapo dava ricevimenti nel suo palazzo con grande sfarzo: nugoli di donne questuanti e innamorate gli si accalcavano intorno, generosamente dispensando le loro grazie, prodighe di sorrisi. Quanto a lui, non aveva occhi che per il suo tenero germoglio, su cui si appuntavano gli sguardi di tutta la buona società, e al ritmo dei violini rapiva la sua protetta. La piccola Tersicore sembrava vestita, ma le sue forme squisite non erano affatto celate dalle pieghe della tunica. Inebriata per il rumore, le luci troppo splendenti, le calde fragranze, gli sguardi, profumata, fluttuante fra le braccia dell'innamorato, Paolina guidava la farandola: nel turbine della danza si indovinavano la linea delle gambe, il piedino civettuolo, il seno insolente; fra sorrisi e abbracci, la bocca si schiudeva al piacere sbocciando come una rosa. Finalmente, nella stretta del suo cavaliere riusciva a gustare la voluttà del vivere: nell'incertezza del domani, godeva dell'oggi, e da vera piccola baccante contribuiva con il suo fascino ai banchetti omerici orchestrati dal suo protettore.

A quei commessi agghindati in vesti principesche, Fréron offriva pranzi di gala in cui si servivano pollastre di Le Mans accanto a fagiani e trote, agli ananas tropicali e ai vini del Reno invecchiati per centocinquant'anni nelle cantine dei *çi-devant*, banchetti approntati dai cuochi di rango che i grandi aristocratici e gli alti prelati emigrati all'estero avevano lasciato in Francia. Consigliata da Fréron, Paolina brindava alla Costituzione, al 9 Termidoro, all'avvenire. Il padrone di casa le sembrava uomo di una razza diversa, e comunque superiore: aveva conservato un pallido riflesso degli incanti libertini del XVIII secolo, mentre i convitati si presentavano con la volgarità dei nuovi ricchi: con la loro sete insaziabile, gli appetiti volgari, erano tutto ventre, non parlavano che di mercati, di prebende, il denaro pareva scottargli le dita. A sentirli parlare, si sarebbe detto che le residenze degli aristocratici emigrati in cui si erano insediati non fossero più palazzi, bensì magazzini: le anticamere granai per il sale, mentre i pacchi di candele avevano scacciato i libri dalle biblioteche, i salotti erano trasformati in depositi di barilotti. Paolina era affascinata dal suo piccolo re, che parlava una lingua tutta diversa, le diceva che era la più bella, e sapeva lusingarne i sensi e la mente insieme.

Avendo conosciuto una vita di ristrettezze, non poteva dimenticare come era arrivata a Marsiglia, vestita di stracci, e delle lamentazioni quotidiane rivolte alla madre: «Ho fame, voglio da mangiare». Dopo aver conosciuto tante angosce, Paolina pretendeva ora tutte le gioie. Il piacere era all'ordine del giorno: prodiga dei baci che aveva dovuto tenere in riserva, si gettò nel turbine. Era la favorita dell'onnipotente Fréron, passeggiava in pubblico con lui solo, andava a teatro soltanto in sua compagnia, non stava altro che con lui: «In familiarità poco opportuna, anche considerando il nostro costume», come scriveva Barras, in un tardivo soprassalto di moralismo.

In effetti, Paolina era semplicemente innamorata del suo maturo spasimante: era stato lui a rivelarle i piaceri amorosi, e ben presto lei si era convinta che questi fossero il suo destino. A noi rimangono le lettere che gli mandava per attestare il suo fanciullesco fervore: durante una gita in campagna, Paolina era inciampata, cadendo in un ruscello, ed ecco che cosa scrisse: «L'acqua che ho bevuto non ha raffreddato il mio amore per te; devo avere certo inghiottito del nettare, se è possibile scaldarlo ancor di più».

I due innamorati erano d'accordo: nessuno dei due poteva vivere senza l'altro, dovevano sposarsi. Mme Letizia sembrava acconsentire, del resto, dal potenziale genero aveva accettato carrozze, palco a teatro, ogni sorta di doni. Per lei Fréron non era un partito disprezzabile. In fondo, Giuseppe aveva sposato una borghese, Luciano si era unito alla figlia di un taverniere, Napoleone girava intorno a una donna leggera. Stanislas Fréron aveva ben altra statura, era titolare di una forma di potere, fonte di patrimonio e di favori. Napoleone sembrava acconsentire, sia pure con misura: «Non vedo inconvenienti al matrimonio di Paolina, se lui è ricco». Quanto alla differenza d'età, all'epoca appariva del tutto normale, e la stessa Paolina pensava di trovare in Fréron un marito e un padre insieme – avendo perduto quello naturale a soli quattro anni – capace di offrirle la sicurezza che la vita le aveva negato fino a quel momento.

Questo idillio precoce era protetto dalla complicità dell'intera famiglia: probabilmente Paolina, affascinante ma illetterata, a malapena capace di tenere una penna in mano, dettava le missive amorose a Elisa, e si può credere che la sorella la «aiutasse» anche a vivere una sorta di passione per procura.

Nella lettera a Fréron del 9 marzo, espressa in termini ancora infantili, Paolina assicurava l'innamorato che i suoi sentimenti erano immutati:

> Nonet ti consegnerà la mia lettera. Digli di ritornare sempre. Non mi dà nessun fastidio che tu ti sia confidato con lui, credo nella sua discrezione. Per fidarmi di lui mi basta che sia tuo amico... Non ho risposto alla tua lettera dell'altro ieri. Il mio amore ti dà la garanzia della mia risposta. Sì, mio caro Stanislas, ti giuro che non amerò altri se non te solo. Il mio cuore ti si è dato per intero. Chi potrebbe opporsi all'unione di due anime che cercano soltanto la felicità e amandosi la trovano? No, amico mio, né la mamma, né nessuno può rifiutarti la mia mano. Ti ringrazio dell'attenzione che hai avuto per me inviandomi una ciocca dei tuoi capelli, e ricambio mandandotene una mia... Addio, Stanislas, mio tenero amico, ti abbraccio con tutto il mio amore.

L'atteggiamento esteriore di Letizia, più che incoraggiante, consolidò in Paolina la certezza che la madre intendesse benedire il suo matrimonio. All'improvviso però il cielo si incupì: l'11 marzo i giornali parigini scatenarono un violento attacco contro Fréron, chiedendone il richiamo. Ma l'amico e complice di Barras, il protettore di Bonaparte, conservava il suo potere. Perciò, quando Napoleone tornò a Marsiglia e il commissario del Direttorio, il «fidanzato», gli chiese la mano della sorella, il giovane generale non poté rifiutare: Fréron doveva essere trattato con i guanti. La visita fu per Bonaparte anche l'occasione di annunciare alla madre il matrimonio con Giuseppina di Beauharnais. Letizia si rannuvolò, Luciano espresse sul fratello un giudizio severo, accusandolo di essersi «lasciato abbindolare da una parigina, come dire una sgualdrina, e per di più vedova con due figli».

Lo stesso giorno, in una riunione del Consiglio dei Cinquecento, Isnard denunciò pubblicamente le malefatte dell'ex terrorista: «Ad ogni passo del mio percorso nel Midi ho trovato la traccia delle tue rapine, e del sangue che hai sparso... dovunque abbia incontrato un delitto, mi sono imbattuto in Fréron». La filippica produsse una forte impressione sull'assemblea, e l'oratore ottenne dal Direttorio la revoca del commissario di Marsiglia.

In quel momento Giuseppina si trovava a Parigi, e scrisse al marito per informarlo di queste spiacevoli notizie. Napoleone ritenne che il fidanzamento, deciso con troppa precipitazione, dovesse essere rotto senza indugio. Dall'altra parte Fréron, richiamato a Parigi e preoccupato di trovare appoggi, prima di partire andò a trovare la futura suocera, e rimase stupefatto di vedersi accolto con una certa freddezza. Appena giunto nella capitale, il 24 marzo, scrisse ingenuamente a colui che credeva ancora suo alleato e prossimo cognato:

> Prima di partire, caro Bonaparte, mi hai promesso una lettera per tua moglie; eravamo d'accordo che le avresti annunciato il mio matrimonio, perché non si meravigliasse dell'improvvisa comparsa di Paoletta quando gliel'avessi presentata. Ti mando a Tolone un'ordinanza per chiederti la lettera di cui mi farò latore... Tua ma-

dre fa una certa opposizione alla mia fretta. Io terrei molto a sposarmi a Marsiglia entro quattro o cinque giorni: anzi, tutto è predisposto in questo senso... Scrivi subito a tua madre per eliminare ogni ostacolo. Io ho il pieno consenso, la dichiarazione della mia giovane amica; perché rimandare l'intreccio di un nodo formato dall'amore più delicato? Mio caro Bonaparte, aiutami a superare questa nuova difficoltà. Conto su di te. Amico mio, ti abbraccio e sono tuo e suo per la vita.

Il fatto è che Napoleone come dono di nozze aveva appena ricevuto da Barras, ex amante di sua moglie, il comando dell'Armata d'Italia. Da Nizza, il 27 marzo, lanciò un appello che accese l'entusiasmo dei soldati: «Vi guiderò nelle pianure più fertili del mondo, dove troverete onore, gloria, ricchezze. Soldati d'Italia, manchereste forse di coraggio?». L'impeto del suo proclama lo avrebbe portato alla gloria, e fu così che sei settimane dopo l'inizio della campagna, mentre si trovava a Lodi, lo raggiunse la lettera di un'attrice del Théatre des Italiens, la Masson. Quest'ultima, esasperata per l'abbandono di Fréron, che le preferiva una giovinetta, lo informava di aver già avuto due figli da Louis-Stanislas. Fréron aveva giocato di anticipo, confessando a Paolina la sua antica relazione, aggiungendo che su di lui circolavano «calunnie». La giovane donna, benché affranta dal dolore, gli aveva risposto: «Non ti parlerò più della tua amante, riconosco l'onestà del tuo cuore». Tuttavia la rottura era vicina. Pochi giorni dopo la vittoria di Lodi, che gli avrebbe aperto le porte di Milano, Bonaparte entrò nella leggenda; il fidanzato della sorella era ormai un importuno che doveva scomparire dal suo orizzonte. Il 13 maggio affidava a Giuseppe l'incarico di informarlo: «Amico mio, ti prego di far sapere a Fréron che la mia famiglia non ha intenzione di permettergli di sposare mia sorella, e che io sono deciso a prendere qualsiasi provvedimento per impedirlo».

L'indomani lo stesso scrivente si rivolgeva a Barras: «Questo matrimonio non è gradito a nessuno della mia famiglia: non si va a cercare un'altra moglie quando si hanno già due figli di una donna ancora vivente». Fréron, nel suo sconfinato cinismo, si sarebbe accanito a voler sposare una bambina non ancora sedicenne, di cui sarebbe potuto essere il padre: sapeva infatti che l'unione era la sua ultima ancora di salvezza, tanto più che Napoleone aveva il vento in poppa, e sulla sua scia le persone di famiglia avrebbero potuto ottenere grandi benefici. Ma Paolina, lontana le mille miglia da simili calcoli, gli raccontò in una lettera la folle giornata del 30 maggio, quando, insieme alle sorelle e alla madre, si era trovata a presiedere nei viali di Meilhan una festa allestita dalla municipalità in onore di Bonaparte vittorioso in Italia. I solenni festeggiamenti, con tanto di discorsi patriottici e parate militari, erano culminati nella cerimonia della consegna delle palme della vittoria alla Signora Madre e alle sorelle del generale. Quanta emozione ed entusiasmo da parte dei marsigliesi, i quali secondo una gazzetta contemporanea videro gli allori del trionfo accolti dalle «mani della virtù, della grazia e della bellezza»!

Nel frattempo Fréron, ridotto come un poveraccio allo stremo, tesseva intrighi. L'ultima idea che gli era venuta fu di farsi nominare deputato della Guiana con una elezione truccata, che però non ebbe il risultato sperato: la nomina fu ben presto invalidata, e il crollo delle sue fortune parve ineluttabile. Cercò di entrare nelle buone grazie di Giuseppina, la quale invece si pronunciò contro di lui. Dal canto suo Paolina continuava a sperare, come la capretta del signor Séguin descritta da Daudet, e l'11 luglio gli scriveva, con l'approvazione della madre:

No, Paoletta non può vivere lontano dal suo tenero amico Stanislas. Un tempo avevo la dolce consolazione di poter parlare di te e sfogarmi con Elisa; ma non l'ho più. Luciano mi ha mostrato la tua lettera; vedo che la tua situazione è sempre la stessa. Vorrei essere con te, ti consolerei di tutte le ingiustizie. Addio, mio buon amico, scrivimi spesso e consola il tuo cuore in quello della tua amante tenera e fedele... Ah, mio caro tesoro, mia luce! Quanto soffro di essere separata così a lungo da te! Mia cara speranza, mio idolo, io credo che alla fine la sorte si stancherà di perseguitarci. In tutte le mie azioni non penso altro che a te.

Ti amo sempre con passione. Per sempre ti amo, ti amo, bell'idolo mio; sei il mio cuore, tenero amico. Ti amo, ti amo, ti amo, ti amo, amante estremamente amato.

Purtroppo, o per fortuna, Fréron aveva perduto ogni credito: addirittura i membri del Direttorio rifiutavano di riceverlo. I giornalisti gli si accanirono contro, e in settembre uno di loro scrisse: «Lo si ritiene molto pericoloso per la tranquillità pubblica»; per la verità, un'espressione alquanto eccessiva per un uomo ormai a terra. Ma che cosa rimaneva da fare a Paolina, se non soffrire! Era nella condizione del vaso di coccio fra i vasi di ferro: la decisione di suo fratello era irrevocabile. Napoleone continuò a mostrarsi imperterrito, e sei mesi dopo la ribelle Paolina, che compiva allora sedici anni, accettò in lacrime di sottomettersi, conservando come unico ricordo dell'amante la malattia venerea – una salpingite – di cui avrebbe sofferto per tutta la vita.

IV

NOZZE A PASSO DI CARICA
NELL'ARMATA D'ITALIA

L'intero clan si adoperò in tutti i modi per aiutare l'afflit-tissima Paoletta a distrarsi, da principio con scarso successo: allora la madre, che non mancava di buon senso, giudicò che soltanto un marito avrebbe potuto placarne il dolore e calmarne i nervi. E il vincitore della campagna d'Italia era ben deciso a trovarglielo: a Milano non aveva altro che l'imbarazzo della scelta. Fra tutti i begli ufficiali che lo circondavano, più d'uno di certo sarebbe stato felice di legarsi all'astro sorgente attraverso la più incantevole creatura del mondo.

Un messaggero inviato a Marsiglia consegnò a Paolina l'ordine di partire immediatamente insieme con l'abate Fesch per la Lombardia, dove avrebbe raggiunto il fratello maggiore. In dicembre zio e nipote lasciarono la città, e nonostante le pozzanghere, ad ogni giro delle ruote della berlina, Paolina diventava sempre più allegra, grazie anche al suo giovane accompagnatore (trentatré anni soltanto); il suo umore era di nuovo gaio, il pallore da anemica piano piano scomparve, mentre le guance ritrovavano il colore vermiglio. Non rifiutava più il cibo: il viaggio oltre frontiera le metteva appetito. Inoltre la gioia della giovanissima viaggiatrice era decuplicata dal lusso di cui si vide circondata per l'intero tragitto.

Le giornate scorrevano tra continue meraviglie: la bellezza della riviera, l'arrivo a Genova, «la Superba», abbarbicata sul mare. Lo zio approfittò della sosta per impartire a Paolina la prima lezione di storia: la sconfitta di

Francesco I a Pavia ad opera di Carlo V. Paolina non aveva il minimo desiderio di diventare una donna di cultura, ma era ben consapevole delle carenze nella sua istruzione, e perciò assimilò con gratitudine i primi rudimenti sui re ai quali si doveva la nascita della Francia, dal momento che questo paese era destinato a diventare il suo. Le lezioni non turbavano d'altronde la gioia illimitata di sentire di nuovo parlare italiano, e l'abate faticava a frenare la sua protetta, che nelle sale degli alberghi si rivolgeva con la massima familiarità al primo venuto. Beninteso, davanti a una tale bellezza era raro che l'interpellato si rifiutasse di proseguire una conversazione iniziata in modo così spontaneo. Infine, dopo un viaggio di un mese, zio Giuseppe e Paolina si avvicinarono a Mombello, dove Napoleone aveva installato il quartier generale, subito dopo i preliminari di Leoben. Il castello si trovava a sedici chilometri da Milano, in posizione dominante sull'abitato: era una costruzione in cui si mescolavano il medievale e il barocco, incorniciata da un fitto parco, incantevole e sorprendente. Gli immensi saloni, con enormi caminetti in cui praticamente bruciavano alberi interi, si alternavano ai più incantevoli *boudoirs*, l'ideale per la conversazione o l'amore, o per entrambe le cose contemporaneamente.

La padrona di casa, Giuseppina, accolse i parenti in assenza del marito, e nel mentre cercava di soppesare la prima impressione di quella cognatina fin troppo splendente, con la disarmante freschezza del suo incarnato e l'aria ingenua e tenera; Paolina stessa, intanto, era paralizzata dallo stupore. Per la prima volta in vita sua incontrava una donna appartenente a una specie che in epoca postrivoluzionaria era in via di estinzione. Alla piccola provinciale non sfuggiva nessun particolare del quadro: i modi *ancien régime*, la voce musicale, la perfezione dei movimenti, l'aerea flessuosità del portamento, la fisionomia espressiva, gli occhi socchiusi velati dalle bellissime ciglia, la dolcezza che si sprigionava da tutta la persona di Giuseppina. Per la fortuna di Paolina, la sua rivale presentava un incarnato impiastrato di cipria, denti che vietavano il sorriso, perché ridotti a mozziconi anneriti, un petto flaccido... Lei, invece, poteva sfoggiare due globi perfetti. Sapendo per di più che alla «vecchia» si doveva almeno in parte la rottura del suo fidanzamento, considerava giusto tenerle rancore; perciò gli abbracci di rito furono pura convenzione.

Tuttavia Giuseppina si sarebbe adoperata in tutti i modi per rendersi gradita alla giovinetta. Paolina passava da una scoperta all'altra: il lusso vissuto, in cui tutto appare naturale, ben diverso dal lusso chiassoso dell'ex fidanzato; i domestici discreti e silenziosi, i giardinieri incontrati mentre rastrellavano i viali del parco che si toglievano il cappello davanti a lei, le tavole magnificamente imbandite alle quali i lacchè l'aiutavano a sedersi spingendo avanti la sedia, i servitori che le versavano il vino e le porgevano rispettosi il piatto, le conversazioni in cui nessuno strillava... Tutto ciò sprigionava un incanto dal quale Paolina si lasciò prendere. La cognata era il fiore più bello della corte nascente; come una regina leggendaria, sembrava nata sui gradini di un trono; a tutti gli elogi pronunciati sul conto del giovane vincitore – il quale non era più il generale di una repubblica trionfante, bensì un conquistatore a titolo personale – Giuseppina si associava con sbalorditiva disinvoltura, sapendo ascoltare e rispondere con uguale garbo, e riuscendo a mettere gli interlocutori nella luce migliore. Una splendida scuola di saper vivere per la piccola còrsa, che ne rimase insieme affascinata e invidiosa; la cognata sarebbe diventata il suo modello, ma guai a chi gliel'avesse fatto notare!

Di ritorno dalla campagna d'Italia Bonaparte si abbandonava alla gioia di riabbracciare l'incantevole sorellina; ormai la sua vita era quella di un principe sovrano, circondata da una vera e propria corte di ufficiali, ambasciatori, scienziati e poeti. Tutte e tutti si accalcavano intorno all'astro nascente: le sue prodezze di ardimento e di genio militare avevano scosso un popolo addormentato. Gli intellettuali più ostili alla Rivoluzione francese cedevano le armi; fiorivano iperboli e ditirambi; gli artisti erano lusingati dalla sua preferenza per la musica italiana. Dal canto loro, le donne più belle non gli erano certo ostili. Una dama della famiglia Visconti, di cui si sarebbe innamorato il futuro maresciallo di Francia Berthier, considerò il massimo dell'eleganza indossare a un ballo una fascia di velluto su cui stava scritto, in lettere di diamanti: «Viva Bonaparte». Queste esagerazioni divertivano Paolina, ma il suo buon senso era ben desto. L'aristocrazia milanese vibrava tutta sullo stesso diapason; il duca Gian Galeazzo Serbelloni allestiva in onore dei guerrieri francesi innumerevoli feste alle quali erano invitate le donne più belle di Milano.

Nell'intraprendere la nuova vita Paolina provava qualche sensazione di vertigine; senza dubbio il suo arrivo a Mombello aveva sconvolto tutte le certezze in materia di bellezza femminile, e tuttavia lei stessa era pur sempre priva di ogni istruzione. Nelle sue memorie Arnault ci ha lasciato un ritratto molto colorito:

A pranzo mi trovai accanto a Paoletta, che ricordando di avermi visto a Marsiglia, mi trattò come una vecchia conoscenza. Quale miscuglio singolare, fra quanto può esservi di più completo nelle perfezioni fisiche insieme al massimo della bizzarria nelle qualità morali! Era la più graziosa persona che si potesse vedere, ma insieme la più irragionevole che si potesse immaginare. Il contegno di una collegiale; parlava saltando di palo in frasca, rideva di tutto e di niente, facendo il verso ai personaggi più dignitosi; quando la cognata non la guardava le mostrava la lingua; e quando io non badavo abbastanza alle sue birichinate mi toccava con il ginocchio: ogni tanto si attirava una di quelle tremende occhiatacce con cui il fratello sapeva richiamare all'ordine gli uomini più recalcitranti. Su di lei invece non avevano nessun effetto: un attimo dopo ricominciava, e l'autorità del generale comandante l'Armata d'Italia si infrangeva contro la sventatezza di una ragazzina. La quale del resto era una brava figliola, ma più per natura che per volontà, dal momento che non aveva nessun principio, e faceva il bene magari per capriccio.

Una simile miscela di bambina, piantina selvatica, fanciulla in fiore, civetta puerile e disarmante, otteneva la capitolazione in campo aperto di civili e militari. Lo specchio le diceva che era divina, e loro, come echi, glielo ripetevano.

Gli ufficiali che avevano sperimentato le asprezze della campagna erano ben decisi a godersi la vita; da parte sua, la sorellina di Napoleone, dopo aver pianto per sei mesi, desiderava recuperare il tempo perduto. I focosi aiutanti di campo avevano tutto quel che occorreva per piacerle: giovani, con il volto fresco e i capelli folti, impiegarono poco tempo per cancellare l'immagine di Fréron. L'energia amorosa di Paolina sembrava rinascere, e Napoleone intendeva fare il possibile per contenerla, dandole al più presto un marito. Senza più tergiversare, propose un matrimonio con la precoce sorellina a Marmont, ma questi declinò l'offerta. Marmont sognava felicità domestica, amore e fedeltà, e le voci provenienti da Marsiglia non gli parvero incoraggianti; del resto in seguito, nelle sue memorie, confessò di aver avuto più da rallegrarsi che da pentirsi di quel rifiuto.

Molto tempestivamente, ecco presentarsi a questo punto un brillante candidato: Victor-Emmanuel Leclerc, figlio di un ex consigliere del re addetto al magazzino del sale di Pontoise (e non, come si è detto, di un mercante di farina). Il padre gli aveva assicurato una istruzione eccellente che comprendeva sia lo studio dell'amministrazione, sia l'esercizio del comando sul campo di battaglia. Si trattava di una caratteristica rarissima fra gli ufficiali usciti dalla rivoluzione, e Bonaparte la notò durante l'assedio di Tolone. Dal canto suo il giovane militare aveva riconosciuto presto l'uomo predestinato, decidendo di seguirlo passo passo. Leclerc era un soldato che affrontava il cannone senza timore, ma davanti alle donne tremava, e più che mai davanti a colei di cui era innamorato, in silenzio, da oltre un anno. Era al corrente dell'idillio marsigliese tra Paolina e Fréron, ma sapeva anche come la famiglia Bonaparte aveva favorito e protetto la relazione intrecciata da una bambina quindicenne, spingendola nel letto di un libertino sanguinario.

Riconoscendo il brillante comportamento di Leclerc sul Mincio e a Rivoli, Bonaparte non solo concesse una promozione al compagno d'armi, ma lo autorizzò a dichiararsi alla sorella.

Il futuro sposo, la cui presenza a Milano si rivelò provvidenziale, era maggiore di Paolina di otto anni; la sua educazione e la sua cultura avrebbero permesso alla giovane donna di imparare le belle maniere, mentre il cospicuo patrimonio di cui disponeva le avrebbe assicurato l'agiatezza. Paolina aveva notato Victor-Emmanuel, e aveva provato per lui una tenerezza viva quanto improvvisa. Era stata messa al corrente delle sue gesta eroiche, sulle quali Leclerc taceva per modestia, e ne era rimasta conquistata. Anche la sua allegria, e la stima che Napoleone gli manifestava, la attraevano. Paolina non osava cogliere quella nuova felicità, ma la natura le venne in aiuto. Nell'aprile i due giovani partirono alla scoperta l'uno dell'altra, mentre sbocciavano i fiori e gli uccelli cantavano. In un parco di fiaba, circondato dalle colline punteggiate di alberi piantati a gruppi dal caso, con i campanili in lontananza, con i ciliegi in fiore, tutto era nobile e tenero, tutto parlava d'amore. La sera i soldati di suo fratello, testimoni dei giuramenti dei due innamorati, improvvisavano stornelli in onore di lei e del loro generale ventisettenne:

> Tutti inneggiamo al condottiero
> dell'Italia liberatore.
> Quanto è terribile, quanto è fiero!
> E Paoletta è uno splendore.
> Ai vostri due conquistatori,
> genti, inchinatevi con umiltà:
> Paolina espugna tutti i cuori
> E Bonaparte le città...

Il 20 aprile il fidanzamento fu annunciato in forma ufficiale. Il generale Berthier, a casa del quale si tenne la cerimonia, ricevette le promesse della giovane coppia di «contrarre l'atto del matrimonio in conformità alle leggi della Repubblica». Appena esposte le pubblicazioni, Napoleone, deciso ad aggiungere lustro al personaggio del futuro cognato, dopo i preliminari di Leoben, lo incaricò di riferire al Direttorio sugli eventi. Era una missione delicata, perché il governo parigino avrebbe potuto non approvare il trattato, al quale peraltro si era giunti con abilissime manovre. Leclerc decise allora di dare fiato alle trombe per festeggiare con la massima pubblicità una pace che ormai si poteva dire sicura; e in effetti il Direttorio non avrebbe potuto permettersi di deludere i francesi rifiutando il proprio assenso. I brillanti effetti dell'ambasceria meritavano una ricompensa: al ritorno in Italia Leclerc fu nominato generale di brigata, e quando il fidanzato si presentò a Mombello per far la corte alla promessa era circondato dall'aura della nuova prestigiosa carica. Durante il viaggio da Milano a Mombello parlò della sua felicità con un amico, il poeta Antoine-Vincent Arnault. Questi, che più tardi sarebbe entrato a far parte dell'Accademia francese, ascoltò le confidenze dell'innamorato sulla meraviglia delle meraviglie: imprevedibile, fantasiosa, Paolina aveva affascinato il giovane generale, che si sentiva l'animo di un Pigmalione e ardeva dal desiderio di dedicarsi alla missione di plasmare una creatura così naturale. Del resto, tutti gli uomini che Paolina conobbe arricchirono in un modo o nell'altro la sua personalità.

Per celebrare le nozze mancava soltanto Letizia, che il 1° giugno arrivò finalmente a palazzo Serbelloni, accolta con entusiasmo da Bonaparte e dai fidanzati. Elisa e Carolina furono ricevute con lo stesso slancio, ma la sorpresa di Paolina e del fratello fu grande quando videro scendere dalla berlina un corpulento tontolone di una trentina d'anni, dallo sguardo vacuo, vestito di una semplice uniforme di capitano. Si trattava di Felice (non è il caso di dire *nomen omen*) Baciocchi, il marito di Elisa: intimidito dalla presenza del cognato e al colmo della confusione, egli riuscì soltanto a pronunciare «i complimenti d'uso», che furono accolti da un silenzio glaciale. Per mettere bene in chiaro quanto disapprovasse un matrimonio di cui era stato lasciato all'oscuro, Napoleone voltò le spalle ai nuovi arrivati e si dedicò a conversare soltanto con Paolina e Victor-Emmanuel. Ma Paolina voleva molto bene alla sorella, e le era riconoscente per averle impartito i primi rudimenti di istruzione; perciò cercò di convincere il fratello a concedere la sua approvazione all'unione, per quanto poco brillante... In fondo, l'importante era che Elisa avesse finalmente trovato marito. Dopo l'ammiraglio Truguet nessuno aveva più messo gli occhi sull'ex collegiale di Saint-Cyr, divenuta con il passare degli anni una spilungona secca secca, ornata da un'ombra di baffi. Una sua amica, la futura duchessa d'Abrantès, diceva di lei: «Quelle appendici che si chiamano braccia e gambe erano attaccate al corpo a casaccio. Aveva le ossa grosse ed era spigolosa di costituzione, il che creava un insieme spiacevole». Paolina fece un lungo discorso al fratello: per assicurare la felicità alla sorella così poco dotata dalla natura, Napoleone doveva far buon viso a quell'ufficiale, anche se pareva che lo Spirito Santo gli avesse lesinato i propri doni... Nella sua perorazione arrivò a precisare: «Elisa sarà intelligente per tutti e due». Per la madre, poi, Felice aveva un importantissimo punto a favore: era còrso. E in conclusione, la «carriera» di Felice avrebbe potuto essere incoraggiata dal generale in capo dell'Armata d'Italia.

Diviso fra il divertimento e l'ammirazione davanti all'avvocatessa che patrocinava con tanto calore una causa considerata persa, Napoleone finì con l'accettare il cognato. Per ultimo la piccola furbetta gli fece osservare che il matrimonio di Elisa era stato soltanto una cerimonia civile, e dunque il matrimonio religioso avrebbe potuto esser celebrato insieme al suo nella cappella di Mombello, il 14 giugno; inoltre, poiché il fratello maggiore le aveva assegnato una dote di 40.000 lire, doveva fare altrettanto per Elisa.

Per coronare tutto ciò, Napoleone offrì a Leclerc la terza stella di generale di divisione e il grado di comandante di battaglione a Felice, che avrebbe guidato la difesa di Ajaccio: gli fu quindi ordinato di raggiungere con la massima urgenza la sua destinazione in Corsica, insieme alla moglie. Napoleone e Giuseppina accompagnarono i giovani sposi Leclerc nel viaggio di nozze.

Paolina era riuscita a dissipare l'umore taciturno del fratello, che in sua compagnia diventava espansivo: davanti a lei nessuno poteva rimanere serio, e anche Napoleone non poteva fare altro che inchinarsi davanti a una così esuberante gioia di vivere. Come un mago, Napoleone trasferì l'intera corte nel palazzo di sogno dei principi Borromeo, sull'Isola Bella, al centro del lago Maggiore, e poi ancora nella nuova sede, sul lago di Como.

Gli spostamenti si compirono con grande spiegamento di pompa militare: le carrozze della famiglia erano scortate da picchetti di dragoni, con un effetto poco dissimile da quello di un corteo reale, che fece grande impressione sui notabili dei luoghi, venuti a salutare il vincitore e il suo seguito. Ai pranzi ufficiali e ai discorsi di circostanza fecero seguito le luminarie, fino al momento in cui Giuseppina si congedò, permettendo infine anche ai novelli sposi di ritirarsi in una intimità ben meritata. Il giorno dopo ci fu una festa sul lago, tutto barche pavesate: per due ore, sull'acqua che il sole faceva scintillare, si alternarono serenate e barcarole. La sera, alla villa Villani, cena al lume di candela, e infine passeggiata per il parco, fra terrazze e giardini rocciosi. Al cader della notte gli alberi fiorirono di luci, sulle imbarcazioni si accesero le lanterne, mentre a terra era un'invasione di lucciole, in un'atmosfera inebriante e voluttuosa.

Con perfetta naturalezza, Paolina era convinta che la vita fosse fatta di svaghi, e che il mondo intero stesse lì per esaudire i suoi desideri. La vita coniugale cominciava sotto gli auspici migliori, dato che il suo «piccolo Leclerc», come lei lo chiamava, era stato scelto dall'eroe di famiglia. In seguito Arnault raccontava: «Mi trovai ad essere testimonio delle loro prime gioie: il generale Leclerc nella sua casa era ebbro di gioia, e ne aveva tutti i motivi, innamorato e ambizioso com'era. Anche la moglie mi pareva felicissima, non soltanto d'essere sposata con lui, ma anche del fatto stesso di essere sposata; la sua nuova condizione non le aveva conferito maggior serietà, come al marito, il quale mi pareva più grave di quanto fosse sua abitudine». In effetti Paolina era soddisfatta del matrimonio almeno quanto il marito, e forse, inconsciamente, anche per la libertà che le permetteva, della quale avrebbe avuto molto bisogno per facilitare le sue prime relazioni amorose.

Paolina viveva circondata di corteggiamenti e adulazioni: voleva brillare per piacere agli altri, piacere per essere amata, essere amata per assaporare piaceri proibiti. Nonostante il suo ardore, e nonostante il suo stile in amore, ben diverso dai teatrini di Marsiglia, Leclerc ebbe il suo da fare per cercare di rimanere l'unico. Per allontanare da sé un principio di inquietudine, ed essendo il cognato di Napoleone, Leclerc si dedicò a coltivare le somiglianze: gli stessi gesti, la stessa andatura, la stessa bruschezza; un sosia in biondo, più giovanile, con minor gravità del generale comandante. Con questa operazione mimetica sperava di scongiurare le tentazioni a cui avrebbe potuto cedere una moglie troppo affascinante.

Paolina scoprì con stupore che la giovinezza non era il solo abbigliamento di cui una donna potesse essere orgogliosa: tutti i giorni aveva sotto gli occhi l'immagine della cognata che la intimidiva. La invidiava, non meno di quanto l'ammirasse, per la disinvoltura, l'abilità nel guidare la conversazione, la cortesia, l'affabilità naturale, l'arte di rendere felici gli ospiti. Avrebbe potuto, prima o poi, accedere a un simile stato di grazia? Per un caso malaugurato, una sera in cui era andata alla Scala in rappresentanza del fratello ebbe per cavaliere un aiutante di campo del marito, il capitano Hippolyte Charles, un attraente ragazzo bruno dalla figura elegante, vestito di begli abiti dai vistosi arabeschi dorati, dotato di tutti i talenti richiesti nel bel mondo. A palazzo Serbelloni non meno che a Mombello il capitano era l'idolo delle donne, che incantava con la sua premurosa familiarità, la sua abilità nel drappeggiare una sciarpa intorno a un viso grazioso per renderlo civettuolo, o dando eccellenti consigli circa la scelta di una stoffa. Una giovane donna inesperta non avrebbe potuto scegliere guida migliore del galante ussaro. Nella mente di Paolina, Leclerc, timido com'era, avrebbe dovuto essere l'ultimo ad opporsi, tanto più che i suoi doveri militari lo chiamavano altrove. Dunque sua moglie trovava del tutto naturale avere un simile cavalier servente, che la circondava di mille attenzioni, la agevolava nelle minuzie quotidiane, per esempio facendo in modo di ritardare la colazione quando Paolina non aveva ancora terminato la toilette, invitando gli amici nel palco della Scala, accompagnandola a fare spese, consigliandola sugli acquisti. Paolina si sarebbe sentita un mostro d'ingratitudine se al suo cicisbeo, come unica ricompensa, avesse offerto un sorriso o un amabile cenno del capo: in ogni modo arrivò ben presto a considerarlo sua proprietà esclusiva, e quando si accorse che il paggio rendeva i medesimi servigi a Giuseppina, il suo sdegno si manifestò con vulcanica violenza.

Mettendosi di vedetta, come un'apprendista spia, Paolina si accorse che l'elegante capitano andava «a colazione» in palazzo Serbelloni tutte le volte che Napoleone era assente, ossia molto spesso. La piccola peste aveva scoperto un idillio extraconiugale, anche per l'imprudenza degli amanti, e oltre a essere furibonda per il comportamento di Hippolyte Charles, non le dispiaceva di avere un'occasione di rivincita nei confronti di una donna dalla fedeltà discutibile e che addirittura aveva l'insolenza di esser superiore a lei. In Paolina esplose l'amor proprio, o forse il senso della famiglia, e per sua iniziativa il fratello venne informato dell'accaduto. L'amante fu immediatamente trasferito a Parigi, Giuseppina dovette sopportare una scenata di gelosia; ma Napoleone perdonò, perché della sua bella avventuriera amava tutto, perfino le debolezze, e trovava utile la sua capacità di conoscere gli uomini che lo aiutava ad accedere ai massimi livelli. Per Paolina fu una lezione durissima; l'infedele aveva ritrovato tutto il proprio ascendente sul marito, e Paolina stessa si trovò a dover assistere alle loro tenerezze. Napoleone giocava con la moglie come un bambino, la tormentava e la faceva gridare, le faceva grossolane carezze o le infilava la mano nella scollatura. Giuseppina, dal canto suo, prendeva Napoleone sulle ginocchia, sia per fare un dispetto alla signora Leclerc, sia per consentire al pittore Antoine Jean Gros, allievo di David, di fissare i lineamenti dell'inafferrabile eroe della campagna d'Italia. Fu questa tenera complicità che molto più tardi permise all'artista di terminare il ritratto di *Bonaparte in uniforme di Primo Console* oggi conservato a Parigi, nel museo della Legion d'onore. Era ormai evidente che la passione di Bonaparte era a senso unico.

Il diversivo che si presentò allora giunse a proposito: Paolina scoprì di essere incinta, e il medico le prescrisse di non lasciare il letto o la poltrona. Affogata nei merletti e nel tulle, la futura madre cominciò a regnare su una piccola corte, e il 20 aprile 1798 mise al mondo, in palazzo Serbelloni, un maschietto al quale fu dato il nome di Dermid. Il nome si ispirava al poema di Ossian, che all'epoca faceva furore, e che fu un'opera molto amata da Napoleone per tutta la vita. Nove giorni dopo il neonato ricevette il battesimo con una cerimonia degna di un arciduca. Rimbombarono le salve d'artiglieria, risonarono i tamburi e le trombe: a diciassette anni Paolina era finalmente la regina del momento, tanto più che Giuseppina, assente, non poteva più far ombra al suo trionfo. Il soggiorno milanese stava per finire: Bonaparte era in Egitto, e Leclerc, ormai privo della protezione del cognato, aveva chiesto di essere dispensato dalle sue funzioni.

V

PRIME SCAPPATELLE
NELLA GRANDE FESTA DEL DIRETTORIO

Il 17 luglio 1798 la giovane coppia giunse a Parigi, dove abitò dapprima in rue de la Ville-l'Evêque e poi all'angolo fra la rue de la Victoire e la rue du Mont-Blanc, oggi chaussée d'Antin. Fu in quel momento che Victor-Emmanuel Leclerc prese una decisione saggia: mandò la moglie a prendere lezioni di buone maniere da Mme Campan. Quest'ultima, che era stata lettrice di Maria Antonietta, aveva perso tutto a causa della rivoluzione, ma era riuscita a prendere in affitto una casa a Saint-Germain, dove esercitava i propri talenti di educatrice rifacendosi alle idee di Mme de Genlis: istruire divertendo e insegnare gli usi di mondo alle giovinette. Un poco di geografia, di storia, di grammatica, di calcolo si avvicendavano con discipline meno austere, quali la danza, il clavicembalo, la pittura. Le varie lezioni erano interrotte da ricreazioni durante le quali si giocava al pallone o ai cerchietti; le allieve più grandi frequentavano balli ai quali facevano loro da cavalieri gli allievi del collegio irlandese.

In un'atmosfera d'altri tempi Paolina ritrovava la sorellina minore Carolina e Désirée Clary, e conobbe Hortense de Beauharnais, minore di lei di tre anni. L'arrivo della «grande» portò qualche scompiglio nell'ordine di Saint-Germain, dove Mme Leclerc rappresentava l'ideale da raggiungere per quasi tutte le giovani allieve. Paolina faceva scorrere uno sguardo divertito e forse un poco indulgente sulla marea di visetti non meno freschi del suo. Chi erano le sue compagne di scuola? In maggioranza fanciulle piuttosto goffe, impacciate dalla timidezza nel difficile salto dalle catapecchie in cui erano nate ai fastosi palazzi che erano le loro nuove residenze. Dovevano sbarazzarsi dell'impronta lasciata dalla classe plebea cui appartenevano, e le finezze della scuola di Mme Campan, luogo privilegiato, le aiutavano a riuscirvi. Grazie a Giuseppina, Paolina si trovava a essere molto più avanti delle sue compagne: poté misurare la strada percorsa e riconoscere il benefico influsso della cognata, il che non le impediva di lasciarsi ancora sfuggire qualche espressione volgare. Imparò che il *bon ton* imponeva di non gridare mai, di conversare con espressioni misurate, evitando di pronunciare un corposo «perdio» o frasi come «ci si può guadagnare un bel po'», e di non scambiare il Madagascar con una *Mme Ascar*.

Le giovani di quella generazione, da cui sarebbero uscite innumerevoli regine e duchesse, non perdevano la testa se non per i galanti muniti di titoli nobiliari: così i giovani *çi-devant* stavano per diventare i rubacuori del Direttorio. Paolina non aveva preoccupazioni del genere, e accoglieva con la gioia di una collegiale il marito, sempre innamorato e pieno di meraviglia. Sentimenti giustificati dalle circostanze, come Laure Junot conferma nelle sue memorie, raramente indulgenti:

> Impossibile descrivere nel modo giusto il fascino della sua persona: veramente Paolina illuminava il salotto in cui entrava. C'era un'armonia tale in tutte le parti dell'incantevole insieme che al suo arrivo si levava subito un mormorio di lodi, e non cessava più, senza nessun riguardo per tutte le altre donne presenti... Quanto a Leclerc, era cieco, innamorato ed ebbro di felicità.

Ma gli incontri in cui Paolina e Victor-Emmanuel si ritrovavano quando lui tornava a casa diventavano sempre meno intimi; lui, da parte sua, era fiero di mettere in mostra la moglie, e Paolina era contenta di essere festeggiata e celebrata nei salotti più ricercati. Così Leclerc, da poco nominato capo di stato maggiore dell'Armata occidentale, non osò sottrarla alle cure di Mme Campan e privarla dei suoi successi mondani. Sarebbe partito per Rennes da solo, con il carico della propria passione.

Ed ecco che, per la prima volta, Paolina aveva piena libertà di movimento: ma era impreparata all'indipendenza, priva di senso morale, e intendeva soltanto lasciarsi amare e amare, divertirsi e divertire, incantare e rendersi insopportabile, sedurre e ingannare. Per la *paganetta*, la virtù era essenzialmente negativa; essere virtuosi significava dire no a tutto ciò che è gradevole; e considerava insensato lottare contro inclinazioni e passioni che in definitiva sono naturalissime. Poiché il miglior mezzo per non aver più tentazioni è cedere immediatamente, Paolina avrebbe cominciato a mietere nei fertili campi dell'armata repubblicana, premiando gli ardori dei generali Jean-Victor Moreau, Jacques-Étienne Macdonald e Pierre de Beurnonville.

In quello che era il gioco dell'amore e del caso, nessuno dei tre ufficiali doveva sapere di avere un rivale: riuscirci aveva un sapore di scommessa, perché erano legatissimi. Il divertimento della conduttrice consisteva dunque nel guastare i loro rapporti senza che gl'interessati si rendessero conto della situazione. Per un certo periodo le armi del fascino riuscirono a impedire ogni spiegazione, ma ben presto i tre generali e compagni d'armi si stancarono di tenersi il broncio: chiarirono tutti gli equivoci e l'intrigo della civetta venne smascherato. Fra le risate, i tre amici si promisero di rinunciare all'amante comune, compilando tre lettere identiche da consegnarle tutte insieme. Ma venuti al dunque, Beurnonville ebbe un cedimento e decise di comunicarle il messaggio di persona; nell'occasione il fascino di Paolina riebbe il sopravvento e la rottura fu rinviata. Ci volle qualche giorno perché Beurnonville tornasse in sé, e anche lui, che Paolina chiamava «il mio Aiace», seguì l'esempio dei due colleghi. Paolina serviva il fratello con armi diverse, ma non meno efficaci di quelle dei suoi soldati: i tre generali, che all'inizio erano ostili al colpo di stato del 18 brumaio, si schierarono poi al fianco di Bonaparte.

Messa a segno questa tripletta amorosa, Paolina raggiunse il marito a Rennes, permettendogli di approfittare con tutta tranquillità della nuova scienza di un'allieva particolarmente dotata. Nel capoluogo bretone il suo arrivo non poteva passare inosservato: era un'amazzone eccellente, ballava in modo incantevole, e quando andava a teatro gli spettatori dimenticavano di seguire la scena, soggiogati dalla sua vivacità che si sposava divinamente al languore; impossibile osservarla con attenzione senza sentirne gli effetti. In Bretagna Paolina tenne un contegno quanto mai onesto: le sue attenzioni erano tutte dedicate al figlio Dermid e al marito. Non sembrava neppure rimpiangere la vita parigina, come risulta da questa lettera inviata alla sua cara Mme Michelot. Nel riportarla ricordiamo che l'originale è scritto seguendo la pronuncia piuttosto che la corretta grafia delle parole, secondo l'abitudine allora frequentissima anche negli scritti di persone colte:

Mia cara, vi prego di mandarmi lo scialle di lana al più presto. Fa freddo e io ho soltanto lo scialle bello. Vi prego anche di guardare sotto il camino della mia stanza, dove ho lasciato tre luigi e dei gioielli che ho dimenticato, vogliate conservarli. Addio, cara amica mia, vi scriverò più a lungo un altro giorno. Vi abbraccio con tutto il cuore e sono per sempre, con amicizia, vostra

Bonaparte-Leclerc.

Nel 1799, in piena estate, a Leclerc fu affidato un incarico di grande responsabilità: in quanto generale di divisione doveva riorganizzare l'Armata d'Italia a Lione. La moglie rimase con lui per qualche giorno, ma poi, oppressa dal caldo soffocante di una città senz'aria, tornò a Parigi, dove il fratello Giuseppe l'accolse nella nuova residenza del faubourg Saint-Honoré.

Il palazzo Marbeuf affacciava su un ombroso giardino, le sue stanze erano immerse in una deliziosa frescura e ammobiliate secondo il gusto più moderno. Per questa dimora l'ebanista Jacob, sotto la suggestione dei disegni egiziani di Vivant Denon, creò poltrone e *consoles* con le zampe e i braccioli in forma di grifoni o di sfingi; ai lati dell'ingresso monumentale erano posti vasi di ceramica di Sarreguemines a imitazione del porfido, mentre la grande sala bianca e oro pavimentata con un parquet «Versailles» sembrava un richiamo al ballo, e la sala da pranzo in stile pompeiano invitava al peplo. Tuttavia l'atmosfera ieratica e un po' gelida del palazzo lo rendeva vagamente sonnolento: la presenza di Paolina lo risvegliò. Grazie alla bacchetta magica dell'incantatrice, una nuova danza dette inizio a un regno di fiaba, destinato a durare oltre un secolo. Gli ospiti del palazzo Marbeuf ne andavano pazzi: era il valzer.

> Valzer! Valzer! Ballo delizioso
> Il più propizio all'amore
> Nel suo abbraccio amoroso
> Oso stringermi al cuore
> La forma soave di un seno marmoreo.

A una creatura aerea come Paolina, che appariva quasi senza veli in una tunica trasparente all'ultima moda, nessuna danza sarebbe piaciuta più di questa, in cui poteva abbandonarsi, darsi tutta al suo cavaliere. Lo sguardo assumeva un'espressione corrucciata, poi si raddolciva, quasi fingendo di non comprendere quel misto di turbamento e di piacere da cui era invasa. Le novità sconosciute la trascinavano, la travolgevano, e lei seguiva una filosofia del tutto naturale: «Sii bella se puoi, e saggia se vuoi». Inebriata dai successi, la giovane dea che dominava la moda con tutto lo splendore della sua bellezza era diventata un arbitro di eleganza. I suoi abiti non potevano essere d'altra foggia che «alla romana» o «alla Cerere» o «alla Flora», tagliati soltanto nella mussola o nel bisso di lino, le stoffe che per la loro mancanza di discrezione servivano ancor meglio alle sue intenzioni. Lasciarsi intravvedere: ecco la massima cui si ispirava nella sua nudità velata, seguita da tutti i suoi devoti satelliti.

Giuseppe cominciava però a stancarsi dell'incessante

caravanserraglio: il palazzo diventava una sorta di sala da ballo pubblica, mentre la sua prudente consorte trovava che le smancerie a cui si abbandonava la cognata insieme alla sua compagnia abituale erano un insulto al buon senso. Per certuni la virtù stava in un metro di cotonina: Julie si rifiutò di dare il proprio avallo a costumi così licenziosi, e pregò la cognata di andare altrove a esercitare i propri talenti. Decisa a proseguire nella sua folle sarabanda, Paolina prese a trascorrere gran parte del proprio tempo dal fratello Luciano, a Le Plessis-Chamant, nelle vicinanze di Senlis. Il castello, che era appartenuto al cardinale di Bernis, era diventato un tempio di giochi e burle. Paolina, che amava le distrazioni sopra ogni cosa, era più allegra che mai, e lo dimostrava facendo agli amici degli scherzi più o meno spiritosi.

A Parigi Mme de Permon, che accoglieva sempre tutti i Bonaparte, riceveva sovente la generalessa Leclerc, che andava a farle visita accompagnata dalla sua ultima conquista, Auguste de Montaigu. Una sera giunse anche Letizia, seguita da Carolina, che era appena uscita dall'educandato di Mme Campan. La giovanetta era nel pieno splendore dell'adolescenza, aveva la carnagione di un candore abbagliante, labbra color porpora, capelli biondi che ricadevano a profusione sulle spalle, la freschezza di una rosa e lo sguardo scintillante di malizia. Fu subito evidente che Paolina era contrariata dalla scoperta di una aspirante al suo primato della bellezza: Carolina, nella grande felicità di essere uscita dal pensionato, si precipitò verso la sorella per abbracciarla con tutta la vivacità e lo slancio della giovinezza, ma Paolina la respinse con gesto brutale, al punto che la giovanetta dovette aggrapparsi a una poltrona per non cadere. E a quel punto la generalessa Leclerc si rivolse alla madre, esclamando irosamente:

«Dovreste impedire ad Annunziata di fare dei movimenti tanto bruschi!»

Carolina si allontanò senza una parola, con le lacrime agli occhi, mentre l'unica risposta della signora madre fu un silenzio di disapprovazione. In realtà il bizzarro comportamento, la furia di Paolina, erano dovuti all'occhiata di ammirazione che nel momento dell'ingresso di Carolina il bel Montaigu non era riuscito a dissimulare. I diciannove anni di Paolina non sopportavano i diciassette della sorella.

Poco dopo, però, una voce quanto mai sorprendente spazzò via tutte le rivalità di famiglia: si diceva che Bonaparte era tornato dall'Egitto ed era appena sbarcato a Fréjus. La sera del 21 ottobre 1799 giunse la conferma, e la notizia si diffuse nei teatri, nei salotti e nei ritrovi. Tutta Parigi brindava al ritorno del condottiero, intonando inni patriottici; le fanfare dei reggimenti, uscite dalle caserme, facevano risuonare per le strade marce trionfali. Ben presto la voce del ritorno si sparse in provincia, suscitando ovunque un'emozione gioiosa.

La Francia ridotta in ginocchio si preparò ad accogliere il suo Cesare, il solo capace di darle una pace durevole e soprattutto la speranza di un cambiamento. Senza dubbio non ci fu mai governo più disprezzato di quanto lo era all'epoca il Direttorio.

Paolina elettrizzata non aveva che un solo pensiero: come aiutare, con i suoi poveri mezzi, un fratello capace di riaccendere fino a quel punto l'entusiasmo popolare. Si accinse quindi a scatenare una offensiva di seduzione nei confronti di quelli fra i suoi amanti che secondo lei mantenevano una posizione ambigua e di coloro che tracheggiavano prima di prendere un impegno, perché volevano capire da che parte avrebbe soffiato il vento. Sugli uni e sugli altri Paolina influiva con la sua grazia e la sua bellezza. Il Direttorio sembrava non aver gradito questo rientro, bisognava agire in fretta: si moltiplicavano i conciliaboli e i sussurri, fra i quali Paolina percepiva le esclamazioni di Bernadotte che esprimeva il proprio dissenso in rue Chantereine (dove si trovava la residenza privata di Napoleone e Giuseppina), mentre Talleyrand, Réal e Fouché venivano a fiutare il clima di congiura. Paolina aiutava Giuseppina nello svolgimento dei suoi compiti di padrona di casa: anche se sfarfallava con altre giovani donne in mezzo a tante uniformi gallonate, perdendosi in fiumi di chiacchiere futili, continuando a usare la sua frivolezza come di un perfetto specchio per le allodole militari, non di meno con il passare dei giorni sentiva crescere in sé la sensazione di un imminente sconvolgimento.

La sera del 9 novembre, in una Parigi tranquillissima, Mme de Permon convinse Letizia e Paolina ad accompagnare lei stessa e sua figlia Laura al teatro Feydeau, dove si recitava una commedia, *L'Auteur dans son ménage*. La compagnia, che comprendeva attori eccellenti, come Elleviou, Mme de Saint-Aubin, Mlle Phillis e Chenard, aveva attirato in massa un pubblico affezionato. La serata cominciò nella massima tranquillità, ma a un certo momento l'attore che interpretava il ruolo del protagonista, Elleviou, si fece avanti al proscenio, senza neppure cambiare l'abito di scena – era in vestaglia e berretto da notte – ed esclamò con voce sonora: «Cittadini! Il generale Bonaparte è sfuggito a un attentato commesso a Saint-Cloud da traditori della patria».

Gli spettatori, sconvolti, si alzarono in piedi, e nel tumulto si levò un grido terribile. Gli occhi del pubblico si fissarono sul palco di proscenio, dove Paolina, scossa da spasmi convulsivi, non riusciva più a controllarsi; si dovette trasportarla semisvenuta fino alla sua carrozza. Mentre gli astanti osservavano affascinati «la sorella del generale, pallida come il marmo», Letizia ordinò subito al cocchiere: «Presto, a casa di mia nuora, là potremo avere notizie certe».

La rue Chantereine e tutta la zona circostante erano ingombre di cavalli, di vetture, di passanti a piedi che si urtavano e gridavano: una confusione che ebbe però il merito di restituire i sensi a Paolina. Giuseppina rassicurò la suocera e la cognata: tutto sembrava ben avviato, non restava che individuare alcuni deputati per legalizzare il colpo di stato.

Nella notte, quando tutte le visite erano ormai cessate, arrivò Bonaparte da Saint-Cloud, al galoppo, annunciando alla moglie, alla madre e alla sorella che erano stati eletti tre consoli: lui stesso, Sieyès e Roger-Ducos. Era soltanto la prima tappa di una folgorante traiettoria, che avrebbe trascinato l'intera famiglia sulla sua scia.

Dopo quella sorta di gioco di prestigio che fu il 18 brumaio, un curioso vento di moralità prese a soffiare sulla Francia. Pur senza ancora brandire sciabola e aspersorio, come avrebbe fatto in seguito, Napoleone sembrava rendersi conto della decadenza di costumi che caratterizzava il Direttorio, e intendeva riportare al posto d'onore la virtù e la buona educazione. La generazione che si affacciava all'età adulta nella prima metà del XIX secolo non era stata educata male: era totalmente priva di educazione. Quel velo di buone maniere imparato da Paolina nelle poche settimane trascorse sotto la guida di Mme Campan era estremamente fragile e rischiava a ogni passo di sgretolarsi. Al di sopra di ogni sospetto non dev'essere soltanto la moglie di Cesare: altrettanto deve potersi dire per le sorelle di Cesare. E anche la più amorosa, la meno saggia di loro doveva dare l'esempio, come le altre.
Per una Paolina, vissuta sempre senza freni, seguendo soltanto il proprio piacere, il cambiamento fu drastico: per prima cosa bisognava mutare il guardaroba, secondo l'ordine ricevuto di vestirsi secondo decenza. La ribelle respinse il diktat e si presentò lussuosamente svestita a casa di Giuseppina, dove incontrò donne non meno indocili e non meno scollate di lei. Ma fu un trionfo di breve durata: il Primo console, deciso a infliggere un castigo alle colpevoli, dopo averle riunite in un salottino surriscaldato, continuò ad attizzare il caminetto, gettando nel fuoco un ceppo dopo l'altro. Le dame, già grondanti, non aprivano bocca. La sola Giuseppina azzardò una timida protesta, che le valse una replica tagliente: «Non vedete che le vostre amiche sono tutte nude!». Le signore lo tennero per

detto, e rinunciarono ai diafani veli sotto i quali trasparivano bellezze destinate a rimanere segrete. Da allora in poi Paolina avrebbe conosciuto il lusso del buon gusto; i suoi abiti a vita alta, in un crespo bianco che assecondava le forme del suo corpo senza troppo rivelarle, non la rendevano certo meno desiderabile, come Auguste de Montaigu non mancò di dimostrarle più volte.

La giovane donna era infedele al marito, troppo spesso assente – combatteva in Germania insieme a Moreau – e non riservava un diverso trattamento ai suoi amanti. All'aristocratico che fra i progenitori contava guerrieri delle crociate succedette un robusto giovanotto del Périgord, Pierre Rapenouille, venticinquenne, appena entrato a far parte della Comédie Française con lo pseudonimo di Lafon. Paolina lo aveva conosciuto a casa di Luciano e poco dopo ne fece il suo mentore. Nella residenza del fratello a Le Plessis-Chamant si allestivano spettacoli teatrali; la neo allieva era commossa dallo sguardo appassionato di Lafon, e in lui amava il giovane protagonista che trascorre la sua esistenza fra regine e principesse. Faceva le dichiarazioni in una lingua così perfetta! Ascoltando la sua voce profonda, Paolina si sentiva diventare Emilie, Andròmaca, Roxane, Chimène; nelle lezioni private, quando poteva vederlo più da vicino, l'attore diventava più umano, si accendeva, e lei si guardava bene dal fargliene una colpa. Era bella, squisita, vera: lui la cantava, l'incensava, l'adorava. Se è vera la massima del moralista, secondo cui «l'ipocrisia è l'omaggio tributato dal vizio alla virtù», nel suo caso era un omaggio che Paolina rifiutava, lasciando divampare i suoi ardori a cielo aperto. Da questo incontro la sorella del Primo console avrebbe conservato per tutta la vita una spiccata predilezione per i teatranti.

Il generale Leclerc tornò dalla Germania, dopo essersi coperto di gloria, e riprese il suo incarico a Lione, dove la moglie lo raggiunse. Qualche settimana dopo Paolina lo accompagnò a Bordeaux, da cui Leclerc doveva partire per la prossima invasione del Portogallo. Il generale era sempre innamorato della moglie e voleva soddisfare la sua sete di lusso, ma si insospettì venendo a sapere che Paolina aveva contratto un grosso prestito senza apparenti ragioni: a chi era destinata una somma tanto ingente, quasi un piccolo patrimonio? Ricevette delle risposte molto confuse, che alimentarono i suoi dubbi sulla fedeltà della moglie, anche se d'altronde sapeva, da marito eternamente assente, di non essere in grado di proteggerla né di sorvegliarla. Paolina riuscì a discolparsi con una piccola bugia e sollecitando l'aiuto di Mme Michelot, alla quale confidò: «Ho detto di averlo fatto per voi, perché avevate bisogno di effettuare un certo pagamento senza che vostro marito lo sapesse. Spero che mi perdonerete di aver detto una piccola bugia. Vi prego di non dire nulla al vostro caro marito, né a nessun altro».

E mentre il suo non meno caro consorte galoppava verso il Portogallo, Paolina tornò a Parigi, dove abitava soprattutto alla Malmaison, dalla cognata, luogo d'incontro con Mme Lannes, con la sorella Carolina che da poco era andata sposa a Murat, già allora abituato a vestirsi come a una mascherata del martedì grasso, e con Laure de Permon, divenuta Laure Junot. Giuseppina, angelo tutelare di emigrati politici e realisti, presiedeva una specie di corte, di cui ci restano alcuni schizzi piuttosto piccanti, dovuti alla penna della futura duchessa di Abrantès: «Mme d'Harville, maleducata per sistema ed educata per caso ... Mme de Lameth, sferica e barbuta ma buona e spiritosa, cosa che sta sempre bene a tutte ... Mme de Thalouet, che ricordava troppo bene di essere stata bella, e mai abbastanza di non esserlo più...». In compenso, bellezza e gioventù appartenevano al mondo nuovo, e se Paolina arrivava alla perfezione, le sue compagne non se ne allontanavano di molto. Alla Malmaison si viveva in uno stato di grazia, senza troppi impacci protocollari, perché Bonaparte, che era un gran lavoratore, era anche capace di divertirsi come il più umile cittadino della Repubblica. Riferisce infatti Laure Junot:

Quando era bel tempo il Primo console si faceva servire nel parco. La tavola era collocata a sinistra del prato che si trova davanti al castello e un po' più avanti del viale di destra, di cui oggi non rimane traccia se non qualche castagno qua e là. A tavola non si rimaneva a lungo, e per il Primo console il pranzo era lungo se doveva restare seduto per una mezz'ora.

Quando il Primo console era di buon umore, il tempo era buono ed egli stesso poteva disporre di qualche minuto, rubandolo al lavoro continuo che in quel periodo lo opprimeva, giocava con noi a rubabandiera. E imbrogliava, così come barava giocando a rovescino, per esempio. Faceva cadere la bandiera, ci piombava addosso senza lanciare il grido di rito: *bandiera!* Ma in fondo questi piccoli imbrogli servivano soltanto a provocare risate di felicità. In quelle occasioni Napoleone si toglieva l'uniforme e correva come una lepre, o meglio come la gazzella alla quale dava da mangiare tutto il tabacco della sua tabacchiera, incitandola a darci addosso, e quella dannata bestia ci faceva a pezzi i vestiti e spesso ci graffiava anche le gambe.

Un giorno, dopo pranzo, era una bella giornata ... Il Primo console disse: «Giochiamo a rubabandiera!».

E un attimo dopo, ecco l'uniforme in terra, e il conquistatore del mondo che corre come uno scolaretto.

Questo vortice ebbe una improvvisa fine nella serata del 24 dicembre 1800. Quella sera, tutta la «Parigi consolare» non poteva mancare alla prima della *Creazione*, l'oratorio di Joseph Haydn. Nella platea dell'Opéra le divise militari si mescolavano agli abiti da sera; la sala rischiarata da mille luci era stipata di gente, non ci sarebbe più entrato neppure uno spillo. Mentre Paolina, radiosa, attendeva con impazienza che l'opera cominciasse – Steibelt, il suo maestro di musica, le aveva spiegato al pianoforte tutte le finezze della partitura – non era affatto così per molti suoi amici, che dovevano rassegnarsi a tutte le esigenze del galateo di allora: affrontare il concerto annoiandovisi eroicamente. I violini si accordarono, il maestro impose il silenzio al chiacchiericcio degli spettatori; ma aveva appena cominciato a dirigere le prime battute quando uno scoppio spaventoso fece brutalmente ammutolire l'orchestra. Paolina, sapendo che il fratello non pensava di dover andare all'Opéra, non si preoccupò, ma cinque minuti dopo cominciò a diffondersi tra il pubblico una notizia che in un attimo dalla platea raggiunse la scena: alcune donne scoppiavano in singhiozzi, mentre gli uomini fremevano di sdegno. Paolina d'un tratto si sentì invadere dallo spavento e dall'angoscia, quando apprese che era stata scagliata una bomba contro la vettura di Napoleone; nello stesso momento, nel palco accanto al suo vide ergersi una figura sottile, vestita di una uniforme scarlatta: il Primo console era sano e salvo. Osservava il fratello tanto amato, calmo eppure commosso dalle acclamazioni che salivano verso di lui, e il suo viso impallidiva per poi imporporarsi. A quel punto poté abbandonarsi alla dolcezza delle lacrime.

Avrebbe ritrovato il sorriso grazie a una visita tragicomica. I sovrani del regno di Etruria avevano ricevuto un invito da Napoleone, che desiderava mostrare ai parigini come un re e una regina non rappresentassero poi gran cosa. L'infante don Luigi, principe di Parma, era l'incarnazione stessa del nulla, e la consorte Maria Luigia era di una bruttezza ripugnante; il loro figlio, di cinque anni, amava esporre ciò che si usa tenere nascosto, perché, come diceva il padre, «aveva la colica».

In una bella sera primaverile, sotto l'occhio beffardo dei parigini, il regale terzetto fece l'ingresso ufficiale in una carrozza tirata da mule coperte di sonagliere. Il loro corteggio ricordava semmai quello dei re di carnevale, e tuttavia, per questi autentici discendenti di casa Borbone le feste erano di rigore: Talleyrand ne diede una a Neuilly, nella quale fu Paolina la vera sovrana. Aprì le danze al braccio del re e non le fu facile trattenere il riso di fronte a un cavaliere che saltava con tanto impegno da sembrare sempre sul punto di lanciarsi in una capriola. Durante uno dei suoi acrobatici scambietti il ballerino fece saltar via la fibbia di una scarpa, che le s'impigliò nei capelli; ma le sorprese della generalessa Leclerc non erano finite, perché un quarto d'ora dopo la seconda fibbia, nell'impeto di un *jeté-battu*, fu scagliata sul naso di un vecchio signore.

L'ilarità di Sua maestà toscana costrinse gli invitati a imitarlo, ma l'allegria forzata infastidiva Paolina, che aveva ancora davanti agli occhi la scena a cui aveva assistito la sera prima, quando il nanerottolo era stato colto da una crisi di epilessia nel vestibolo della Malmaison. Paolina l'aveva visto alterarsi in viso, con la bava alla bocca, mentre il suo povero corpo era tutto scosso dagli spasmi: inevitabile temere un secondo attacco del «grande male»[1] Con quell'intelligenza del cuore che la caratterizzava, insieme alla regina si adoperò per affrettare la conclusione del ricevimento.

Intanto, purtroppo per lei, Napoleone si accingeva ad affidare a suo marito un ruolo di primo piano: a Valladolid, dove si era installato il suo stato maggiore, Leclerc ricevette l'ordine di rientrare a Parigi. Vi giunse il 25 ottobre, pieno di speranze, credendo che il ministro della Guerra avrebbe compensato i suoi servigi. Ma quale non fu la sua delusione quando il padrone della Francia gli comunicò che era stato nominato capitano generale, ossia governatore, di San Domingo. Per quell'incarico delicato Bonaparte aveva bisogno di un uomo coraggioso e di mente aperta, con una buona reputazione militare, talento di amministratore e di diplomatico, un personaggio dalle mani immacolate, che non cercasse di arricchirsi con ogni mezzo: una qualità allora più che rara, eccezionale. Per di più avrebbe dovuto essere legato al Primo console da vincoli tanto stretti che la sua ambizione potesse fondersi con la sua; uomini di tal genere non si trovano agli angoli delle strade, e Napoleone ne conosceva uno solo: il cognato.

Una simile promozione avvelenata, che implicava il soggiorno in un'isola tumultuante, dominata da Toussaint-Louverture, non era molto soddisfacente per Leclerc, ma egli non poteva sottrarsi alle nuove responsabilità. Tuttavia, mentre si dichiarava pronto al sacrificio, prima di partire avrebbe voluto assicurare un avvenire alla sorella, della quale era l'unico sostegno: in breve, voleva trovarle un marito.

«Quanto a questo, me ne incarico io» replicò il capo, per tagliar corto a eventuali dilazioni.

Il caso volle che appunto, pochi minuti dopo che Leclerc fu uscito, si presentasse a Napoleone il generale Davoust, per confidargli le proprie intenzioni matrimoniali:

«Con la signorina Leclerc? Mi congratulo con voi, e approvo.»

«No, generale, con la signora... Da tempo avevo intenzione di sposarla, e per farlo aspettavo che fosse libera. Il momento è arrivato...»

Il Primo console lo interruppe: «Sposerete la signorina Leclerc. Questo matrimonio mi è gradito sotto tutti gli aspetti; ho deciso che sarebbe stato celebrato e così sarà. Potete contare su di me per la dote e il corredo della sposa. Andate dal generale Leclerc, si trova a casa di mia moglie. Vi condurrà a Saint-Germain, da Mme Campan, e vi farà conoscere la sorella. Occupatevi delle formalità senza indugio. Occorre che le nozze si celebrino prima che sia trascorso un mese».

Il generale Davoust rimase senza fiato. Aveva un pessimo carattere, uno dei peggiori in tutta l'armata, ma obbedì da vero soldato: un ordine è un ordine. Tre settimane dopo sposò la signorina Leclerc, che finì col disarmare la sua irritazione usando la dolcezza.

Maritata la sorella, Leclerc era libero di imbarcarsi per le Antille. Si era deciso ad accettare pensando che così sarebbe potuto vivere accanto alla moglie per più di due mesi di seguito, cosa che fino allora non si era mai verificata. Paolina, tuttavia, acclamata in tutte le serate, allegramente dedita a recitare con Lafon i giuramenti dell'adultera, era terrorizzata all'idea di un'esistenza priva dei piaceri parigini. Ma il fratello la obbligava a partire, e lei cercò invano di farlo desistere, adducendo la fragilità della salute e il clima spaventoso della regione. Napoleone rimase inflessibile: sua sorella non poteva lasciare solo il marito a San Domingo; la famiglia Leclerc, in rappresentanza del Primo console, doveva esservi presente con tutti i suoi membri. Basta con le eroine da tragedia: Paolina si trovava a dover recitare un altro ruolo, più oscuro, quello della sposa fedele. Incoraggiata da Laure Junot, l'amica affettuosa che le descrisse l'isola come un paradiso, si vedeva ormai regnare su un territorio di incanti, passeggiare in portantina sotto gli aranci in fiore, con una schiava ai piedi, pronta a soddisfare i suoi più piccoli desideri.

Una campagna propagandistica ben orchestrata da Napoleone, che intendeva compensare l'infortunio della campagna coloniale in Egitto, fece nascere un ampio movimento favorevole alla spedizione, alla quale molti aspiravano a prendere parte. Ufficiali e soldati che immaginavano San Domingo come il paese di cuccagna, civili che speravano di entrare nelle file dei funzionari amministrativi e molti che desideravano imbarcarsi pur non avendo ambizioni ufficiali: operai, commercianti, avventurieri. Fra gli altri, anche il decaduto Fréron, che Leclerc aveva accettato per compassione: l'imbarco dell'ex proconsole di Marsiglia avvenne in forma tanto discreta che Paolina non venne neppure a saperlo.

La flotta che costituiva la spedizione lasciò Brest il 14 dicembre: trentaquattro vascelli di linea, ventidue fregate e uno stuolo di navi da guerra seguivano l'ammiraglia, la *Océan*, alla quale toccava l'onore di trasportare la novella Cleopatra. Ogni sorta di lusso, raffinatezza ed eleganza si aggiungeva alla comodità per soddisfare i minimi desideri della bella. Ahimè, i poeti Esménard e Norvins, suoi compagni di viaggio, non riuscirono a distrarre dal mal di mare, o dalle pene del cuore, «la Galatea dei greci, la Venere marittima», che ancora ignorava di essere in procinto di vivere una vera e propria stagione all'inferno.

VI

UNA STAGIONE ALL'INFERNO

Sebbene fino al 1789 la «perla delle Antille» fosse rimasta all'altezza della sua fama, nel 1801 Paolina veleggiava verso una polveriera. Prima della rivoluzione l'isola aveva 600.000 abitanti, 500.000 dei quali erano schiavi, suddivisi su 7800 piantagioni. I «signori francesi» che vi si erano insediati dopo il trattato di Ryswick possedevano allora 800 zuccherifici, 3000 impianti per la produzione del caffè, 3000 fabbriche di indaco e 800 cotonifici. L'eccesso di prosperità di cui godevano i «grandi bianchi» fu appunto la causa della loro rovina; gli indigeni, trattati con troppo rigore, insorsero massacrando i proprietari.

Nel 1791 uno schiavo impiegato come cocchiere, Toussaint detto Toussaint-Louverture, si era messo a capo della ribellione con l'aiuto degli spagnoli; poi però si allineò con la Francia rivoluzionaria, che nel 1794 aveva appena abolito la schiavitù, e aiutò il generale francese Lavaux a scacciare sia gli spagnoli, sia gli inglesi ancora residenti nell'isola. Nominato generale in capo delle armate di San Domingo, Toussaint riportò l'ordine nel paese, ne proclamò l'indipendenza e nel 1800 si fece nominare presidente a vita. Era quindi passato soltanto un anno quando Napoleone inviò il generale Leclerc a restaurare l'autorità della Francia e a metter fine alla dittatura dell'avventuriero Toussaint-Louverture, cui la politica aveva tributato onori eccezionali.

Dopo un periodo di pessima navigazione, la flotta fu costretta a costeggiare l'Africa fino alle Canarie prima di dirigere la rotta verso occidente. Il 4 febbraio 1801 la nave di Paolina e Victor Leclerc gettò finalmente l'ancora davanti alla capitale di San Domingo: Le Cap-de-la-République. Ma entrare in porto era impossibile: il generale nero Christophe rifiutava l'accesso ai francesi, deciso a tenere la postazione. Lo sbarco avvenne l'indomani e in un'altra località poco lontana, a Port-Margo. La sera stessa Leclerc, al comando di numerosi plotoni di ussari, partì alla conquista di Le Cap; la città fu presa, ma prima di abbandonarla, il generale Christophe appiccò il fuoco alle case e massacrò quasi tutti i bianchi che ancora vi abitavano. Quindi Paolina stava per metter piede in un vero e proprio deserto di rovine: il suo regno erano le ceneri ancora rosseggianti dell'incendio, i cadaveri dei coloni, il brontolio di tuono della rivolta. Ecco svanire in un attimo il sogno che a Parigi le era statto fatto balenare davanti agli occhi: l'immenso patrimonio, le gioie del lusso, una corte in continue feste. Occorreva invece venire a patti con la realtà; e senza inutili rimpianti la moglie del generale in capo si preparò a comportarsi da vero soldato, decisa a non aver paura di niente, a dimenticare i suoi fantasmi, a rendersi degna del marito e del fratello, il quale aveva scritto a Leclerc: «Mi piace pensare che vostra moglie possa condividere la gloria della vostra spedizione, soprattutto se riuscirà a superare le fatiche della traversata e del clima».

In questa situazione la fiducia dimostrata da Paolina verso il marito fu esemplare: sebbene esausta per i quarantacinque giorni trascorsi in mare, superò la spossatezza e divenne per lui il collaboratore più prezioso. Il momento decisivo fu la sua prima apparizione in pubblico, lungo il tragitto compiuto per raggiungere una delle poche case di Le Cap rimaste indenni: la residenza del governatore d'Estaing. Paolina viaggiava su un calesse addobbato con sfarzo principesco e guidato con voluta lentezza, attraversando una città surriscaldata dove i neri si erano giurati di tagliarle la gola. La sua calma e il coraggio che irradiava dal suo viso incantevole operarono il miracolo. I caporioni della rivolta, affascinati, dopo una breve esitazione si precipitarono incontro a quella raggiante creatura, si aggrapparono alle portiere e ai predellini della carrozza, si inginocchiarono al suo passaggio come davanti a un'apparizione del cielo. A tarda notte i furiosi ormai placati sarebbero rimasti sotto le sue finestre, a cantare strofette di benvenuto.

Così Paolina mise radici nella nuova dimora, costruita sulla cima di una collina circondata di antiche querce che facevano un po' di fresco, mentre le siepi di limone impregnavano l'aria di profumi benefici. Gli arredi erano stati miracolosamente risparmiati, e i mobili potevano ricordare alla giovane donna certe incantevoli case francesi tipiche del secolo XVIII. Le stanze erano tappezzate con tela di Jouy o arazzi di Aubusson; sugli scaffali della biblioteca grigio Trianon si allineavano volumi rilegati dai migliori artigiani di Parigi, le pareti erano adorne di ritratti di famiglia. Paolina avrebbe quasi potuto credere di trovarsi nella casa patrizia di Leclerc, a Montgobert, se a ricordarle che si trovava in un clima tropicale non fossero intervenuti certi dettagli, come il pavimento a piastrelle per assicurare una certa frescura, le gallerie protette da persiane per tenere lontani gli insetti, le zanzariere appese al baldacchino dei letti. Presto avrebbe provato su se stessa la verità del crudele proverbio di Le Cap: «Sei mesi a sudare, sei mesi ad asciugarsi».

Il figlio, il piccolo Dermid che stava per compiere quattro anni, viveva accanto a una madre che adesso si prendeva molta cura di lui. Aveva spesso la febbre e sempre mal di gola, e non reggeva bene il caldo umido dell'isola. La sera, nel crepuscolo che traspariva appena sotto un velo di bruma, il bambino ritrovava l'allegria e la chiacchiera, e Paolina recuperava qualche energia. La spossatezza dovuta a un viaggio di un mese e mezzo, l'adattamento a un clima estenuante, per non parlare dello sforzo quotidiano per mostrarsi serena in un paese in ebollizione, sfinivano enormemente la giovane generalessa. Né avrebbe

potuto rassicurarla l'avventura dell'amica Mme de Larti-
gue, che riuscì a trascinarsi senza più forze fino al quartier
generale francese, a piedi nudi, senza calze, gli abiti laceri:
l'infelice, che era rimasta prigioniera degli schiavi ribelli
per due mesi, era riuscita a sfuggire alla furia dei suoi car-
cerieri dopo il massacro di tutta la sua famiglia.

Il miglior tonico di cui Paolina potesse disporre restava
l'ammirazione che il fratello sembrava avere per lei, come
testimonia la seguente lettera:

> Ho ricevuto la vostra lettera, mia buona piccola Paoletta. Pensa-
> te che fatiche e dolori non sono nulla quando si condividono con il
> proprio marito e si può essere utili alla patria. Fatevi amare dimo-
> strandovi premurosa e affabile, tenendo una condotta severa, mai
> incoerente. Si stanno preparando per voi dei bauli di abiti alla mo-
> da che vi saranno consegnati dal capitano della Syrène. Vi amo
> molto. Fate che siano contenti tutti coloro che vi circondano e siate
> degna della vostra posizione.
>
> *Bonaparte*

Il 25 marzo il generale Leclerc riuscì a infliggere una
prima sconfitta a Toussaint-Louverture, il quale dovette
infine capitolare, dopo aver difeso a oltranza la cresta di
Pierrot dove si era arroccato. La vittoria permise ai francesi di liberare 3000 fra bianchi e mulatte ridotte in schiavitù: perciò il 17 aprile Paolina accolse il «maritino» trionfante a Le Cap in un'atmosfera di letizia. Il generale Bro,
uno dei suoi aiutanti, nelle proprie memorie rievoca quel
momento di euforia: «Fummo ricevuti come se fossimo i
reduci vittoriosi di venti battaglie. Mme Leclerc era venuta a incontrarci; chiamava il marito "il mio bel ragazzino".
È vero che era un figliolino piuttosto ben fatto, con i baffi
appena affioranti, biondo e di taglia minuta».

La pacificazione permise quindi a Paolina di assaporare
il gusto di essere la signora dell'isola, proprio come Giuseppina lo era a Parigi. Per farsi ricordare dai familiari,
spediva loro barili di marmellate di cui erano ghiottissimi,
insieme a botticelle di liquori d'anice, assenzio e arancio,
tanto da far girare la testa a tutti i ricevimenti del periodo

del Consolato. E poiché l'esotismo era di prammatica, inviò un esemplare di tutti gli animali dell'isola sia alla Malmaison, sia al Jardin des Plantes, appena fondato dal fratello.

La vita intellettuale non era affatto trascurata: la generalessa Leclerc onorava con la sua presenza «la scena di Le Cap», dove si rappresentavano Molière e Marivaux. Nella capitale di San Domingo i bianchi, i meticci e i neri occupavano posizioni ben distinte. Gli abiti delle donne seguivano piuttosto uno stile di elegante disinvoltura che non l'accurato abbigliamento delle parigine. Le belle creole, vestite con la lievità richiesta dal clima, libere in tutti i loro movimenti, personificavano la seduzione, e la generalessa era la prima fra tutte. Una languida dolcezza accompagnata da una piccante vivacità le rendevano ancor più affascinanti, e Paolina, attirata dal piacere in genere quanto dall'amore in specie, era particolarmente sensibile a queste irradiazioni di voluttà.

Tuttavia il felice beneficiario di una così oceanica sensualità, pur vivendo con piena soddisfazione lo stato matrimoniale, da maggio in poi vide rinascere un movimento di guerriglia, fomentato dall'Inghilterra. Per di più si presentarono varie difficoltà finanziarie: alla partenza Napoleone gli aveva concesso soltanto mezzo milione di franchi, somma sufficiente solo a mantenere il corpo di spedizione, perché l'armata avrebbe dovuto poi ricavare il proprio mantenimento dal paese conquistato; ma la cuccagna era finita ben presto. Per di più Leclerc era un fautore del pensiero di Rousseau, e si fidava non soltanto dei neri, ma soprattutto di Toussaint-Louverture, al quale aveva promesso: «Dimenticherò tutto quanto è accaduto prima del mio arrivo, e il mio oblio si estenderà anche alle truppe e agli abitanti che vi sono rimasti fedeli». Appena riottenuta la libertà, l'ex cocchiere non fece che fomentare la rivolta; Leclerc dovette arrestarlo e farlo imbarcare per la Francia, dove Toussaint venne imprigionato. Nel maggio 1802 i germi di ribellione si sviluppavano facilmente, tanto più che circolavano voci secondo cui la schiavitù sarebbe stata ripristinata; si aggiunse poi il peggiore dei flagelli, la febbre gialla, che devastò l'armata con rapidità sconcertante. Per proteggere la moglie e il figlio dall'epidemia, Leclerc trasferì entrambi a qualche chilometro da Le Cap.

Nel frattempo Paolina, alloggiata nella bella residenza Labattut, si annoiava, e una sera assistette con noncuranza a una serata di gusto locale che non incontrò il gradimento di Norvins, incaricato da Leclerc di accompagnarla. Norvins scrisse più tardi:

> Provammo davvero un forte imbarazzo, in primo luogo per la nostra incantevole generalessa e poi per noi stessi, per il contegno da tenere anche come semplici spettatori. Tuttavia, non volendo sembrare sprezzante verso quei poveri negri nei loro divertimenti, nonostante il loro abbigliamento più che succinto e l'intraducibile assurdità dei loro scuotimenti, Mme Leclerc prese posto su un grande divano di foglie di banano, pavesato di bandiere, che i nostri marinai avevano collocato con eleganza sotto una volta formata da frangipani e oleandri profumati. Alla fine, dopo aver avuto il coraggio di guardare e ascoltare un baccanale d'inferno, sovreccitato di continuo, senza posa, da canti selvaggi e da urla barbariche, fino a vedere le coppie di spaventosi ballerini cadere sfinite e risollevarsi sotto il pungolo di un vero e proprio parossismo di furore, tornammo al quartier generale, direi quasi asfissiati da un ribrezzo di cui ancora sento tutto l'orrore; mentre i neri, coribanti instancabili, proseguirono la loro abominevole orgia fino allo spuntar del giorno. Di certo qualche mese dopo, o qualche mese prima, gli stessi negri che si inginocchiavano a veder passare Mme Leclerc l'avrebbero sgozzata con la stessa ebbrezza. Noi lo sapevamo bene, noi che li avevamo fatti ballare...

Le danze, accompagnate dal pulsare sordo del tam tam, durante le quali i corpi d'ebano ondulavano lascivi, avvicinandosi, allontanandosi, accostandosi di nuovo, ardenti di febbre e madidi di sudore, mentre le donne sembravano offrirsi al compagno in tutta la loro lussureggiante femminilità, emozionarono Paolina senza però turbarla. Da questi spettacoli di particolare forza evocativa erano invece turbati i militari dell'armata: molti soldati e ufficili non riuscivano a rimanere insensibili al fascino delle giovani indigene, più di una francese arrivava a sognare l'amplesso di braccia virili nere e muscolose. La portata dello scandalo era tale che Leclerc dovette intervenire, precisando come le donne bianche che si erano prostituite ai «negri», quale che fosse il loro rango, sarebbero state rimandate in Francia. Il decreto non poté essere applicato per la diffusione della febbre gialla, che ebbe tra le sue prime vittime Stanislas Fréron. Leclerc, mostrandosi non privo di magnanimità, scrisse a Decrès, ministro della Guerra nel governo del Consolato: «Il cittadino Fréron è morto. Mandategli un successore ... È morto povero ... Ha cercato di essermi utile fin quando è durata la sua potenza; e io considererò come concessi a me stesso i benefici che il governo accorderà alla sua famiglia».

Napoleone non rimase insensibile agli appelli del cognato, ma purtroppo i suoi messaggi di incoraggiamento non erano accompagnati dall'invio di provviste, rinforzi e denaro; a Le Cap arrivavano soltanto buone parole: «Vi saranno concesse grandi ricompense dalla Repubblica, e così pure ai vostri principali generali e agli ufficiali e soldati che si sono distinti ... Quanto a voi, siete avviato a ottenere una grande gloria; la Repubblica vi darà la possibilità di godere di un patrimonio conveniente, e l'amicizia che io vi porto è inalterabile». Nell'attesa dell'epoca idilliaca promessa dal Primo console, Leclerc constatava che le sue truppe erano decimate e tutti i suoi generali si erano ammalati: «Ho dovuto ricorrere a generali neri ... Mi è impossibile far marciare una truppa formata da europei, i soldati scoppiano di fatica lungo la strada...».

Mentre ricopriva il cognato di fiori di retorica, Napoleone non tralasciava di perseguire la propria strategia: ripristinare la schiavitù, perché senza una manodopera asservita San Domingo non avrebbe potuto fornire nulla alla Francia. Leclerc vedeva le sue idee umanitarie perdere di smalto di fronte agli assalti dei guerriglieri, e tuttavia non voleva smentirsi. Il 25 agosto 1802 inviò al ministro della Guerra questa supplica: «Non pensate a ripristinare la schiavitù in questa colonia se non fra qualche tempo; io credo di poter fare in modo che il mio successore debba semplicemente limitarsi a far eseguire il decreto governativo; ma dopo gli innumerevoli proclami che ho emanato qui, assicurando ai neri che avrebbero avuto la libertà, non voglio trovarmi in contraddizione con me stesso. Ma il Primo console può essere certo che il mio successore troverà tutto predisposto».

Due mesi dopo, il clima si era notevolmente guastato e Leclerc scriveva a Napoleone in tutt'altri termini: «La mia opinione su questo paese è che si devono sterminare tutti i negri delle montagne, uomini e donne, tenere soltanto i bambini minori di dodici anni».

Mentre si scatenava la tempesta, Paolina non aveva paura di niente. La sua bellezza, la sua fantasia, i suoi capricci la rendevano immune da ogni flagello. Nell'arco di tre mesi, dall'agosto al novembre, la febbre maligna uccise 200 funzionari, 8000 marinai, 25.000 soldati e ufficiali. Non era infrequente che durante le sue passeggiate la generalessa Leclerc incontrasse semplici soldati riversi sul terreno ardente, vittime della sete o colpiti dall'insolazione; in quei casi li raccoglieva nella propria vettura.

Mentre la morte colpiva tutti, ogni casa si trasformò in un lazzaretto: le medicine mancavano, e quando arrivavano dalla Francia erano per lo più avariate. L'incompetenza o il fatalismo degli infermieri neri, la negligenza dei loro confratelli bianchi, trasformavano Le Cap in un vero e proprio inferno, in cui la presenza di Paolina rappresentava il solo rimedio. Ammirevole per la calma e il coraggio dimostrato nell'imperversare dell'epidemia, passava tra le file di miseri giacigli in cui si affollavano i malati che gemevano e battevano i denti per il dolore e la paura, mentre su tutto aleggiava un fetore di latrina. Il costante sostegno della giovane donna restituiva la fiducia ai più abbattuti; Paolina aveva il dono di saper consolare gli agonizzanti, di trovare le parole di conforto, e il suo sorriso aiutava gli infelici a compiere il loro «passaggio» avendo davanti agli occhi la visione più poetica. Di fronte alla morte Paolina offriva quel che aveva di più potente: la vita; le armi con cui si opponeva all'orrore del cataclisma erano la sua gentilezza e la sua generosità.

Anche ai civili o militari ancora in buona salute la generalessa dedicava la sua attenzione. Tutte le sere le sale della residenza si aprivano per concerti e balli che avevano lo scopo di sorreggere il morale pubblico. Vi sono anime pie che le rimproverano la sovreccitazione di quelle serate, giudicandola di cattivo gusto; si dimenticano però con troppa facilità la situazione climatica e psicologica di San Domingo, dove l'unico interrogativo era: che cosa avrebbe portato il domani, se non la morte? E dunque, in simili condizioni, non restava altro che stordirsi. Perciò, non mancando di umorismo, Paolina organizzava feste chiamate «appuntamenti nella camera mortuaria». Gli orchestrali indossavano un curioso costume di sua invenzione: una giacca da dragone, con vistosi galloni, pantaloni a sbuffo di tessuto cremisi, alla turchesca, un elmo di metallo lucido ornato da una coda di cavallo bianca. Non era forse meglio danzare sull'orlo del vulcano, piuttosto che abbandonarsi al compiacimento della depressione? In tutte queste occasioni, il generale Leclerc dette un giudizio positivo sul comportamento della moglie, in cui egli stesso trovava un sollievo capace di distrarlo dalle preoccupazioni.

Nei loro scritti, gli ipocriti come Fouché o Barras hanno osato sventolare lo stendardo della virtù; non mancano di impudenza, dato che le loro memorie apparvero dopo la caduta dell'impero, quando era di gran moda insozzare i napoleonidi. Il primo per esempio rimprovera a Paolina di essere caduta preda «dei vivi ardori dei tropici, e di essere sprofondata in tutti i generi di sensualità»; il secondo l'accusa «di aver avuto a San Domingo relazioni galanti non solo con tutti i bianchi che formavano l'armata, ma anche con i negri, che aveva voluto provare per fare il paragone», mentre altri ancora denunciano un suo preteso lesbismo. Come diceva Talleyrand, «tutto ciò che è esagerato è insignificante»: una saggia riflessione che corrisponde perfettamente ai due autori, «Fouché di Nantes» e «il Satrapo». Si devono però ammettere due fugaci relazioni di Paolina, intrecciate nel corso del soggiorno nell'isola ardente: una con il generale Debelle, comandante d'artiglieria del corpo di spedizione, l'altra con il generale Boyer, capo di stato maggiore del marito. Nonostante le scappatelle, tuttavia, Paolina continuava a vezzeggiare il suo «piccolo Leclerc»: lo ingannava, sì, ma senza metterci il cuore; erano coinvolti soltanto i sensi, precocemente risvegliati, e se ne ha una prova indubitabile nella lettera inviata l'11 settembre 1802 all'amica Mme Michelot:

> Quanto a me, ci è voluto tutto l'affetto che porto a Leclerc per farmi rimanere in un paese tanto orribile e triste; ma spero entro sette mesi di essere vicino a voi per non lasciare Parigi mai più, perché ho sofferto troppo.
> Leclerc è talmente occupato. Lavora giorno e notte, perché è costretto a fare tutto da solo; spesso i suoi generali gli sono d'intralcio. È stanchissimo, ma io spero che il successo lo consolerà. Gliene verrà soltanto un aumento di gloria. I neri si ribellano, ma Leclerc li riporterà alla ragione. Per il resto, mia cara amica, posso assicurarvi che qui siamo molto amati, perché Leclerc fa soltanto quel che è giusto.
> Vi mando delle confetture di qui per i piccini e due madras per voi. Leclerc mi incarica di farvi i suoi migliori saluti, e vi prega di accettare una cassa di liquori della Martinica, che riceverete via Le Havre...

I successi del marito, sui quali Paolina contava, parvero allontanarsi; a causa dell'insurrezione che covava da mesi, Leclerc aveva imposto all'isola lo stato d'assedio ed era ormai costretto a far arrestare o fucilare i suoi generali neri, che compivano continui attentati contro la popolazione bianca. Il 13 settembre si verificò uno scoppio di violenza inaudita: i resti delle brigate nere formate per sua iniziativa – circa diecimila uomini – gli si volsero contro e assalirono la villa di Le Cap: se avessero avuto la meglio, l'intera popolazione della capitale, bianca o di colore, sarebbe stata massacrata. Tutti erano terrorizzati: un gruppo di donne in preda al panico supplicavano, davanti al quartier generale, di essere imbarcate insieme ai figli. Leclerc, estenuato, non aveva accanto un solo generale valido, e non aveva che duemila uomini per opporsi agli insorti. La sede del governo, residenza di Mme Leclerc, era stata già invasa dalle mogli di ufficiali, soldati, civili della colonia: tutte e tutti imploravano da lei di essere protetti o di poter fuggire. Paolina, galvanizzata, riuscì a infonder loro il suo stesso coraggio: «Avete paura della morte, ma potete andarvene; non siete sorelle di Bonaparte». E le donne a supplicarla: «Ah, signora, se li conosceste, quei mostri!». Al che Paolina replicò: «Mi troveranno morta insieme a mio figlio». Poi, volgendosi a Norvins, soggiunse: «Mi promettete di ucciderci entrambi?». L'altro, stupito da tanta determinazione, eluse la domanda, e le rispose da soldato disciplinato: «Ho fiducia in Dio e nel generale. Non vi lascerò un solo istante, e se mi verrà dato l'ordine di farvi salire a bordo, lo eseguirò».

Leclerc però non era affatto sicuro circa l'esito della battaglia, e ordinò di far imbarcare la moglie e Dermid. Nonostante il fragore di cannoni e fucili Paolina rifiutò. Un testimone scrive: «Il suo incantevole viso acquistò una bellezza soprannaturale, che esprimeva insieme dignità e coraggio». Per un'ora Norvins tentò senza successo di persuaderla, mentre si avvicinavano i suoni del combattimento. Alla fine dovette ricorrere alla forza, ordinando a quattro sergenti di far salire la giovane ribelle sulla portantina per tradurla sulla nave, mentre un granatiere prendeva in braccio il fanciullo. Norvins, Lenoir e alcuni ufficiali, sguainata la sciabola, formarono la scorta. Il loro imbarazzo era palese, tanto più che dalla portantina saliva a più riprese la voce ostinata della generalessa: «Io non mi imbarco». Il corteo giunse in mezzo a una folla di donne dagli abiti malconci, di militari che si trascinavano, portando la spada sottobraccio come un ombrello, di funzionari che si proteggevano dal sole con ombrellini dalle stecche spezzate; tutte quelle facce sconvolte dalla paura provocarono l'irresistibile ilarità di Paolina, che esclamò, rivolta a Norvins: «Guardate, somigliano a una mascherata del martedì grasso all'Opéra».

Mentre l'artiglieria tuonava contro uno sfondo di continua effervescenza e fra cori di lamenti, ecco sgranarsi le note del suo riso di cristallo. Napoleone non si era sbagliato su di lei; quando l'episodio della falsa partenza gli fu riferito, scrisse a Leclerc:

> Sono molto contento della condotta di mia sorella: essa non deve temere la morte, perché morirebbe nella gloria, circondata da un'armata e mentre si rende utile al marito. Sulla terra tutto trascorre in fretta, tranne l'opinione che lasciamo impressa sulla storia.

La tenacia e il lieto coraggio di Paolina ebbero la meglio, perché nello stesso momento in cui il corteo era giunto al porto, un aiutante di campo, senza fiato, venne ad annunziare che il nemico era stato respinto. Qualche minuto dopo arrivò Leclerc, madido di sudore. Avvampando per l'emozione, Paolina gli si gettò fra le braccia e palpitando gli gridò tutta la sua felicità di ritrovarlo vivo e vittorioso. Avrebbe ricordato a lungo questa giornata, rimasta la più felice della sua esistenza. Ma il coraggio di Leclerc e della sua armata fantasma non avrebbe potuto ostacolare ancora a lungo la marcia trionfante degli insorti. Un mese dopo Leclerc, con la morte nel cuore, dovette rassegnarsi a evacuare tutti i bianchi sulle isole rimaste sotto il suo controllo, e ordinò alla moglie di rifugiarsi sull'isola della Tortuga. Il momento era troppo grave per disobbedire. Per di più, il generale cominciava a manifestare i primi sintomi della febbre gialla, e il suo stato si aggravò sempre più in modo ineluttabile, senza speranza di guarigione. Paolina si rivelò allora la più devota delle compagne. Durante l'agonia, che durò dieci giorni e dieci notti, non lasciò mai il capezzale del marito, asciugandogli il vomito, cambiando gli impacchi umidi sulla fronte per attenuare le sofferenze del malato, aiutandolo a cambiare posizione sul letto; ma i dolori lombari erano così forti che il minimo spostamento lo faceva urlare. Alla vigilia della morte, prima della crisi finale, Leclerc nominò proprio successore il generale de Rochambeau, chiedendogli di provvedere al rimpatrio della moglie e del figlio. La notte del 1° novembre Victor-Emmanuel Leclerc spirava tra le braccia di colei che aveva tanto amato. Paolina aveva appena compiuto ventidue anni e le parve di morire di quella stessa morte: era un sogno infranto, un addio alla giovinezza e soprattutto al suo primo vero grande amore. Certo, l'aveva ingannato, ma per lei quel genere di tradimenti aveva scarsa importanza.

Il dottor Peyre, pur rispettando il suo lutto, lavò il cadavere e lo preparò per la conservazione. La macabra operazione ebbe inizio alle sei del mattino, alla presenza della giovane donna. Il corpo fu disteso sulla tavola del salone del palazzo dove fu svuotato, quindi immerso in un bagno di piante aromatiche e di alcool di vino. Poi fu imbalsamato e avvolto nelle bende fino alla testa. Paolina si tagliò i capelli, che le arrivavano alla vita, e li sparse sul viso del marito. La bara di piombo fu sigillata, mentre il cuore di Leclerc veniva collocato in un vaso d'oro con la seguente iscrizione:

PAULETTE LECLERC, SPOSA DEL GENERALE LECLERC
IL 20 PRATILE DELL'ANNO V, HA RACCHIUSO
IN QUEST'URNA IL SUO AMORE PRESSO AL
CUORE DEL SUO SPOSO, DEL QUALE AVEVA CONDIVISO
PERICOLI E GLORIA. IL FIGLIO
NON POTRÀ RACCOGLIERE LA TRISTE E CARA
EREDITÀ DI SUO PADRE, SENZA RACCOGLIERE
QUELLA DELLE SUE VIRTU'.

La giovane vedova desiderava riportare il marito in Francia, e insieme all'ammiraglio de La Touche-Tréville si occupò di tutti i preparativi per il funebre ritorno. Dopo sette giorni, con grande solennità, le spoglie del generale Leclerc furono collocate a bordo dello *Swiftsure*, mentre la batteria del porto rendeva gli onori militari. Sulla traversata si sono raccontate molte leggende, ad opera di libellisti al soldo di Luigi XVIII, il «Roi-Fauteuil»: un certo generale Humbert avrebbe rivolto frasi galanti a Paolina, e lei nell'intimità le avrebbe ascoltate senza fastidio. Questo penoso personaggio, invece, sospettato di intese con i neri ribelli, riconosciuto colpevole di sperperi e soprattutto accusato da Leclerc di viltà, quindici giorni prima era stato radiato dalle file dell'armata e rimandato in Francia. In realtà, il viaggio di Paolina, durato tre settimane, fu per lei una prova ulteriore, dal momento che soffriva di mal di mare. Non uscì mai dalla cabina, e d'altronde le sarebbe stato intollerabile mescolarsi alla folla eterogenea dei passeggeri: donne chiacchierone, impiegati dimissionari colmi di rancori, prigionieri neri, ufficiali mulatti compromessi con i ribelli. Paolina voleva restare sola con il suo dolore.

All'arrivo a Tolone, il 1° gennaio 1803, scrisse subito a Napoleone:

> Arrivo a Tolone dopo una traversata spaventosa, e con la salute rovinata; e questo non è che l'ultimo dei miei dispiaceri. Ho portato con me i resti del mio povero Leclerc, compiangete la povera Paoletta, che è tanto infelice.

Il fratello mandò Lauriston a prenderla a Tolone, dopo che Paolina vi ebbe terminato il periodo di quarantena, peraltro abbreviato, nel suo caso, a quindici giorni. Giunta a Lione il 1° febbraio a casa dello zio Fesch, trovò un palazzo episcopale miserevole, a malapena arredato, dove il neoarcivescovo cedette il proprio appartamento alla nipote esausta. Il feretro di Leclerc seguiva un percorso diverso, ma la vedova aveva tenuto con sé l'urna d'oro in cui era racchiuso il cuore. Nella rada di Tolone la bara era stata trasbordata dallo *Swiftsure* alla *Cornélie*, che lo avrebbe portato a Marsiglia, dove ricevette gli onori di solito tributati ai sovrani. L'ingresso del corteo fu salutato in tutte le città da colpi di cannone e salve di artiglierie, mentre nelle cattedrali i vescovi celebravano solenni uffici funebri. A fine febbraio il trasporto funebre giunse nella chiesa di Villers-Cotterets, dove la bara rimase esposta per una decina di giorni e quindi il 9 marzo inumata a Montgobert, in una tomba realizzata da Fontaine.

Napoleone ordinò che il lutto della sua famiglia fosse portato dalle alte cariche dello stato e perfino dagli ambasciatori che si recavano alle Tuileries per le visite di condoglianze: un ritorno alle usanze mònarchiche che preoccupava i repubblicani di fede più salda.

Ed ecco Paolina finalmente tornata a Parigi: un'ammalata grave, accolta dal fratello Giuseppe nel palazzo Marbeuf, da dove Paolina si trasferì a Mortefontaine per trascorrervi qualche giorno, sperando di trarre giovamento dal cambiamento d'aria. Rifiutò di prendere parte ai pranzi di gala che il Primo console dava ogni decade, mentre le sue prime uscite furono dedicate a incontri con uomini di legge. Questi dovevano risolvere i problemi della tutela del figlio Dermid e trovargli una collocazione che liberasse Giuseppe dalla sua presenza. Il palazzo di Mme de Charost, vicino a quello di Marbeuf, si affacciava anch'esso sulla rue du Faubourg-Saint-Honoré, e i suoi giardini si estendevano fino agli Champs-Elysées: a Paolina piaceva molto, ma il prezzo richiesto era superiore alle sue possibilità. Napoleone, sempre generoso verso la famiglia, ancor meno lesinava quando si trattava della vedova di un generale morto al suo servizio, e l'aiutò ad acquistarlo.

La salute di Paolina era sempre precaria (per esempio aveva una bruttissima piaga sulla mano che richiedeva continue cure), ma ciò non le impediva di girare per i negozi, sempre vestita a lutto. «Benché debole e sofferente, mi parve la persona più incantevole che avessi visto in vita mia», osservò in quel periodo Mme de Rémusat. Per una donna giovane, fino allora tenuta abbastanza a stecchetto dal marito, dal punto di vista finanziario, poter spendere senza lesinare era una scoperta meravigliosa! Comprò una vettura tirata da due cavallini nervosi; per la sua nobile residenza ordinò mobili, scelse tappezzerie, tappeti della Savonnerie, dipinti di grandi maestri. Le tre grandi sale inondate di luce si affacciavano sul giardino. Nella sua camera, racchiusa come un bozzolo, lunghe tende drappeggiate ricadevano davanti alle finestre doppie, permettendo di prolungare il sonno senza che il sorgere del giorno lo disturbasse. Nel bagno regnavano gli aromi, le ceste ambrate colme di accessori, di delizie divenute indispensabili.

Paolina scopriva la libertà, quella donata dal denaro. Basta con i rimproveri da subire, basta con i conti da far tornare: Leclerc era morto e sepolto. La sua sarebbe stata una vedovanza fuori del comune, che non le avrebbe impedito di cogliere di lì a poco le primizie di primavera. Lo stato d'animo della sorella preoccupava dunque un po' i Bonaparte, che desideravano soprattutto di proteggere la propria reputazione. Tutti gli sguardi erano puntati su di loro.

Sovreccitata, spendereccia, volubile, la deliziosa Paolina si annoiava e rischiava di cadere in preda al primo degli ammiratori che cominciavano ad affacciarsi alla porta del palazzo de Charost: a quella vedova troppo bella bastavano due o tre parole per far girare la testa. L'ammiraglio Decrès, già sulla quarantina, le faceva una corte serrata; la dama del suo cuore ne accoglieva con grazia gli omaggi quotidiani, ma l'idea di concedergli la sua mano la faceva sorridere. Se le sue dichiarazioni la divertivano, aveva capito subito che il ministro faceva la corte alla sorella del Primo console.

Erano passati ormai nove anni dallo sbarco dei Bonaparte a Tolone; i poveri diavoli di allora erano oggi dei signori. Ciascuno di loro aveva il proprio palazzo a Parigi, proprietà nei dintorni, trattavano alla pari con gli esponenti del governo e ricevevano la «gente bene» del faubourg Saint-Germain. Una delle differenze più evidenti tra la società del Direttorio e quella del Consolato era proprio la riapertura dei salotti. Alle Tuileries, il «salotto giallo» di Giuseppina annunciava la rinascita di una timida corte, dove cominciavano a incontrarsi due mondi fino allora ostili: il che rispondeva a un desiderio profondo di Napoleone. Il paese aveva bisogno di pace. A questa società davano il tono Mme de Rémusat, che sarebbe stata nominata di lì a poco *Dame du palais*, e Talleyrand, che riceveva parenti, amici e i nuovi potenti. Finivano per convivere gli elementi più diversi.

Paolina, cui il crespo di vedova non toglieva lo splendore solare, riprendeva allegramente gusto alla vita: in incognito si recava nei templi della danza, ai balli di Tivoli o di Frascati, i cui bei giorni erano ormai contati. I viali di ghiaia bordati di aranci, di rose e di gelsomini, i nicchioni di roccia e le cascate in miniatura vedevano a poco a poco scomparire, nel turbine della moralità ritrovata, le *incroyables* e le *merveilleuses* del Direttorio.

All'inizio del mese di aprile, Paolina si recò presso il fratello Luciano, al Plessis-Chamant. Non vi regnava alcun protocollo, bensì piuttosto il gusto degli scherzi spettacolari. E nel mezzo di quella compagnia di burloni, lei conduceva le danze, mentre le vittime prescelte sopportavano stoicamente il proprio destino: è sempre meglio restar vicini al potere. Così Fontanes, rettore dell'università, e il poeta Casti si trovarono un giorno dei petardi in tasca. Un musicista soprannominato Flûteau-Miaou, addormentatosi di un sonno di piombo all'ombra degli alberi del parco, al suo risveglio si ritrovò in mutande. Un'avventura dello stesso genere toccò a d'Offreville, quinquagenario supponente, con un buffissimo volto da schiaccianoci e mani smisurate, dissimulate sotto una montagna di anelli, che alla corte di Luigi XVI aveva avuto l'incarico ridicolo di attaccapanni di Monsieur. Autore di alcuni drammi, amava paragonarsi a Racine o a Corneille. E proprio per evitare la lettura di quelle opere noiosissime, Paolina, accompagnata da qualche giovanotto, si recò a Senlis per procurarsi alcuni strumenti di tortura. Racconta la duchessa d'Abrantès:

La sera, tornando dalla passeggiata, non appena mise piede nel vestibolo del castello, si trovò imprigionato tra quattro pareti di fuoco, ottenute per mezzo di quattro grandi fuochi d'artificio, simili a un sole, che i burloni tenevano in cima a lunghi bastoni. Il primo momento non fu tanto comico quanto quello che seguì: all'inizio d'Offreville ebbe solo paura, ma poi il sibilo dei fuochi, il bagliore della luce accecante lo resero quasi pazzo; si mise a ruggire e a girare su se stesso al suono della tarantella che nel frattempo gli cantavamo; e infine, quando lo liberammo dalla sua prigione da salamandra, era davvero in uno stato pietoso.

Da quel momento tra lui e noi non ci fu più tregua. Diffidava ormai a tal punto di tutti che qualunque abitante del castello gli procurava un autentico terrore. Gli stessi domestici, incoraggiati da quanto vedevano, non si facevano scrupolo di continuare le burle iniziate dai padroni. Se lo si fosse saputo, non lo si sarebbe permesso; ma come fare a saperlo, in mezzo al frastuono delle cannonate che si rovesciavano sul povero d'Offreville? Se si metteva a tavola, due o tre petardi gli scoppiavano tra le gambe. Se si sedeva in sala da biliardo, sotto la panca scelta da lui c'era subito un'esplosione. Se passava timoroso sotto uno degli antichi voltoni di pietra che doveva traversare per raggiungere la propria camera, si vedeva circondato da serpenti di fuoco, da fantasmi gementi, e il pover'uomo, gettandosi sul letto, era ormai pienamente convinto che Plessis-Chamant non fosse altro che il castello di Robert-le-Diable.

Nemmeno la famiglia Bonaparte veniva risparmiata e il cugino Ramolino, tanto pauroso quanto superstizioso, vide una notte il fantasma di suo padre – alias Luciano – apparirgli per proibirgli nel tono più solenne di mangiare spinaci; al che l'infelice, col volto a terra, giurò di rinunciarvi per sempre. Tornato a letto, disse le sue preghiere ma non poté chiudere occhio. L'indomani, il menu del pranzo gli presentò spinaci, e il colore del suo volto virò al verde. Sotto lo sguardo malizioso dei convitati, fu costretto a servirsi, e a ogni boccone gli pareva di sentire la voce paterna... Questi scherzi infantili, tuttavia, finirono per rendere un po' datati i loro autori e Plessis-Chamant.

A poco a poco, dunque, il ricordo di Leclerc si cancellava dalla memoria di Paolina, né l'istinto materno era abbastanza forte da rinfrescarglielo. Sempre richiesta da tutti, invitata a ogni ballo, lei si preparava alle serate come un generale alla battaglia. Con la sua sarta, Mme Germon, sotto il sigillo del segreto, stendeva piani di guerra fatti di pizzo e di seta. Il parrucchiere, M. Charbonnier, devotissimo alla sua fastosa cliente, cesellò con i suoi ferri una nuova acconciatura corta, che incorniciava il visetto più delizioso. Così, nel corso di una serata in costume sul tema della vendemmia, a Paolina riuscì l'impossibile: superare tutte le sue rivali. Il suo arrivo destò un mormorio di entusiasmo, tutti furono pervasi da una sensazione di leggerezza e di beltà. Era una statua vivente fuggita dal Louvre, una baccante dal passo aereo, divina dalla testa ai piedi: i capelli erano cosparsi di grappoli d'uva d'oro e il vestito, della più sottile mussola di seta delle Indie, decorata di pampini, si modellava così delicatamente sul suo corpo che i piccoli seni provocanti sembravano pronti a volar via, come uccellini fuori dal nido.

VII

LA PRIMA PRINCIPESSA
DEI NAPOLEONIDI

La famiglia Bonaparte si avviava a intraprendere il novi-
ziato preparatorio alla regalità circonfusa dall'alone di
gloria del suo figlio prodigio. Era naturale che Paolina,
l'affascinante vedova del generale Leclerc, ricevesse il primo titolo, quello di «bella fra le belle».

Nessuna pensava a contenderglielo... salvo una rivale
di spicco: Mme de Contades, un'aristocratica dell'*ancien
régime*, che non ammetteva la bellezza di Paolina così come non riconosceva gloria a Napoleone. Qualunque altra
avesse espresso una simile opinione avrebbe rischiato il
ridicolo, ma con lei tutto diventava accettabile. Quando il
suo sguardo, incorniciato da una sontuosa chioma bruna,
si fissava su qualcuno, era giocoforza sottomettersi. Una
sera la madre di Laure Junot ricevette nel suo salotto diverse famiglie del faubourg Saint-Germain e alcuni Bonaparte, fra i quali apparve Paolina, che si attendeva un
nuovo trionfo. Come a teatro, scelse con cura il momento
più adatto per fare il suo ingresso; occorreva che vi fosse
già qualcuno, ma non una folla, dove sarebbe scomparsa.
Perciò all'arrivo fu accolta da un lungo mormorio di lodi,
con una certa mancanza di cortesia verso le altre dame
presenti. In verità Paolina portava la luce nella sala; da lei
emanava un tale incanto che i Noailles, i Montcalm, gli
Archambaud de Périgord le si accalcarono intorno. Circondata da una piccola folla, quasi portata in trionfo, si ritirò in un salottino. Le signore lasciate da parte non gradi-
rono affatto tali omaggi, e presero a mormorare: da parte

di una persona che tre anni prima non aveva neppure da mangiare, la sfacciata ostentazione di un simile lusso appariva quasi ripugnante. Mme de Contades, scandalizzata per essere stata messa da parte, irritata per la cascata di complimenti che sentiva rivolgere a una rivale, si fece dare il braccio da un amico e si diresse verso il boudoir in cui la vedova allegra del generale Leclerc, seduta su un sofà, teneva corte da vera regina.

Per sua disgrazia, Paolina aveva voluto mettere in risalto la sua incantevole acconciatura, commettendo l'errore di sedersi in piena luce, per farsi rischiarare da quante più candele poteva. Mme de Contades era troppo vecchia volpe per andare contro l'avversario con un attacco frontale; cominciò a lodare la tunica, la vita, il viso, la pettinatura, poi d'un tratto si fermò di botto, come impietrita, e rivolse al suo cavaliere un commento sussurrato, ma in modo che fosse perfettamente udibile: «Ah, mio Dio, che disgrazia! Una personcina tanto graziosa! Com'è possibile che una simile deformità non sia mai stata individuata! Dio mio, è proprio una disgrazia!».

Le frasi sacrileghe furono accolte da un silenzio siderale, mentre le guance della vittima diventavano di fiamma.

«Ma insomma, che cosa vedete?» le chiese Charles de Noailles.

«Come, che cosa vedo? Come fate voi, a non vedere quelle due orecchie enormi, piantate ai due lati della testa? Se le avessi così, io me le farei tagliare.»

Prima che avesse terminato di parlare gli occhi di tutti si volsero a Paolina, per giudicare la sua imperfezione: in effetti, erano orecchie curiose, come pezzi di cartilagine bianca ai quali la natura aveva dimenticato di fare un orlo; e veramente la loro incontestabile bruttezza, accanto alla purezza ammirevole dell'insieme, turbava un poco l'armonia del viso. (Cent'anni dopo la grande cortigiana Cléo de Mérode, che soffriva dello stesso difetto, lo dissimulava sotto i capelli, pettinandosi alla «pancia affamata»... nel senso che «pancia affamata non ha orecchie», secondo il proverbio.) Paolina non fu abbastanza pronta da rispondere per le rime: vedendosi presa di mira dalle occhiate divertite dei presenti, si sentì a disagio, e, come una bambina, scoppiò in singhiozzi fra le braccia di Mme Permon.

Quella serata era destinata a lasciare un segno; da quel giorno in poi Paolina decise di non fidarsi più di nessuna donna; e pur continuando a comportarsi con la più squisita cortesia, pur accordando a molte il beneficio di una fattiva generosità, non ne considerò nessuna come una vera amica. La mancanza di affetti non la faceva soffrire, tanto erano numerosi i candidati al suo cuore: da quel momento in poi la «Paganetta» avrebbe applicato alla lettera l'assioma di Eraclito: «Tutto passa, nulla resta, approfittiamo dell'ora che scorre». Sul momento, però, non le fu facile metterlo in pratica.

Infatti, per consolidare una Francia lacerata dagli anni della rivoluzione, Bonaparte decise che tutti dovevano sposarsi, perfino vescovi come Talleyrand. In particolare pensava che la sorella Paolina dovesse mettere al sicuro il proprio patrimonio, e cercava un uomo che potesse essere prezioso per lei ma anche per se stesso.

Il conte Francesco Melzi d'Eril, che in gioventù era stato ciambellano dell'imperatrice Maria Teresa, si trovò elevato al rango di vice presidente della neonata repubblica italiana per concessione del generale vittorioso e in virtù del suo talento diplomatico. Era un uomo di grande prestanza, che alla prima occhiata mostrava di possedere l'autorità necessaria per soffocare il temperamento impetuoso della giovane donna. Ma quando gli fu chiesto un parere, trovando che la fidanzata era troppo bella, il felice cinquantenne declinò l'onore di un così prestigioso matrimonio.

Non per questo il Primo console si ritenne sconfitto; la sua intenzione era sempre tanto di assicurare l'interesse personale quanto di migliorare la posizione dei familiari. Il principe Camillo Borghese, pronipote del papa Paolo V, nella Parigi del 1803 era il punto di riferimento di tutti i salotti. Agli occhi di Bonaparte aveva poi il merito di essere tra i pochi italiani ad avere abbracciato senza secondi fini le idee francesi: aveva combattuto agli ordini di Championnet contro le truppe pontificie, e a Roma aveva gettato lo stemma di famiglia nel rogo purificatore di piazza di Spagna, tutti «gesti eroici» pubblicati sul «Moniteur». Dopo simili esplosioni di vitalità, l'aria di Roma gli era diventata irrespirabile, ed era partito precipitosamente, prima per Venezia poi per Milano, e finalmente si era trasferito a Parigi, dove aveva ottenuto la cittadinanza francese, entrando a far parte della guardia consolare.

Camillo era un rampollo di illustre famiglia, non del tutto privo di ingegno ma in pratica senza nessuna istruzione, per colpa di suo padre, secondo il quale «per diventare sudditi di un papa i suoi figli ne avrebbero saputo abbastanza comunque». Giovane e di bell'aspetto, dalla figura elegante, i riccioli neri intorno a un viso ovale in cui spiccavano gli occhi scuri, per la gioventù dorata parigina rappresentava un prototipo ideale. Nel gesto con cui si liberava del mantello con ricami d'oro, foderato di raso, un occhio vergine riconosceva l'aristocratico; lo stesso si poteva dire per le piume bianche che avvolgevano il suo cappello di taffetà nero, o per lo jabot di pizzo a cascata sul petto. Insieme agli amici, i Demidoff, il principe Fuentes Pignatelli, il marchese de L'Aigle, lanciò la moda degli abiti inglesi, dei gilè ungheresi e dei cappelli russi. Era bravissimo alla guida dei cavalli, e addirittura abile palafreniere; in una scuderia si trovava altrettanto a suo agio quanto sul sedile del suo phaéton, e sapeva guidare con eleganza i suoi sauri sotto lo sguardo sbalordito dei perdigiorno di Ranelagh. I suoi titoli facevano sognare la società di *parvenus* che si accalcava ai ricevimenti del Primo console: principe di Rossano, del Vivaro, duca di Ceri, di Poggio Nativo, barone di Cropalati, grande di Spagna di prima classe. Alla sfilza di nomi occorreva aggiungere il feudo principesco di Sulmona, nel regno delle Due Sicilie, undici case a Roma, il gigantesco palazzo di via della Fontanella, la villa fuori Porta Pinciana, tre terre in Sabina, trentuno diocesi suburbicarie.

Per Bonaparte e per i suoi fratelli il rango sociale a cui il principe Borghese apparteneva e l'ingente patrimonio di cui poteva disporre erano determinanti per considerarlo degno di ricevere la mano di Paolina. In particolare i Bonaparte si imparentavano volentieri con una famiglia italiana, illustre da quattro secoli, essendo loro stessi di origine italiana. Paul-Louis Courier non sbagliava affermando, in una lettera a un amico: «Essere Bonaparte e diventare sovrano: preferisce un titolo a un nome. L'avevo capito quando vidi che dava la sorella minore a Borghese e credeva che Borghese gli stesse facendo un grande onore». Non sapendo di essere un candidato alla mano di Paolina, il giovane principe non pensava neppure per un attimo al matrimonio; altri avrebbero pensato per lui.

Grazie alla bellezza e all'eleganza, e alle sue arti da civetta, Paolina non mancò di ottenere l'effetto consueto. La figura prestante, i tratti regolari, lo sguardo tenero e ardente di Camillo Borghese non le dispiacquero affatto; l'idea di diventare una vera principessa, con tanto di stemma, e con un palazzo a Roma poco meno che regale, e quella di offuscare con il suo splendore Giuseppina, Ortensia, Elisa e Carolina, solleticavano deliziosamente la sua vanità. E in definitiva, nessuno sarebbe potuto restare insensibile di fronte a una rendita di due milioni; l'uomo che dispone di un simile patrimonio è sempre bellissimo.

Napoleone era ben consapevole della totale nullità del fidanzato, a malapena dissimulata da un'infarinatura di garbo mondano: ma il matrimonio gli era utile, e perciò dette incarico a Giuseppe di concludere celermente la faccenda. Giuseppe si affrettò a convocare a Mortefontaine il cardinale Caprara, legato pontificio – un vecchio signore incantevole, assai poco clericale, intimo di Talleyrand, che poco tempo prima aveva rischiato di morire di indigestione dopo un banchetto – e il cavaliere Angiolini, un diplo-

matico rimasto disoccupato alla scomparsa della legazio-
ne di Toscana, il quale ogni tanto si metteva al servizio
dell'amico Borghese. Tornato a Parigi, Angiolini si mise
alla ricerca del principe, lo rintracciò dopo due giorni e
con le precauzioni d'uso cominciò a prepararlo all'imminente svolta nel suo destino chiedendogli quali intenzioni
avesse riguardo alla sorella del Primo console. Borghese
cadde dalle nuvole; rispose di non averne affatto; dichiarò
che, pur giudicandola incantevole, non aspirava a ottenere la sua mano. Quindi la questione rimaneva sospesa; ma
Angiolini doveva guadagnare la sua giornata, e quindi
non lasciò la presa; e il principe cominciò ad allarmarsi di
fronte a una scelta così temibile e negò di aver compromesso la generalessa Leclerc. Il giorno dopo l'intermedia-
rio spediva a Giuseppe la cronaca del colloquio:

> Pur avendolo cercato tutto il giorno, sono riuscito a incontrare
> Borghese soltanto sul tardi, ieri sera. Il progetto gli è sembrato così
> grandioso che lo ha spaventato più che meravigliato. Non gli sem-
> bra possibile che si riesca a realizzarlo. Gli ho fatto credere che si
> tratti di un'idea mia, ma corroborata da circostanze tali che se ne
> possa attendere l'esito favorevole. Abbiamo avuto un lungo conci-
> liabolo, ma non è bastato a farlo decidere. Non per questo mi arren-
> do, avendo scoperto che l'essenziale c'è: la persona piace. Ci siamo
> ripromessi di parlarne ancora. Mi ha confessato che lo preoccupa-
> vano molto le voci diffuse a Parigi in rapporto alla questione [la
> presunta relazione tra Paoletta e il Borghese], assicurandomi più
> volte e in ogni modo di non averle per nulla giustificate. Se riesco
> ad aver di nuovo l'agio di incontrarlo in giornata ve ne riferirò sta-
> sera o domani. Non mancherò di mettere il più vivo impegno per il
> successo di una faccenda che quanto più la esamino, tanto più mi
> appare opportuna.

Le trattative non progredivano con la speditezza desiderata da Giuseppe, e poiché Borghese sembrava alquanto indeciso, anche se non mostrava una netta ostilità
all'ipotesi prospettata, Angiolini chiamò in soccorso il cardinale Caprara. Gli fece presenti i vantaggi derivanti alla
Santa Sede da una unione che avrebbe reso la sorella del
Primo console suddita del Santo padre: per suo tramite il

Vaticano avrebbe potuto far pervenire a Napoleone discreti suggerimenti che un legato o un ambasciatore non avrebbero mai potuto presentargli. La tensione che caratterizzava i rapporti fra il pontefice e Bonaparte ne sarebbe stata molto attenuata; se Paolina si fosse trasferita a Roma, il Primo console avrebbe fatto tutto il possibile perché nella Città eterna regnasse la calma. Il principe Borghese, preso in tutta innocenza da un simile minuetto di influenze, conversazioni, intrighi di consoli e cardinali, vi rimase impegolato, candido com'era, e ben presto si sarebbe trovato fidanzato senza sapere perché: alla fine, davanti alle perorazioni del prelato e alla facondia del cavaliere, non poté non acconsentire. Angiolini annunciava così a Giuseppe la felice conclusione delle sue fatiche:

L'affare è concluso. Il principe Borghese si considererà fortunato se il Primo console vorrà accordargli l'onore di prendere in isposa la vostra amabilissima sorella, madama Paoletta. Ricevendo il suo incarico di rivolgervi la preghiera di voler interessarvi a suo favore, ieri sera mi sono presentato alla vostra residenza per eseguire al più presto il gradito compito. Mi fu detto che eravate a Mortefontaine, e adempio al mio obbligo scrivendo queste righe. Tuttavia spero di vedervi presto e parlarvi per concertare i mezzi di soddisfare il principe Borghese circa una richiesta che egli ha fatto, giusta quanto onorevole: se tali progetti potranno andare a buon fine, egli desidera che siano conosciuti dal pubblico soltanto dopo che egli ne abbia informato la principessa sua madre, verso la quale nutre un affetto pari soltanto al rispetto che le porta. Fra tre settimane si potrà ricevere una risposta da Roma, e in quel momento gli sarà graditissimo di poter rivelare al pubblico la soddisfazione che lo pervade per un avvenimento destinato ad assicurare le felicità della sua vita per tutti questi motivi. Nell'attesa vi prego, caro Giuseppe, di volermi credere più che sollecito verso tutto quanto vi riguarda.

Dal canto suo, Giuseppe replicava:

Ricevo adesso la vostra lettera, mio caro Angiolini; sarò a Parigi giovedì alle sette di sera; quel che mi riferite da parte del principe Borghese mi è graditissimo, e non dubito che ogni cosa a lui gradita lo sia altrettanto qui e a Roma; credo che possa scrivere a casa

sua, e in attesa io farò i passi opportuni e vi manderò istruzioni costantemente.

Quanto a Paolina, senza subodorare il complotto, aveva
tuttavia spiegato tutte le sue arti, e resistere a una così incantevole offensiva diventava impossibile. Camillo Borghese capitolò, arrivando quasi a pensare che il potere
santifica ogni cosa.

Il 23 giugno il cardinale Caprara si presentò a St-Cloud
per chiedere ufficialmente la mano di Paolina, per conto
del principe Borghese, a Napoleone, il quale accettò, beninteso, il proprio candidato. Quando gli comparve dinanzi lo stesso aspirante fidanzato, il Primo console lo accolse con una battuta: «Principe, mia sorella Paolina
sembrava destinata a sposare un romano, perché è tutta
romana dalla testa ai piedi».

Poi il fidanzato dette notizia dell'evento alla madre, che
si trovava a Roma, e quindi al cardinale Consalvi, segretario di Pio VII, per chiedere il consenso del papa, del quale
era pur sempre un suddito.

Napoleone sapeva bene che in questo caso specifico le
prescrizioni del Codice civile non si sarebbero applicate;
in particolare vi si poteva leggere: «La donna deve sapere
che uscendo dalla tutela della famiglia passa sotto quella
del marito ... La moglie non è padrona di vedere persone
che il marito non gradisce...». A Sant'Elena avrebbe aggiunto: «La donna non è che una costola, è la schiava del
marito».

In faubourg Saint-Germain la notizia del fidanzamento
scoppiò come una bomba. Dopo il 18 brumaio la vecchia
nobiltà, coccolata e adulata nei salotti di Giuseppina, aveva ripreso pian piano tutto il suo sussiego: si poteva ammettere che il signor Bonaparte fosse tutto sommato un
gentiluomo, ma non mancavano le frecciate ironiche di
fronte al nuovo innalzamento di rango sociale: «Così nella
famiglia Bonaparte ci sarà una principessa vera». Secondo
gli aristocratici il fatto di imparentarsi con un principe ro-

mano, per quanto di scarso peso, era un onore per il Primo console; e del resto, agli occhi di quest'ultimo gli allori egiziani e italiani non valevano quanto il diritto di inserire due chiavi incrociate nel proprio stemma.

Mentre Paolina, con grande scorno delle sorelle, si apprestava a cingere una corona principesca, Giuseppe e Angiolini preparavano il contratto. Napoleone assegnò alla sorella 800.000 franchi, ai quali si aggiungeva l'eredità del generale Leclerc. Borghese assicurava a Paolina una rendita di 20.000 franchi per le piccole spese, un'altra di 50.000 franchi a titolo di dote e una residenza nella villa Borghese a Roma, con due carrozze. Infine, come parte del corredo nuziale Paolina si vide assegnare i bellissimi gioielli del casato illustre in cui si apprestava a entrare. Il contratto fu firmato il 23 agosto, ma gli interessati dovevano ancora lasciar trascorrere tre mesi di lutto ufficiale. Al diavolo le convenzioni! Perché non metterle da parte? Così il matrimonio religioso fu celebrato in segreto già il 28 agosto, a Mortefontaine, alla presenza di madama Letizia, di Angiolini, di Giuseppe e Luciano, ma non di Napoleone, il quale beninteso era stato informato della cerimonia tenuta alla chetichella. Preoccupato delle critiche che si sarebbero potute abbattere sulla famiglia del console, ordinò che il 6 novembre, alla scadenza dei termini legali, fosse celebrato il matrimonio civile seguito da una messa solenne a Notre-Dame e da un grandioso banchetto alle Tuileries.

In tal modo il Codice civile era rispettato, i libellisti costretti al silenzio, e per buona misura, dopo cinque giorni di festeggiamenti il Primo console invitò gli sposi a prendere dimora a Roma con il seguente messaggio:

Madama principessa Borghese, io sarò ancora assente per qualche giorno; tuttavia è in arrivo la stagione rigida; le Alpi stanno per coprirsi di ghiaccio. E quindi, partite per Roma. Distinguetevi per la vostra dolcezza, per la cortesia verso tutti e la massima sollecitudine verso le signore, parenti o amiche del casato di vostro marito. Da voi si richiede più che da qualunque altra. Soprattutto adeguatevi agli usi del luogo; non spregiate mai nulla, giudicate sempre

bella ogni cosa, non dite: «A Parigi si trova di meglio». I soli che
non dovrete mai ricevere nel vostro salotto sono gli inglesi, finché
continuano a farci la guerra; e non dovrete mai ammetterli nella
vostra cerchia di frequentazioni. Amate vostro marito; siate la felicità della vostra casa; e soprattutto, non siate leggera e capricciosa.
Avete ventiquattro anni, dovete dimostrare maturità e buon senso.
Vi voglio bene e avrò sempre piacere di sapervi felice.

Il vostro caro fratello
Bonaparte

Si doveva obbedire senza discussioni; ma prima di lasciare la Francia, Paolina non resistette al desiderio di presentarsi un'ultima volta a Saint-Cloud, manifestando a
Giuseppina la propria superiorità e inimicizia. Per la serata di addio decise di indossare un abito di velluto verde
su cui erano appuntati tutti i brillanti di casa Borghese –
una parure che si chiamava *Matilde* – senza contare la profusione di anelli, braccialetti e collane. Ma Giuseppina,
messa sull'avviso da Fouché che aveva orecchie dappertutto, aveva una sorpresa in serbo per la cognata; quando
il valletto annunciò «Monsignor principe Borghese» e
«Madama principessa Borghese», la signora Bonaparte
non si mosse affatto. In piedi davanti a un divano collocato in fondo alla sala, costrinse la coppia di principi a compiere l'intero percorso per raggiungerla. All'abbigliamento sgargiante e allo sfoggio di gioielleria di Paolina,
Giuseppina opponeva due armi che le assicurarono il
trionfo: l'abito, una veste semplice ma incantevole di
mussola d'India, fermata sulle spalle con due teste di leone d'oro che erano i suoi unici gioielli; inoltre il salotto in
cui riceveva gli ospiti era stato tappezzato di seta azzurra
per fare un contrasto stridente con l'abito verde dell'av-
versaria. La consorte di Bonaparte sembrava una gran dama che accogliesse una zingara. Tutta presa dall'ebbrezza
di essere diventata principessa, Paolina avrebbe compreso
la lezione soltanto in seguito.

I Borghese si avviarono in direzione dell'Italia il 14 novembre. Lungo il tragitto furono salutati da una serie di

ricevimenti, il 16 novembre a Lione, poi a Nizza. A Tenda, un paesino dalla vita spartana, si verificò un incidente degno di un romanzo comico. Appena andata a letto la principessa cadde vittima di una crisi intestinale e chiese un clistere di grasso di vitello; si cercò invano in tutte le fattorie vicine: niente vitelli; i corrieri si dispersero al galoppo in tutte le direzioni, e finalmente ne rintracciarono uno, l'unico in quella poverissima regione; l'animale fu macellato. Paolina ottenne il sollievo desiderato e, subito guarita, si addormentò tranquilla. Alla capanna alpestre seguì il castello di Stupinigi, nei pressi della capitale piemontese, dimora dotata di una caratteristica profetica: il tetto sormontato da una testa di cervo dagli immensi palchi ramificati.

La nobiltà torinese fece a gara nell'organizzare concerti, passeggiate incantevoli, balli. Ogni volta, l'ingresso di Paolina suscitava mormorii ammirati, talvolta addirittura un frenetico entusiasmo; appena l'orchestra intonava una contraddanza francese, subito chiedeva, a voce alta per farsi sentire: «No, questa no! Meglio la musica italiana, è più bella: suonate una monferrina!». La formula magica scatenava il delirio; tutti gridavano: «Viva la principessa! Viva Napoleone!».

Il 25 novembre gli sposi sostarono a Milano, e il 19 dicembre giunsero a Firenze, accolti da Maria Luisa di Parma, infanta di Spagna, promossa da Napoleone sovrana dell'Etruria, una vera e propria fata Carabosse (la buona fata madrina di Cenerentola) salita in trono. Tra le due donne si strinse un legame d'amicizia dalla natura singolare, che proseguì ben oltre il crollo dell'impero: la tenerezza ingenua e ammirativa della regina era ricambiata dalla principessa Borghese con un affetto venato di compassione. Per ringraziarla della calorosa ospitalità, Paolina le fece dono di due vestiti, precisando alla sua donna di fiducia che per quei doni non voleva spendere troppo: «Farete ricamare un abito da un'aiutante, la signorina Lolive, in modo che sia meno caro, l'altro vestito sarà di una fantasia meno costosa, acquistata dalla signora Germond».

Finalmente l'incarnazione dell'eterno femminino giunse nella Città eterna. La principessa madre, circondata da tutti i familiari che l'aspettavano al varco, ricevette la moglie di Camillo nel favoloso palazzo Borghese, «Il cembalo». Senza indugio fu accordata una udienza papale alla nuova principessa, accompagnata dallo zio cardinale Fesch. Il pontefice Pio VII sembrò affascinato dalla bella penitente. Il cardinale segretario di stato scrisse al confratello Caprara: «Senza alcuna esagerazione posso dire a vostra eminenza che il papa è stato soddisfatto di lei al di là di ogni aspettativa, e che la stessa cosa vale per la principessa. Sua Santità le ha fatto dono di un magnifico rosario e di un superbo cammeo».

Assolto questo dovere, poteva aver luogo il *ricevimento* di presentazione a palazzo Borghese; vi presero parte la nobiltà romana e forestiera, il sacro collegio, la prelatura, il corpo diplomatico. Paolina suscitò grande impressione e ammirazione; un monsignore constatava: «Verrebbe da pensare che volesse farsi amanti il papa e tutte le eminenze». Tutti si entusiasmarono; Consalvi scrisse: «Il papa mi diceva che la casa Borghese non poteva aspettarsi una fortuna più grande, in tutti i sensi». Il segretario di stato vaticano era in totale consonanza con lui: «È la più graziosa e amabile dama che si possa immaginare. Le sue maniere sono squisite. Si può ben dire che ella unisce in sé la leggiadria delle forme e lo splendore dello spirito».

VIII

ALLA CONQUISTA
DELLA NOBILTÀ ROMANA

Ben presto le passeggiate della giovane principessa Borghese diventarono uno spettacolo che nessuno voleva perdere, né i nobili né il popolo. La visione della «donna più bella del mondo» che visitava la loro città in una carrozza dorata, illuminata dal sole autunnale, con un negretto monello, vestito alla turca, in equilibrio sul sedile posteriore, lasciava i romani impietriti per l'ammirazione e lo stupore. Nonostante l'ostentata indifferenza dei nobili, quando Paolina entrava nei salotti aristocratici suscitava lo stesso effetto; e ben presto al Pincio vi fu un solo argomento di conversazione: lei.

I suoi successi in società e in Vaticano tranquillizzarono un poco Napoleone, sempre preoccupato di una sorella minore così pronta a mandare al diavolo tutte le convenzioni, e che aveva deciso di prevenire gli eventi, sollecitando, appena un mese dopo l'arrivo a Roma di Paolina, l'indulgenza del sommo pontefice: «Prego Vostra Santità di mostrarsi benevolo con madama Paoletta e di aiutarla qualche volta con i suoi consigli».

L'immensa villa Borghese in cui Paolina aveva preso residenza era un vero museo. I tesori accumulati in epoca rinascimentale dal cardinale Scipione Borghese (il suo busto orna la galleria del Pincio) sprigionano una sensualità intensa: il prelato, che amava le Veneri e le distribuiva nelle sue sale in gran numero, senza dubbio sarebbe stato lieto di ricevere in casa propria un modello vivente, degno dell'atmosfera pagana che rendeva l'aria tanto lieve. Ma gli albori del XIX secolo non erano più tempi di vescovi libertini; non restavano altro che i riflessi di diaspro sulle pareti, le straordinarie architetture intessute dai ragni nei saloni deserti. Un giorno Paolina, accompagnata da servitori muniti di candelabri accesi, aprì la porta della biblioteca, e si trovò di fronte uno spettacolo singolare: le ragnatele sfiorate dai lumi presero fuoco, ma l'improvviso incendio si spense subito.

Camillo il damerino, Camillo che a Parigi era all'avanguardia della moda, ridivenne il principe romano prigioniero dell'etichetta. Sebbene abbastanza ignara delle rigide usanze protocollari, delle nuove regole di condotta, tuttavia Paolina le sopportava per piacere ai parenti acquisiti, ormai conquistati dal suo fascino. Il cardinale Consalvi poteva scrivere: «La cordialità e la familiarità che regnano fra tali augusti personaggi sono così grandi e così edificanti da far pensare che essi si conoscessero da tempo ... I due coniugi sono uniti da un fortissimo affetto».

Tutta presa dalle novità, Paolina non si era ancora resa conto fino in fondo di quanto fosse mediocre la mente del marito; nel vortice dei ricevimenti gli sposi avevano rare occasioni di incontrarsi in privato da soli. Per lo più la principessa rimaneva sola, a regnare su un piccolo mondo di sarti, modiste, ricamatrici, profumieri, tutti solenni e impettiti come ministri del culto in procinto di officiare. Châteaubriand, lui stesso grande amante delle donne, era invitato a dare il suo contributo, come racconta in *Memorie dall'oltretomba*: «Circa a metà del mio soggiorno a Roma arrivò la principessa Borghese, alla quale ero incaricato di consegnare delle scarpe da Parigi. Le fui presentato; assistetti alla sua toeletta; le belle calzature che mise ai piedi avrebbero calpestato questa terra solo per un breve istante». (Infatti Paolina morì venticinque anni prima dello stesso Châteaubriand.) Lo scrittore prosegue: «Se fosse vissuta nell'età di Raffaello, l'artista l'avrebbe raffigurata nella forma di quegli Amori che alla Farnesina si appoggiano al dorso dei leoni, e uno stesso languore avrebbe travolto pittore e modella».

In fondo al salone d'onore del palazzo si trovava il trono di Paolina, tutto raso, merletto e organza; un ventaglio le faceva da scettro. Roma si inchinava davanti alla dea, e le rivali ne accettavano la supremazia. Ma il complesso cerimoniale e le squisite raffinatezze non le impedivano, talvolta, di lasciar da parte carrozze e seguito per correre nei vicoli, lontano dalle arterie nobili della città, in incognito, accompagnata da una delle sue donne. Nell'intrico di viuzze le pareva di ritrovare una sorta di profumo dell'infanzia: ad Ajaccio, come a Roma, la vita si svolgeva in strada. Paolina inseguiva con sensualità l'odore del pesce fritto, delle melanzane o delle castagne cotte all'aperto; si divertiva davanti alle insegne dei cappellai, con le rosse berrette cardinalizie, oppure a quelle dei barbieri, che annunciavano senza complessi: «Qui si castrano i cantori delle cappelle papali»; e a piazza Navona, fra i banchi del mercato di verdure, ascoltava con stupore i ciarlatani issati sul palco.

Con le sue passeggiate fuori protocollo Paolina infrangeva i canoni della società chiusa costituita dall'aristocrazia romana; tuttavia era obbligata ad accettarne tutte le servitù, i fastidi, il ridicolo: finché fosse stata festeggiata e adulata, tutti avrebbero voluto vederla, e lei voleva essere vista da tutti. L'eccitazione però cominciò ben presto a svanire: dopo le prime fiammate della novità la vita riprese il suo ritmo monotono, e Roma non era Parigi. Dunque la principessa aspirava a tornare nella città delle feste, come attesta la lettera del 29 febbraio inviata all'amico Junot:

Così, avete detto addio alla bella Italia. Anch'io desidererei tanto lasciarla qualche tempo, per rivedere tutti i miei familiari e la cara Francia, alla quale si rimane affezionati nostro malgrado! Non so, ma mi pare che l'aria di Roma non sia molto sana. Qui sono sempre raffreddata. Il mio piccolo Camillo è stato costretto a recarsi a Napoli per faccende indispensabili. Spero che ci rivedremo presto in Francia, riuniti e contenti, e potremo congratularci per l'accaduto.

Era vero, la sua salute si andava deteriorando; il clima romano, piuttosto estenuante, non era adatto a guarire i postumi della malattia che continuava ad affliggere Paolina dopo il soggiorno a San Domingo. Le condizioni del figlio la preoccupavano e il suo stato di costante affaticamento la metteva di malumore. Per contrasto, Camillo diventava irritabile e sospettoso; per esempio, aveva il cattivo gusto di chiedere alla moglie dove fossero finiti certi diamanti, parte del patrimonio familiare, che non le vedeva più al collo: erano stati smarriti, venduti, regalati? Le risposte erano troppo vaghe, il risultato fu una serie di discussioni.

Paolina si annoiava e trascinava la sua malinconia per le immense sale del palazzo avito. Lo spettacolo della lunga galleria affollata da Veneri marmoree, di tutte le misure, di tutti i generi di bellezza, le suscitò l'idea di aggiungere alla sontuosa collezione un pezzo di valore. Il più celebre scultore dell'epoca, Antonio Canova, fu quindi invitato a immortalare i tratti e le forme della principessa Borghese. Da principio l'artista pensava di raffigurarla come Diana, dea della castità, ma la sua cliente preferì Venere: secondo gli accordi ufficiali, avrebbe dovuto posare soltanto per la testa, ma di fronte alla bellezza della statua vivente, di carne, lo scultore si infiammò e volle tradurre nel marmo l'intero suo corpo.

La Venere Vincitrice, illanguidita su un'agrippina, nuda fino alla vita, braccia e gambe scoperte, tiene nella mano sinistra il frutto della sua brillante vittoria, dono del pastore Paride: una mela d'oro, rotonda come il globo su cui si estende la sovranità della sua bellezza.

Quest'opera sensuale e toccante, che ancor oggi rimane uno dei pezzi più belli della galleria Borghese, e in cui sono resi alla perfezione il delicato abbandono del corpo e la flessuosità delle carni della modella, suscitò subito l'ammirazione dei primi, privilegiati visitatori romani; ma quando questi ultimi, incantati e sedotti, venivano a sapere che quel marmo scarsamente vestito era un ritratto di famiglia, manifestavano un ipocrita stupore per la curiosa maniera prescelta per lasciare la propria effigie ai posteri. Paolina, non essendo intimidita da nessun pregiudizio cristiano, non sapeva arrossire della sua nudità, né davanti allo specchio, né davanti a terzi; al contrario, amava contemplare le proprie forme ed esporle all'ammirazione del suo *entourage*. Il pudore le era sconosciuto, da vera sorella di quella Nausicaa che giocava a palla sulla spiaggia, appena emersa dai flutti. E quando le chiedevano se posare davanti allo scultore in così ridotto abbigliamento non l'avesse infastidita, rispondeva: «No, la stanza era ben riscaldata», oppure replicava: «Ogni velo può cadere dinanzi a Canova». Quanto al marito della modella, esasperato da quel marmo divenuto l'unico argomento di conversazione della società romana, si era deciso a vietare l'esposizione della statua, ma dovette cambiare idea per l'indignazione del pubblico: le esigenze dell'arte ebbero ragione del riserbo del principe.

Dopo una simile esplosione di notorietà, Paolina si trovò sottoposta a stretta sorveglianza: nell'aristocrazia romana vigeva la massima indulgenza o addirittura una libertà completa nelle faccende d'amore, sia per le relazioni extraconiugali a lungo termine, sia per le avventure passeggere, ma la sorella di Napoleone non poteva goderne. Il marito sempre in agguato le vietava di permettersi non solo un amante, ma perfino un cicisbeo. L'uso dei cicisbei, caro agli italiani, non era ancora stato abbandonato del tutto, e ai primi dell'Ottocento in molte grandi famiglie romane continuava a esistere, come una sorta di marito supplementare. Sembra che la prima avventura sentimentale vissuta da Paolina a Roma risalga a questo periodo, almeno se si vuol credere alle lagnanze espresse dal marito in una lettera al cavaliere Angiolini:

Caro amico, prima di tutto devo pregarvi di scusarmi per non avervi mai scritto, e soprattutto per non aver risposto alle vostre lettere. Ne ho avuto numerosi motivi; fra gli altri, quello di essere stato quasi di continuo scontento di Paolina, cosa che non è certo dipesa da me e io sono pronto a chiamare tutti a testimoni della mia condotta verso di lei e del modo in cui è stata trattata da me. Non è servito a niente e dubito perfino che alla fine ciò abbia provocato la mia rovina. Ve ne parlerò adesso, e anche del modo in cui viviamo. Ma prima di entrare in questi particolari tengo a dirvi che prima di lasciare Parigi ne avevo già parlato con sua madre e non era servito a niente. Poi, arrivato a Roma, ne ho parlato spesso con lo zio ed è servito ancora meno. Poi mi sono deciso a recarmi fino a Napoli per farle capire che non ero contento di lei. Non è servito a niente. Infine stupidamente si è fatta trovare una lettera, che avrei dato la vita per non trovare. Mi sembra che se negare sarebbe stato impossibile, confessare avrebbe almeno attenuato. Non è stato così e del resto io non volevo nemmeno quello. Soltanto esigo che se ne vadano tutti quelli che abbiamo portato dalla Francia. Non è per capriccio ma per ragionamento, perché fra loro non ce n'è neppure uno che meriti la mia stima, e poi questa compagnia mi impedirebbe di vivere tranquillo con Paolina d'ora in poi. Quindi sono fermissimo nella mia idea, mentre lei ne ha parlato allo zio, e non è servito a niente. Adesso vuole aspettare sua madre, e la cosa servirà ancor meno. Di conseguenza, chi sa come andrà a finire. Vi assicuro, amico mio, che mi comporto del tutto a rovescio rispetto al mio carattere, il quale credo vi sia ben noto. Sarei partito per la Toscana, ma non so come diavolo devo contenermi. Basta, il tempo mi porterà consiglio. Certo è che mi sforzo di non lasciar trasparire il mio malumore, ma in me stesso scoppio, e non perché sono stato sacrificato a un altro, perché ho vissuto troppo e già non ci penso più. Voi potrete sempre affermare che un'ora dopo aver trovato la lettera ero tornato in me e le parlavo con calma. Non servì a niente. Vi dico tutto questo perché se mai sentirete dire qualcosa su di noi, voi che avete cooperato alla nostra unione sappiate da me le mie motivazioni. Potrei citarvene molte altre, ma sarei costretto a ricordarmene e vi annoierei. Vi assicuro che sono infelice, tanto più che voi conoscete il nostro paese. Luciano passando di qua è venuto a sapere tutto, tranne che della lettera. Perciò vedete di parlarne un poco con Giuseppe, perché la madre che viene a Roma non farà niente, sono sicuro, e chissà come finirà. Datemi vostre notizie e comandatemi.

Come tutta risposta ai suoi lamenti, Camillo ricevette dal cavaliere una lettera del 20 aprile che conteneva le seguenti raccomandazioni, assai tempestive:

Le donne, amico mio, soprattutto prima di arrivare a una certa età, vogliono quel che vogliono, e non vi è modo di frenarle, né con la forza né con l'autorità; con tali mezzi si rischia semmai di ottenere l'effetto contrario. È una vera fortuna quando si limitano a servirsi di artifici, e a operare in modo da lasciarci all'oscuro di quel che sono. Ciò detto, pur essendo molto partecipe dei vostri dispiaceri, constato con una qualche soddisfazione come in gran parte la vostra afflizione venga dal vostro essere innamorato all'eccesso. Mi fa piacere che così sia, ma è assolutamente necessario che cerchiate di diventare tanto amico quanto siete amante. Sono sicuro che sarete più felice. Per diventare amico occorre avere l'indulgenza e compiacenza a cui le donne attribuiscono un pregio infinito, purché si esprima a tempo debito: il giorno in cui esse ne saranno più riconoscenti di quanto lo saremmo noi stessi. Fate fare un figlio a Paolina, e avrete tutto per essere felice con lei.

Gli echi dell'episodio riverberarono presto oltre i confini della Città eterna. Lo zio cardinale Fesch, nel tentativo di riportare la pace a palazzo Borghese, per aiutare il principe Camillo rivelò al Primo console le scappatelle di Paolina; Napoleone intervenne e offrì al cognato uno stupefacente consiglio di saggezza: Camillo avrebbe dovuto «mostrare maggior deferenza verso le abitudini di una parigina, tenendo conto della libertà alla quale le giovani donne sono abituate nel nostro paese». Nondimeno, nello stesso periodo scrisse alla sorella, usando toni assai più severi:

Signora e cara sorella, ho saputo con dispiacere che non avete avuto la felice disposizione di adeguarvi agli usi e costumi della città di Roma, e continuate a tenere lo sguardo fisso su Parigi. Sebbene impegnato in faccende gravi, ho voluto farvi conoscere le mie intenzioni, nella speranza che vogliate ad esse conformarvi. Amate vostro marito e la vostra famiglia, mostratevi sollecita, adattatevi ai costumi della città di Roma e mettetevi bene in testa che se alla vostra età vi lascerete andare a seguire cattivi consigli, non potrete contare più su di me ... Quanto a Parigi, potete stare certa che non vi troverete nessun sostegno, e qui non vi riceverò mai se non accompagnata da vostro marito. Se i vostri rapporti dovessero guastarsi, la colpa sarebbe vostra, e in tal caso la Francia vi sarebbe preclusa. Perdereste la vostra felicità e la mia amicizia.

L'arrivo a Roma di Madame Mère, il 10 aprile, mise fine alla tensione. Letizia ricevette accoglienze fastose e fu ospitata nel palazzo pontificio. Durante la celebrazione della messa pasquale nella basilica di San Pietro le fu riservata una tribuna, e infine il papa la ricevette insieme a Paolina e alla vecchia Mme Clary. Sul suo soggiorno nella capitale di Pietro le interpretazioni sono varie. In effetti era dovuto a tre fattori: in primo luogo Letizia desiderava rivedere la figlia, poi voleva manifestare il proprio scontento per il rifiuto di Napoleone ad accettare il nuovo matrimonio di Luciano, e quindi offrire un sostegno al fratello e alla cognata, Alexandrine de Bleschamps, vedova divorziata di Jouberthon. Del resto, quasi per dire addio a Napoleone, Luciano aveva detto che «è sempre meglio sposare la propria amante che quella di un altro ... e poi la mia non è né vecchia né intrigante...». Terza ragione del viaggio di Letizia, senza dubbio predominante: il desiderio di sottolineare la propria contrarietà all'avvento dell'impero. A Roma Letizia e la figlia ricevettero, leggendola sul «Moniteur», la notizia del famoso decreto del 20 aprile: «Ai principi e alle principesse francesi sarà dato il titolo di altezza imperiale; lo stesso titolo porteranno le sorelle dell'imperatore». La madre di Paolina non dette il minimo segno di giubilo. Paolina, fino a quel momento l'unica principessa autentica della famiglia, si mostrò riservata, ferita nella vanità per il fatto di vedersi ancora una volta passare avanti Giuseppina che sarebbe stata incoronata imperatrice.

Queste preoccupazioni di alta politica furono messe da parte grazie a un motivo di distrazione che giunse quanto mai opportuno. Nel giugno, poiché il dottor Peyre le aveva consigliato una cura a Lucca, Paolina partì con il marito e la madre alla volta delle acque di Pisa. La stagione era al culmine, e la regina di Etruria, che ancora subiva il fascino della principessa Borghese, la accolse con la più festosa cordialità. Il conte Serristori commentava così la vita alle terme: «Qui si vive in un lusso senza pari ... di continuo si danno conviti e spesso feste da ballo... Si incontrano più spesso persone sane che ammalati». Un'esistenza turbinosa in cui la reduce di San Domingo non si occupava affatto della propria salute, finché il devoto dottor Peyre, che l'aveva curata a Le Cap, non riuscì a convincerla a lasciare Pisa, località termale troppo mondana, per Lucca: finalmente Paolina accettò la prescrizione medica. Il principe Camillo ripartì per Roma e le due donne si ritrovarono sole a vivere le loro giornate con grande semplicità. Nessuna cura per il protocollo, nonostante la disperazione delle famiglie nobili lucchesi, che rimanevano sbalordite quando la principessa Borghese disdegnava la loro compagnia per ricevere i ricchi borghesi suoi vicini. Paolina era stanca di pompa e di etichetta, e si permise il lusso di una cura disintossicante dalla società, lontano dalle schiavitù del rango. Sebbene decisa a non annoiarsi, tuttavia non cercava avventure e viveva nella massima semplicità, sotto l'occhio indulgente della madre.

Le tranquille giornate lucchesi furono brutalmente troncate dalla triste notizia della morte di Dermid, avvenuta il 15 agosto. Il bambino, fortemente indebolito dal clima di San Domingo, a Roma sembrava avesse cominciato a rimettersi; la madre aveva temuto che il viaggio fino a Pisa, nella canicola, fosse troppo faticoso, e lo aveva invece inviato, sotto la competente sorveglianza di Mme Ducluzel, nella villa ariosa del cognato principe Aldobrandini, situata sulle colline di Frascati. Durante il soggiorno Dermid fu colto da un accesso di convulsioni che lo lasciò esanime.

Volendo preparare la nipote al violento trauma, il cardinale Fesch andò di persona a Lucca, dove trovò Paolina molto provata dalla cura delle acque, e temendo di aggravare le sue condizioni con la tragica notizia, per il momento si limitò a parlarle di una forte febbre del bambino. Perciò dieci giorni dopo, il 25 agosto, la principessa ancora ignara della tragedia scriveva a Mme Michelot:

> Il mio angioletto Dermid è malato. Volo a Roma. Non ho ancora finito i bagni, ma il mio cuore soffre tanto che nulla al mondo potrebbe trattenermi. Vi saluto, cara amica, compiangetemi, soffro crudelmente ... Non sarò mai a Roma così presto quanto vorrei.

Il segretario incaricato di spedire il biglietto, all'insaputa della sua signora aggiunse: «Come vedete dalla lettera, le abbiamo detto soltanto in parte la verità. A Roma troverà la sua famiglia che si adopererà in ogni modo per aiutarla a reggere l'ultimo colpo. Il principe è già partito».

Lo zio Fesch, temendo che l'annuncio della morte uscisse sui giornali, le rivelò la fine del bambino supplicandola di non tornare subito a Roma, perché un simile viaggio rischiava di esserle nefasto.

Non vi può essere dubbio sulla sincerità del dolore di Paolina, come attestano le sue crisi nervose o depressive. Certi storici l'hanno accusata di essere stata una cattiva madre, dimenticando che nelle famiglie aristocratiche, e anche in quelle borghesi, era di prammatica affidare i figli a servitori e precettori. Ormai, venuto a mancarle Dermid, con un marito che le si rivelava ogni giorno di più nella sua mediocrità, Paolina non aveva più nulla che la trattenesse in Italia. Chiese perciò al fratello di essere autorizzata a rientrare a Parigi per fare inumare il piccolo Dermid a Montgobert, accanto al padre.

Il Primo console, impegnatissimo a preparare la metamorfosi in imperatore, in quel momento era angustiato da varie difficoltà create dai suoi familiari: «Sono tutti come tanti diavoli per tormentarlo», scriveva Mme Devaisme, grande ammiratrice del «piccolo caporale». La signora madre si rifiutava di assistere alla incoronazione di Giuseppina (inserendo la figura di Letizia nel suo celebre dipinto dell'*Incoronazione*, David ha commesso uno dei primi falsi della storia per ragioni di propaganda iconopolitica. Quel giorno, la madre non era presente a Notre-Dame); Giuseppe giocava al filosofo liberale, Luciano si ostinava a non ripudiare la «vedova Jouberthon», Luigi non permetteva a Napoleone di adottare i propri figli, dei quali il Primo console voleva fare i suoi eredi; e infine Girolamo, dopo lo «stupido matrimonio» con l'americana Elizabeth Patterson, si vedeva negato il diritto di soggiorno. Ma ben altre note false risuonavano in Francia e nei paesi vicini. Beethoven, con un iroso tratto di penna, cancellò la dedica a Bonaparte della sua *Sinfonia Eroica composta per festeggiare il sovvenir del grand'Uomo*: Napoleone si era dimostrato uomo qualsiasi. Rouget de Lisle* osò scrivere: «Bonaparte, vi perdete, e quel ch'è peggio, perdete la Francia». Insomma, la repubblica muore per una «operazione cesarea».

Fra tante tensioni e drammi familiari, Paolina fu la sola a giudicare legittima l'ascesa al trono. Napoleone, pensando che la sorella minore potesse essergli utile nei primi giorni dell'impero, l'autorizzò a tornare a Parigi, accompagnata da Camillo, condannato a svolgere il ruolo di marito. A differenza delle sorelle, Paolina non presentò nessuna richiesta, e tra i Bonaparte fu la sola a tenere un comportamento corretto durante la cerimonia dell'incoronazione.

Napoleone aveva deciso che il mantello di Giuseppina sarebbe stato sorretto dalle sorelle Elisa, Carolina e Paolina, e dalle cognate Julie e Hortense. Le prime due dapprima rifiutarono di svolgere quel ruolo servile, poi accettarono, a condizione che lo strascico delle loro vesti fosse a sua volta portato dai ciambellani; comunque esse non avrebbero «sorretto il mantello di quella Beauharnais, ma l'avrebbero soltanto tenuto». Napoleone confessava a Giuseppe: «Questa storia dura da sei giorni, e io non ho più avuto un istante di pace, ho perso il sonno, e voi siete i soli ad avere su di me un simile potere».

Per la prima volta da quando si era sposata, quel 2 dicembre Paolina si alzò presto, all'alba. Alle Tuileries, dove aveva trascorso la notte, c'erano candele accese in tutte le stanze. I sarti si affaccendavano intorno al suo abito di raso bianco, ricamato a fili d'oro, con una cherusca alla Medici e una coda, lunga diversi metri, di velluto blu e anch'essa ricamata in oro e argento. Il parrucchiere Duplan,

---

* Claude Rouget de Lisle (1760-1836), poeta e musicista, scrisse nel 1792 *La Marseillaise*, dal 1879 inno nazionale francese. [*N.d.T.*]

che aveva cominciato il giro alle due del mattino, entrò nell'appartamento della principessa Borghese; conclusa la seduta, cominciò la lunga attesa di Paolina, carica di pesanti gioielli, costretta a restare immobile per non spiegazzare l'abito né mettere a repentaglio l'acconciatura.

L'attesa fu lunga ma non ancora gelida, così come sarebbe stato a Notre-Dame poche ore dopo. In tutti i caminetti ardevano tronchi enormi, furono servite tazze di cioccolata densa. Fuori, invece, i bighelloni battevano i piedi sul selciato ghiacciato di Parigi: dalla vigilia se ne stavano raggruppati in attesa, per assicurarsi un buon posto, ed erano tutti intirizziti per il freddo e il nevischio. Gelavano anche i curiosi che avevano trovato posto sui tetti; i soli fortunati erano i più abbienti, che pagando avevano potuto prendere in affitto una finestra in casa di un privato.

Lo spettacolo cominciò alle nove, con l'apparizione del papa; prima di lui era sfilata una vera e propria processione, per la gioia dei parigini, che dal 1789 non erano più abituati alle manifestazioni religiose. Appena il popolo vide monsignor Speroni, crucifero del Santo padre, in sella a una mula bianca, lo salutò con una immensa e irrefrenabile risata, al grido di: «*La mule du pape! La mule qu'on baise!*».* Quando però si avanzò Pio VII i lazzi cessarono a un tratto e tutti si inginocchiarono: la bontà e la maestà di colui che avrebbe accolto Paolina nei tempi difficili suscitavano il rispetto e l'ammirazione dei presenti.

Un'ora dopo, sotto un cielo azzurro acciaio, risuonarono i colpi di cannone che annunciavano la partenza del corteo imperiale. Alla sua testa caracollava Murat su un cavallo nero, accompagnato da uno stato maggiore splendente di ricami e decorazioni; venivano poi i mamelucchi, nel loro rutilante costume orientale. Seguivano gli araldi a

---

* La parola francese *mule* sta per «mula», ma anche per «pantofola». Perciò i parigini potevano dire, con un gioco di parole intraducibile in italiano: «La *mule* del papa! La *mule* che si bacia!». [*N.d.T.*]

cavallo, che indossavano una tunica di velluto viola ornata da aquile d'oro, e i grandi dignitari, in particolare il trio formato da Talleyrand, Fouché e Cambacères. Infine Paolina e le altre principesse del sangue, che precedevano Napoleone e Giuseppina.

I parigini rischiarono di non riconoscere l'eroe di Rivoli e Marengo nella figura gonfia di adipe, teatralmente ornata di piume e *jabot* di merletto. Tre ore dopo, nella cattedrale di Notre-Dame, i privilegiati invitati ad assistere alla cerimonia battevano i denti, intorpiditi dall'immobilità; furono riscossi dalla fanfara militare che annunciava l'arrivo del corteo.

Paolina e le sue sorelle sorreggevano il lungo mantello foderato di ermellino della «vecchia». Forse lo strascico era tanto pesante perché era portato di malavoglia; certo alcune delle principesse lasciarono la presa troppo presto, e Giuseppina rischiò di crollare sotto il suo fardello. Senza volere si prese tuttavia la rivincita sulle parenti, le quali nell'occasione rappresentarono lo sfondo per mettere in risalto la sua bellezza toccante e autunnale. Infatti, sulla sua tela David avrebbe immortalato l'incoronazione dell'imperatrice, non quella dell'imperatore.

Pur non essendo resa scettica dall'abitudine, Paolina aveva già preso parte a cerimonie sontuose, a Firenze e soprattutto a Roma, e considerava l'evento con la massima naturalezza. Era senza dubbio lusingata per la vicinanza al sole imperiale, ma non se ne stupiva. La sua superiorità rispetto alle sorelle consiste nel non lasciarsi mai abbagliare, conservando, se non il sangue freddo, una forza tranquilla, sia di fronte alla grandezza, sia di fronte alla decadenza. Conservò sempre la sua dignità, e quando gli amici realisti si permettevano commenti malevoli del genere: «Il pezzato si macchia», o si dicevano stupiti che suo fratello avesse bisogno «di farsi spezzare una fiala sul capo», oppure alludevano al colpo di scena nel momento dell'incoronazione: «L'imperatore malgrado tutti», Paolina li richiamava all'ordine, osservando severamente che molti di loro non si peritavano di sollecitare prebende alle Tuileries.

In effetti erano numerosi i realisti che avevano già cominciato a coabitare con il nuovo regime, e alcuni cominciavano da casa propria; così Paolina poteva vantare una bella conquista nella persona del duca di Clermont-Tonnerre, già volontario nelle truppe di Condé. Nella sua cerchia intima la principessa Borghese era riuscita a creare un clima di armonia, ma il suo restava un caso isolato: nella corte imperiale vigeva una rigorosa divisione per clan, e tra la vecchia nobiltà che si abbandonava a qualche giro di danza sulla scala sociale, e la nobiltà nuova intenta a scimmiottare l'antica, l'amalgama era assai faticoso. Le mogli dei militari, le «marescialle», erano l'oggetto di scherno degli aristocratici.

La banda dei *parvenus*, del nuovo ceto dominante, aveva però un vantaggio in un altro ambito: non c'era neppure una donna che fosse brutta. Nel 1805 avevano un'età media non superiore ai trentacinque anni, ed erano state tutte scelte «per amore dei loro begli occhi»: spesso, beninteso, mancavano di eleganza, ma avevano sguardi espressivi e splendevano di salute, doti che compensavano la mancanza di quell'aura lieve che aleggiava intorno all'«occhio di bue».*

Come racconta Mme de Rémusat, «È innanzi tutto una corte ispida e irsuta, governata da un grande soldato, che nell'addestrarla, regolarla e farla marciare, adopera la rigidezza di un generale in capo alla testa di un esercito». Ogni cosa vi si svolgeva nella più rigorosa disciplina, nel timore e terrore dell'imperatore. Tutti i cortigiani erano messi in agitazione dalla paura del padrone, anche del padrone assente, da una smarrita timidezza appena questi ricompariva, dalla confusione, dalla preoccupazione di

---

* Il nome indica una particolare forma di finestra, piccola e rotonda, e qui allude alla sala del palazzo di Versailles, detta appunto «dell'occhio di bue», in cui il re francese riceveva l'omaggio della nobiltà. [*N.d.T.*]

correggere l'allineamento. Paolina, per quanto agguerrita, quando il fratello andava in collera o si accalorava nella discussione non riusciva a guardarlo in faccia senza un brivido; e il sorriso accattivante dell'imperatore la faceva tremare quanto il moto sdegnoso delle sue labbra. Secondo una cronaca di Vandal, quando Napoleone cominciava, con la sua brusca camminata, a fare il giro del cerchio di signore, «gli uomini in piedi alle spalle delle dame vedevano le loro spalle che s'imporporavano tutte insieme, una striscia di bianco che si arrossava d'un tratto».

Con un protocollo tanto rigoroso, i concerti e le serate che si tenevano alla corte imperiale erano molto compassati: vi partecipava Napoleone con la madre a destra, Giuseppina a sinistra; alle sue spalle, occupando posti fissati una volta per sempre, erano allineati i principi e le principesse della famiglia, i principi stranieri e i grandi dignitari: una élite che su tutte le cuciture degli abiti portava ricami d'oro e d'argento, era ricoperta da cascate di brillanti e sotto lo scintillio dei candelabri ascoltava, in religioso silenzio e nella noia più profonda, le musiche di Spontini, Méhul, Lesueur. Per vedere affiorare una certa allegria sui loro volti bisognava attendere le danze che chiudevano il concerto, eseguite dalle volteggianti e aggraziate ballerine dell'Opéra. Al termine della serata gli invitati si alzavano con discrezione e si ritiravano, dopo una profusione di riverenze e di felicitazioni rivolte all'anfitrione della festa e alla sua famiglia.

Paolina cominciava a trovare troppo gravoso il tributo da pagare: la gabbia era dorata, ma lei si sentiva in catene. Gli onori sovrani che le sorelle si disputavano con acerrimi contrasti non le interessavano affatto. In compenso, il marito non faceva che sollecitare favori, ricevendo in sostanza nient'altro che onorificenze di second'ordine. Non riuscendo a soddisfare la sua ambizione, minacciava la moglie di ricondurla a Roma se non avesse interceduto per lui, così da fargli ottenere il gran cordone della Legion d'onore e la promessa di essere nominato altezza imperiale. La prospettiva del ritorno in Italia spinse Paolina ad abbandonare la consueta discrezione: Camillo Borghese accettò la decorazione richiesta, alla quale era abbinato il grado di comandante di squadrone, con l'ordine di raggiungere immediatamente il reggimento a Boulogne. Per la principessa Borghese fu un motivo di grande sollievo.

IX

UNA FARFALLA NELL'ALVEARE

La separazione risultò gradita a entrambe le parti. Il principe Camillo, assai più incline alla vita da soldato che a quella domestica, entrò senza fatica nello spirito di corpo e adottò il gergo militare. Scrivendo all'amico Angiolini gli confidava: «Non sono mai stato così bene. A cavallo sei ore al giorno, la sera si banchetta e si fanno grandi bevute: la prima settimana duecentosessanta bottiglie di Bordeaux, senza contare l'anisetta».

Da parte sua Paolina si sottometteva alle convenienze, non abusava della sua nuova libertà e curava l'organizzazione della casa. Adottando il protocollo imperiale per quanto le conveniva, riunì intorno a sé una piccola corte in cui alcune cariche, puramente onorifiche, non furono mai conferite. Il cardinale Spina, arcivescovo di Genova, figurava per l'appunto alla testa dell'elenco di dignitari; sarebbe poi stato sostituito dagli abati de Massac e de Saint-Gérat, i quali entrambi, prelati di bell'aspetto, di buona famiglia e di nobile portamento, si mostravano più che indulgenti verso l'anima della loro bella penitente. Dopo i cappellani veniva il ciambellano, il duca di Clermont-Tonnerre, che incantava la principessa Borghese per la dolcezza, la disinvoltura e la passione per i *calembours*. Le funzioni di scudiero erano assegnate al signor de Montbreton: eccellente furiere, cavaliere pieno di attenzioni, che aveva la fiducia di Letizia e del cardinale Fesch. L'immancabile dottor Peyre, sempre fedele, si faceva notare per la sua devozione. L'impeccabile e noiosissima

Mme de Champagny, moglie del ministro dei Rapporti con l'estero, nominata dama d'onore, svolgeva di rado il proprio compito; le sue assenze tornavano a vantaggio delle «dame di compagnia».

In questa corte in miniatura spiccavano Mme de Chambaudoin, moglie del prefetto della Eure: era una carissima amica di Paolina, della quale riceveva le confidenze, dimostrandole, con mente molto aperta, grande pazienza e comprensione. Poi la marchesa de Bréhan, bella donna, «di aspetto quanto mai *comme il faut*», magnifica chioma bionda, immensi occhi azzurri, dentatura regolare, pelle di seta, e inoltre dotata di spirito arguto. Era senza dubbio la sola che in tutta la corte imperiale, luogo di interminabili complotti, guardasse a fatti e a persone con occhio benevolo e riuscisse a farsi amare da tutti. Infine Mme de Barral, pur avendo una statura notevole, «non era affatto da disprezzarsi», come diceva il nipote: per l'intelligenza, la bontà, l'allegria, era uno dei personaggi più accattivanti della cerchia intima di Paolina. A queste dame si aggiungevano tre lettrici: Mlle Barolis de Saint-Roman, molto neutra, stile «annuncio dell'ingresso degli invitati», Mlle Dormoy, indiscreta ma bellissima, e infine Mlle Millot, figlia di un ex governatore di Monaco, in seguito andata sposa al conte di Saluzzo. Questa giovane, graziosissima, piena di vivacità e di eleganza, dotata dell'istruzione di un uomo e della finezza di una donna, sapeva sia parlare di argomenti frivoli, di moda, di spettacoli, sia partecipare da competente alle conversazioni dei gruppi maschili sui grandi temi dell'attualità.

Fra tutte le case dei Bonaparte, quella di Paolina era la più varia, quella in cui splendevano i nomi più illustri, dove erano più numerose le belle donne ed erano meglio rispettati i dettami dell'etichetta. Ma la regina dell'alveare badava bene a non perdere il giudizio: per esempio teneva le spese sotto strettissimo controllo. Cicala e formica insieme, ordinava che i caminetti del palazzo Charost non potessero essere accesi prima del 1° novembre, che i valletti ottenessero candele nuove soltanto se presentavano i mozziconi consumati e così via. Sotto le incantevoli apparenze, la sua testolina era ben ferma sul collo, e in questo si può vedere una sorta di eroismo per una persona dalla salute eternamente cagionevole: non solo si occupava dei suoi sottoposti, ma soprattutto non si lamentava mai, conservava sempre il sorriso sulle labbra, e sebbene «il petto [fosse] preso dal male, nella sua sofferenza [era] molto buona e molto paziente», scrisse Giuseppe a Napoleone.

La sua camera diventò così il suo santuario. Le sue donne la svegliavano alle dieci; la giovane età la dispensava dal dover tenere sul viso una fetta di carne fresca tutta la notte, come prescrivevano i canoni cosmetici dell'epoca. Dopo la prima colazione, iniziava la toeletta, una vera e propria cerimonia, che cominciava dalle abluzioni generali, proseguiva con la pulizia del viso con latte chiarificato per ammorbidire la pelle e si concludeva con la profumazione del corpo con acqua di rose. Alla fine non restava che mettere il rossetto sulle labbra e il Noir des Sultanes su ciglia e sopracciglia. Era quindi introdotto il primo officiante, preceduto dai suoi «figaro»:

> Due Jokey, fieri embrioni
> Annunciano il grande Hippolyte.

Hippolyte, il parrucchiere di moda, è il Leonardo del primo impero. Il grande artista del capello, che si rivolgeva alle clienti con la massima confidenza, come tutti i suoi simili era incapace di operare tacendo:

> Criticando a destra e a manca
> Mentre versa olio di rosa
> Si fa giaietto il biondo cinerino
> Prende forma il pavone e a ricoprire
> Le penne di ghiandaia si compone.
> Il fuoco di una pupilla ardente
> Sarà esaltato da cento trucchi
> E finalmente la testolina più folle
> Intenderà ragione.

Dopo aver pettinato la principessa, Hippolyte e i due accoliti uscivano; si apriva allora la sfilata dei fornitori – la ricamatrice, la signorina Lolive, il profumiere Dulac, Dufour il venditore di piume, e poi Mme Germon e Mme Coutant:

> La Coutant, ch'è tanto cara e tanto celebre
> Dalla Nevà fino all'Ebro
> Fa un bel vitino e dona incanti
> A cento belle che non ne hanno.

Poiché la sarta Coutant faceva prezzi spropositati, Paolina la mise in concorrenza con Leroy, il quale aveva immaginato per la sua cliente le vestaglie «alla vergine», cariche di valenciennes, merletti spumosi e aerei, oppure gli scendiletto morbidi e caldi, orlati di cigno e di volpe azzurra. Quel Turcaret* dell'arte sartoriale doveva a sua volta vedersela con i concorrenti meno esosi, perché Paolina era brava a fare i conti: la piccola Leblanc avrebbe saputo realizzare cose altrettanto belle per la metà del compenso. Per atavismo, per una tendenza connaturata alla sua famiglia, Paolina rifiutava sempre il prezzo richiesto, mercanteggiava, otteneva sconti, e il suo successo immancabile era dovuto al fatto che anche quando erano in perdita, quei poeti del vestire acquisivano comunque una apprezzatissima rinomanza dall'essere fornitori della principessa Borghese. Alla loro uscita l'appartamento di Paolina somigliava a un campo di battaglia, disseminato di scatoloni sventrati e casse di tutte le misure, da cui si rovesciavano scialli di cachemire, sciarpe di organza, camicie ricamate in bisso di lino, seta o velluto, cappelli, diademi ancora incastonati nel cofanetto semiaperto...

Che cosa indossare, stasera, al pranzo offerto da Cambacérès? Essere o non essere la divina fra tutte, ecco il grande dilemma: l'abito di raso bianco con sopravveste di

---

* Si chiama così il protagonista dell'omonima commedia di Lesage (1709), prototipo del ricco borghese affarista, sfruttato e preso in giro dagli aristocratici. [*N.d.T.*]

raso verde, con ricamo a trecce d'oro e tulle d'oro alla scollatura, oppure quello in raso rosa, orlato di pizzo dentellato o con ricami di perle? A differenza di certe sue coetanee che la natura non aveva troppo favorito, a Paolina non occorrevano artifici, né «petti palpitanti» né «seni da passione»: a venticinque anni le sue grazie conservavano una intatta freschezza.

Nei numerosi ricevimenti la principessa Borghese svolgeva con garbo il ruolo di sorella dell'imperatore, mostrandosi affabile con tutti, con poca o nessuna preferenza verso qualcuno in particolare (il potere isola), ma con una costante e generale amabilità. Diversamente dalla sua famiglia, non aveva bisogno di affermarsi in forme chiassose, ostentando un tenore di vita fastoso, e la mancanza di ambizione non le toglieva spontaneità e buonumore nei rapporti con i veri e propri intimi. Si divertiva ai pranzi imbanditi dall'arcicancelliere, il più vanitoso fra i personaggi ufficiali, da lei descritto come «uno specchio ambulante»; e infatti l'uomo andava in giro così sovraccarico di targhe e cordoni, che il suo stesso vestito spariva sotto gli ornamenti!

Era un ex uomo di legge, diventato «altezza serenissima», che agli amici diceva, con una certa condiscendenza: «In società chiamatemi Vostra Altezza, ma nell'intimità limitatevi a un semplice Monsignore». Da vero borghese gentiluomo, comico senza saperlo, stipendiava il miglior mastro cuciniere di Parigi, e Paolina, come molte grandi amorose, sapeva apprezzare le gioie della tavola. Cambacérès, da vero gastronomo, esigeva dai commensali un'eleganza di modi pochissimo diffusa nella nuova generazione di militari, che a tavola si comportavano come aquile, se non come avvoltoi (in particolare Junot, che riusciva a trangugiare trecento ostriche prima di cominciare il pranzo vero e proprio, oppure Murat, del quale si sapeva che per antipasto gli ci voleva una pollastra intera). Il loro formidabile appetito si accompagnava spesso a un grande vociare, quasi un sacrilegio per l'arcicancelliere, che li rimproverava: «Ma parlate più piano, non si riesce neppure a capire che cosa si mangia». Tanta devozione alimentare finì con l'annoiare Paolina: erano molto più divertenti i pranzi da Talleyrand, che a sua volta offriva una tavola fra le più raffinate di Parigi, dove però si trovavano anche motivi di svago e distrazione. Erano frequentati dal fior fiore della società oltre che dagli ultimi arrivati, e Paolina era incantata dalla finissima insolenza del diavolo zoppo: per esempio, alla marescialla Lefebvre (in seguito diventata celebre come Madame Sans-Gêne) che lo complimentava con un caloroso «Perbacco, questa sera ci avete dato proprio un rancio speciale, vi sarà costato un bel po'!», l'anfitrione aveva replicato: «Non badateci, signora marescialla, non sarà certo il Perù».

Durante una di quelle serate Talleyrand presentò alla principessa Borghese la divina Juliette: Mme Récamier aveva ventotto anni ed era all'apogeo della sua splendida esistenza; il marito, proprietario di una delle prime banche parigine – nessuno avrebbe potuto prevederne i futuri rovesci – circondava di lusso e di opulenza la sua incantevole compagna. Juliette era una creatura di fiaba, felice di piacere e di essere amata; sapeva incantare uomini e donne, ammaliandoli con l'infantile spontaneità, il parlare benevolo, l'accento melodioso, lo sguardo velato dalle lunghe ciglia, la fronte soffusa di rossore sotto la fascia di lino sottile che sempre la cingeva. In lei Paolina non vedeva una rivale, ma una creatura extraterrestre: e tutta presa dallo stupore della rivelazione, ne parlò al fratello, che le rivolse un orecchio fin troppo attento. All'imperatore non capitava spesso di incontrare resistenza presso le signore che lo interessavano; alla nuova Eva inviò come ambasciatore Fouché, il giacobino arricchito, e dal momento che Mme Récamier non sembrava disposta a gustare la mela insieme con l'imperatore, il capo della polizia non parlò di amanti ufficiali ma decantò il ruolo di amica, di guida spirituale... Fatica sprecata. In seguito all'insuccesso Napoleone chiese alla sorella di invitare a colazione la bella Juliette; Paolina, aliena da ogni forma di pregiudizio, non aveva motivo di rifiutare la parte della mezzana, e quindi ricevette Mme Récamier. La loro conversazione cominciò su argomenti banali, ma ben presto passò a trattare dell'amicizia che può unire, in purezza, un uomo e una donna; così Paolina poté lasciar cadere il suo commento: «Ecco, per esempio l'imperatore saprebbe dare tutto il giusto valore a una simile fortuna...». Juliette si limitò a tacere, tanto dovette sembrarle difficile ferire la sua ospite con un rifiuto. Paolina insistette, la invitò nel suo palco alla Comédie-Française, e il giorno dopo le fece recapitare un singolare messaggio:

L'amministrazione della Comédie-Française è stata avvisata che Sua altezza imperiale la principessa Borghese concede a Mme Récamier l'ingresso al proprio palco; la principessa comunica altresì all'amministrazione che quando sarà nel suo palco, Mme Récamier potrà soggiornarvi con la compagnia da lei stessa prescelta; e nessun altro, fosse pure appartenente alla casa della principessa o del G...D..., dovrà esservi ammesso senza il beneplacito di Mme Récamier.

Mme Récamier aveva capito da tempo dove volessero condurre tutti questi maneggi; quando ricevette l'invito, ringraziò e non approfittò mai del beneficio accordatole.

Senza dubbio la «Diva Paolina» faceva di tutto per piacere al suo «caro Napoleone», ma voler affermare che la sua compiacenza arrivasse all'incesto diventa pura e semplice diffamazione. Le cosiddette testimonianze che vorrebbero accreditare la diceria sono quanto mai sospette, da maneggiare con le pinze: fra il 1814 e il 1815 vi furono numerosissimi e spettacolari voltafaccia politici; per «riciclarsi» agli occhi di Luigi XVIII, vari libellisti misero la penna al servizio di questa chiacchiera da caffè, servendosi del nome di Giuseppina come garanzia. Secondo uno di costoro, la scena d'amore si sarebbe svolta durante l'inverno 1806: Volney, mentre conversava con Hochet (segretario generale del Consiglio di stato, uomo dalla moralità assai dubbia) accanto al caminetto, sarebbe stato interrotto dall'improvviso ingresso dell'imperatrice in lacrime: «Ah, amico mio, mio caro Volney, sono tanto infelice!». «Signora, calmatevi, l'imperatore vi ama; lo sapete, vi siete sbagliata... Io vi credo, ma siatene certa, è un capriccio che durerà soltanto un'ora, un giorno.»

Volney, infatti, pensava a una delle solite avventurette di Napoleone, ma a quanto pare, Giuseppina si sarebbe affrettata a disingannarlo: «Tacete! L'imperatore è un miserabile! Se sapeste che cosa ho visto! Poco fa ho sorpreso l'imperatore... l'imperatore, capite?... fra le braccia di Paolina!».

E qui Giuseppina, sollevata dopo avergli fatto questa confidenza, piantò in asso Volney.

Fra le braccia di Napoleone? Che cosa può significare una simile espressione sulle labbra di una ex cortigiana, che strombazzò la notizia a tutte le porte, comunicandola all'intero palazzo, alle «autorità», a fornitori e funzionari?

Infine la voce giunse all'orecchio di Napoleone, che aveva avuto molti amori, ma sempre chiari e sani; quella calunnia sarebbe stata la rovina di Giuseppina, e per via indiretta fu una delle cause primarie del divorzio.

Fosse pigrizia o prudenza, Paolina si teneva sempre alla larga dalle «storie»; non modificò di una virgola il proprio comportamento verso il fratello, mentre il suo rispettoso affetto si manifestava con franchezza pari al buon gusto. D'altra parte Giuseppina era vittima di una precoce menopausa, che la rendeva particolarmente irritabile, e poco dopo ricadde nello stesso errore, accusando la nipote Stéphanie de Beauharnais. L'imperatore era incantato dai suoi diciassette anni: Stéphanie era bionda con gli occhi azzurri, aveva un visetto birichino, era allegra e talvolta infantile, e certo, alle sue repliche sempre puntuali, lo zio acquisito si divertiva molto. Napoleone si comportava con lei con una familiarità troppo espansiva, che irritava i suoi cari, in particolare quando le diceva: «Siediti sulle mie ginocchia, nessuno se la prenderà». Le cose rientrarono facilmente nell'ordine quando la giovane sposò il granduca Luigi di Baden, offrendo ai Bonaparte la prima occasione di nozze reali. Dopo alterne vicende, Stéphanie trovò finalmente la gioia di vivere accanto a un marito innamoratissimo e appassionato, ma fu anche l'infelice madre di Caspar Hauser, assassinato dopo esserle stato rapito in tenera età.

Nonostante tutti questi pettegolezzi Napoleone conservava il senso del clan e non trascurava la famiglia: a Giuseppe toccò il regno di Napoli, a Luigi e Hortense quello d'Olanda, a Elisa il granducato di Toscana e a Paolina il ducato di Guastalla. Quest'ultima località, «borgo miserevole dove scorrazzano i maiali, nient'altro che una piazzaforte sul Po», indica quanto Napoleone stimasse il principe Borghese. Paolina si guardò bene dal mettersi in gara con fratelli e sorelle per accaparrarsi denaro e onori, accettando senza obiezioni il modesto dono. Tuttavia non era per nulla allettata dall'idea di ritrovarsi al fianco di Camillo, il quale si era peraltro comportato benissimo nella missione militare e aveva appena ricevuto il grado di colonnello dei primi carabinieri. Ma la promozione non accresceva il suo fascino agli occhi della moglie, che non si lasciava più incantare dalla prestanza fisica del Borghese; Paolina si esprimeva in termini crudi: «Avrei preferito restare la vedova del generale Leclerc, con 20.000 lire di rendita, piuttosto che essere moglie di un eunuco», precisando: «Darsi a lui era come darsi a nessuno».

Secondo Paolina il principe era dunque un simulacro di coniuge; sebbene nella sua qualità di militare, pur privo delle qualità di un condottiero, Camillo mostrasse coraggio sotto il fuoco e adempisse con zelo tutti i compiti, e sebbene il senso del dovere e la continua applicazione avessero reso perfette le sue maniere, la magia nuziale era svanita. Paolina bruciava ciò che aveva adorato, e il suo matrimonio prendeva una piega molto italiana: lui si sarebbe consolato con una «dama di compagnia», Mme de Chambeaudouin, opulenta bellezza di umore allegro, che rivolse allo spasimante la cortese attenzione richiesta dalle usanze, ma per un periodo non troppo lungo.

Paolina, ancora malferma in salute, all'affacciarsi della stagione estiva partì per Plombières, dove intendeva sottoporsi alla terapia prescritta dai medici. Il viaggio, così come quelli successivi, equivaleva a un vero e proprio trasloco: le berline furono caricate di mobili, suppellettili, portantine, arredi da letto, amaca; c'erano perfino la vasca da bagno e il bidet, accuratamente racchiusi in custodie di marocchino. Le soste lungo il percorso furono programmate come una campagna militare. Un corriere fu mandato avanti per avvisare Louis Leclerc – cognato di Paolina, prefetto del dipartimento della Meuse – che durante il soggiorno a Bar-le-Duc la principessa avrebbe desiderato fare un bagno di latte e una doccia. Ansioso di accontentare l'influente cognata, il funzionario, sgomento, ordinò alla gendarmeria di requisire il latte occorrente nelle fattorie vicine. Un testimone riferisce:

> Sua altezza imperiale arrivò e pregò il caro fratellino di portarla in braccio fino al salone d'onore, dopo di che chiese di poter fare il suo bagno:
> «È pronto.»
> «Ah, meglio così. Vi ringrazio. Dopo il bagno, però, avrò bisogno di fare una doccia.»
> «Una doccia! Una doccia! Impossibile. Non ho l'impianto adatto.»
> «Non parlate di impossibile, fratello mio, non pensateci neppure. È una cosa semplicissima. Basterà fare un buco nel soffitto in corrispondenza della vasca, e lasciar cadere l'acqua attraverso il buco. È un piccolo disturbo che vi procuro, fratello mio, ma la mia salute lo esige. Non vorrete certo che mi ammali per colpa vostra? Presto, presto, mandate a chiamare gli operai.»

Il prefetto dovette eseguire, e come tutto ringraziamento ebbe un bacetto sulla guancia; il salone d'onore, allagato, conservò a lungo un odioso tanfo di latte acido.

A Plombières Paolina, che era davvero sofferente, si sottopose con il massimo scrupolo alle prescrizioni del dottor Peyre, il quale partì alla caccia, anziché delle cinquecento asine richieste da Poppea per il suo bagno quotidiano, della fornitura di latte necessaria alla sua augusta cliente.

L'arrivo della principessa suscitò viva curiosità tra i frequentatori delle terme, uno dei quali, il conte di Forbin, rampollo di una delle più illustri famiglie di Provenza, le ricordò che si erano conosciuti a Roma. Nel turbine delle feste Paolina aveva notato il giovane pittore, che lavorava con Granet. Sulla trentina, «di alta statura, elegante e nobile nella persona, con begli occhi e lineamenti regolari, da richiamare alla memoria le fisionomie più belle del Rinascimento», intelligente e dotato di molta immaginazione, il conte era privo di mezzi: la sua famiglia era andata in rovina con la rivoluzione e nel 1793 suo padre era stato ucciso a Lione. Nonostante ciò conservava un buon carattere e soprattutto piaceva alle donne, specie a Paolina, che aveva sempre un debole per gli artisti. Nella stazione termale, lontano dagli ambienti ufficiali, l'idillio poté fiorire protetto da una certa discrezione. Ogni giorno il felice prescelto si univa alle dame di compagnia per la curiosa cerimonia del bagno quotidiano di colei che Napoleone aveva soprannominato «la Paganetta». Il chiacchiericcio della raffinatissima sofferente, abbigliata in un accappatoio a malapena allacciato, nel circolo di belle donne che la circondavano, si interrompeva all'arrivo di Paul, il fedele domestico nero, che la seguiva dai tempi di San Domingo e veniva a chiamare la principessa per il bagno. Con la naturalezza che nasce dalla perfezione, Paolina lasciava cadere la vestaglia e l'atletico servitore la portava, reggendola fra le braccia, fino alla vasca. Al termine delle abluzioni il prezioso fardello tornava, con lo stesso mezzo, avvolto in un bozzolo di merletti. A quel punto si avvicinava un paggio incaricato di svolgere le successive operazioni, e massaggiava i piedi della padrona; infatti Paolina, sofferente di ipotensione, era sensibilissima ai colpi di freddo e talvolta doveva ricorrere al calore corporeo delle sue dame di compagnia: a richiesta, la dama prescelta si slacciava il corpetto, esponendo un petto abbondante, e quindi si stendeva a terra; Paolina posava i piedi sul seno della bella in posizione orizzontale e li strofinava, riconoscente. Forbin contemplava rapito lo spettacolo, consueto a San Domingo ma assai stupefacente in Francia. Chateaubriand lo descrive mentre «in piena beatitudine, esprimeva con lo sguardo la felicità interiore da cui era invaso, sembrava camminare sulle nuvole».

Per giustificare la presenza continua dell'amante, l'astuta Paolina colse a pretesto il desiderio del fratello di vederla circondata dalla nobiltà dell'antico regime, e lo pregò di accordare al conte di Forbin il titolo di ciambellano. Il termine, come ci informano i vocabolari, deriva da *chamerlink*, «il funzionario preposto al servizio di camera della principessa»: a volte l'etimologia presenta curiosi ammiccamenti. Napoleone non ebbe obiezioni a concedere un titolo già elargito dai re francesi a numerosi antenati del giovane conte. Così l'amante, in molti sensi caro a Paolina, la quale ne aveva onorato i debiti, poté accompagnarsi senza scandalo a colei che era anche la sua allieva: e del resto, non si sarebbe potuto trovare compagno migliore di lui, uomo dai gusti eclettici, con una vasta cultura classica e romantica insieme, intimo di Juliette Récamier, di Benjamin Constant e del suo maestro, Louis David. La sua conversazione era impregnata dello spirito settecentesco, che induceva a parlare con serietà di argomenti leggeri, e con leggerezza delle cose serie, in un'epoca in cui il tempo faceva passare l'amore e l'amore faceva passare il tempo. Su di lui, Chateaubriand disse ancora: «Trasportato dai suoi talenti e piaceri, scendeva dalla montagna come se scendesse dal cielo, la casacca da artista come un giustacuore, la tavolozza in mano, i pennelli nella loro faretra».

Dopo Plombières Paolina rivide a Parigi il galante gentiluomo, che la scortava alle cerimonie ufficiali in cui la principessa aveva l'obbligo di fare le veci del fratello, all'epoca occupatissimo a Vienna presso la contessa Walewska. Erano fatiche a cui Paolina si assoggettava senza lamentarsi, anche perché talvolta potevano diventare un piacere. Per esempio un 19 marzo, per la festa di San Giuseppe, decise di festeggiare l'imperatrice con una rappresentazione del *Barbiere di Siviglia* di Beaumarchais in cui lei avrebbe interpretato Rosina. Ma la lunghezza del testo la indusse a ripiegare su un lavoro di M. de Longchamp, *La contadina fidanzata*, in cui si narrano i vani sforzi compiuti da Caroline e Charles, due giovani campagnoli, per liberarsi di uno zerbinotto di città, un *incroyable*, che disturba il loro idillio. Junot dava la battuta alla principessa Borghese, paralizzata dal panico della scena. Il turbamento di Paolina rendeva più commovente la sua bellezza; poiché non si era ancora ristabilita, durante le tre settimane di prove sostenne sempre il proprio ruolo seduta sulla poltrona, che veniva ogni volta trasportata sul palcoscenico. Il dottor Peyre le aveva ordinato di riguardarsi, ma Paolina gli obbediva a modo suo.

Accompagnata dal ciambellano, per riposarsi andò prima ospite da Cambacérès a Mousseaux (località che corrisponde oggi alla pianura di Monceau), poi a casa di Luigi e Hortense a Saint-Leu, ai margini della foresta di Montmorency. In quei luoghi Auguste de Forbin ebbe tutto il tempo per dirle, in versi o in prosa o con i suoi pennelli, che era la più bella, la più poetica, la più divina, la più mirabile delle donne: insomma, che l'amava. Dal canto suo, con lui Paolina imparava di quali incanti e di quante attrattive potesse apparire ricca un'anima raffinata e nobile, cominciava ad apprendere un certo pudore dei sentimenti: una scoperta che la toccò profondamente. Fra tutti gli uomini da lei amati Auguste non fu certo il più seducente, ma Paolina lo amò in modo diverso dagli altri, e fin negli ultimi anni, che passò a Roma, ne conservò il ricordo più puro.

Quando il ciambellano era richiamato a Parigi dai suoi doveri, Paolina deperiva, e il ritiro in campagna, dal quale il medico si aspettava un beneficio, non portava nessun miglioramento. Al contrario i disturbi parevano aggravar-

si: la principessa diventava sempre più diafana, passando
per fasi alterne dalla depressione alla sovreccitazione. Il
dottor Peyre, assai preoccupato, si rivolse al dottor Hallé,
un collega che era un'autorità in materia di ginecologia, e
che dal 15 al 19 aprile procedette a una serie di accerta-
menti sul difficile caso. La sua diagnosi fu consegnata a
Peyre il giorno successivo; qui di seguito ne riportiamo un
estratto:

Ho continuato a meditare sulle condizioni in cui ho trovato Sua
altezza, e nelle quali ieri l'abbiamo veduta. Sono le condizioni di
una affezione isterica. La matrice era ancora sensibile, sebbene meno di prima, i legamenti conservavano ancora l'orma di quel dolore irritativo per il quale giovedì scorso le avevamo fatto fare un bagno. Gli spasimi che ho visto durante i bagni erano spasimi isterici,
il dolore di testa era misterioso. L'aspetto generale è di abbattimen-
to e sfinimento.

Non si tratta qui di una infiammazione qualsiasi; lo stato infiam-
matorio che abbiamo visto era soltanto transitorio: la condizione
abituale e costante è quella di una eccitazione dell'organo uterino,
condizione che, quando è notevole e continua, può essere molto fa-
stidiosa.

Il malanno è questo. Alle cause ho accennato giovedì scorso,
parlando con la principessa per mezze parole.

Ho chiamato in causa le irrigazioni interne e ho parlato in termini generali di tutto ciò che poteva essere motivo di irritazione per
la matrice, di qualsiasi natura fosse; credo di essere stato compreso,
ma temo di non esserlo stato a sufficienza.

Io non so niente, ma bisogna pure che cerchi di indovinare, con i
mezzi che ci sono dati per indovinare, e quel che ho detto sulla natura dei sintomi, e che voi ed io abbiamo veduto, e voi avete veduto più spesso di me, è più che sufficiente per trovare la chiave
dell'enigma.

Non si può sempre accusare la cannula dell'irrigatore; si dovrà
pure presumere, in una donna giovane, bella, sensibile, solitaria, e
che palesemente si va debilitando, una causa sussistente della debi-
litazione. Qualunque essa sia, è ora di eliminarla, anzi lo è da gran
tempo.

Ho visto altre donne vittime di simili debolezze, che hanno tutte
cominciato in questo modo. È evidente che se non si affretta, ben
presto non ci sarà più niente da fare. Non posso dire nulla di più di
quel che ho detto, perché non so nulla, e tuttavia bisognerà bene

che strappiamo questa giovane e interessante donna alla sua rovina, e se vi fosse qualcuno che favorisce le sue debolezze e se ne ren-
de complice, questa persona, di chiunque si tratti, non si accusereb-
be, mentre noi saremmo accusati di non avere visto niente o di
avere tollerato tutto. Io non ho il carattere né per farmi trattare da
stupido né per lasciarmi imputare una vile e perfida compiacenza;
ma anche tralasciando tutto ciò, noi dobbiamo salvare questa donna eccellente e infelice, la sorte della quale mi addolora; per fortuna
non posso dire di sentirmi del tutto privo di speranze.

Siate dunque sollecito, caro collega, perché non c'è tempo da
perdere. Fate di questa lettera l'uso che vorrete, e datemi la possibilità di parlare a chiare note e con tutti i sentimenti. Se non dovessi-
mo avere libertà di parlare, saremmo obbligati a farci da parte.

Addio, caro collega, vogliate gradire i sensi della più alta stima e
di un'amicizia sincera.

Hallé

Insomma, il gattino non era affatto morto, anzi al contrario, si agitava fin troppo, ed era Paolina, di propria mano, ad incoraggiarlo a vibrare.

Simili piaceri si praticavano nella solitudine dei conventi; Diogene, peraltro, vi si dedicava in pubblico; ma
anche senza voler dare spettacolo, si potevano seguire le
raccomandazioni dei romanzi libertini settecenteschi,
molto in voga nell'Ottocento, e praticarli in coppia: così il
felice beneficiario si vedeva aperta la via regia del piacere.

Quanto ai rimedi prescritti dai medici – infusi di ninfea,
di violetta, di cetriolo, di acetosa, di acqua distillata, di
gemme di salice, con compresse di pane inzuppato nel
latte o applicazioni di miele – appartenevano tutti al genere «polvere del pirimpimpino».

Certe anime tetre la accusavano di «furore uterino», ma
in effetti, in ventotto anni di vita amorosa Paolina «conobbe» ventidue amanti e due mariti: ben poca cosa, per una
donna tacciata di ninfomane.

Le imprese di un Don Juan fanno sognare, ma se si tratta di un Don Juan in gonnella, subito la si accusa di lubricità. L'uguaglianza dei sessi sembra destinata a rimanere
indefinibile quanto il sesso degli angeli...

Forse nelle sue imprese amorose la principessa Borghese esercitava minor discrezione rispetto alle sorelle o alle dame di corte: tutte avevano lo stesso numero di amanti, e spesso erano anche gli stessi. Metternich, per esempio, ha conosciuto la più gran parte di queste graziose; ma alcune di loro danno prova di ipocrisia, come Laure Junot, ben disposta a dimenticare i momenti di focosa passione trascorsi insieme al cancelliere austriaco.

Paolina aveva un pensiero soltanto: fuggire da Parigi in cerca di un luogo tranquillo dove fare la cura delle acque. La scelta cadde su Gréoux, nell'alta Provenza. Madame Mère non vedeva di buon occhio quella partenza e per allontanare Forbin mise alle costole della figlia un uomo di sua fiducia, il conte di Montbréton, con l'incarico di fornirle un resoconto esatto delle giornate, e se possibile anche delle notti, di Paolina. Quest'ultima si imbarcò a Villiers su una chiatta tirata da cavalli, fino a Auxerre; proseguì poi in carrozza fino a Lione, dove fu accolta dallo zio cardinale Fesch, severamente indottrinato da Letizia. Il cardinale la trattenne tre giorni con sé, per farle la morale e nel tentativo di dissuaderla dall'andare a passare le acque in un luogo sconosciuto. Paolina rimase irremovibile; dopo aver proposto allo zio di farsi carico delle spese per la processione del Corpus Domini – tovaglie d'altare, vasi, fiori, piviali – fece capire a Montbréton, con discrezione, che i suoi servizi non erano più richiesti; e a quel punto, del tutto libera, poté proseguire il viaggio con la lettrice e i domestici di fiducia.

Il prefetto del Var aveva fatto colmare i solchi delle carreggiate per evitare alla sorella dell'imperatore di procedere con scosse troppo violente, e le mise a disposizione il castello di Laval, nei pressi di Gréoux.

Appena si fu sistemata Paolina ebbe un solo pensiero: far tornare da lei Auguste de Forbin; quindi il 10 giugno gli scrisse:

> Diletto, nessuna lettera tua stamani. Sono molto impaziente di riceverne, perché nella tua ultima mi dicevi di avere la febbre. Spero che non sia niente e che il mio Augusto si trovi in ottima salute.

Stamattina ho ancora fatto il mio bagno e ho bevuto quattro bic-
chieri d'acqua che sono passati abbastanza bene; uscendo dal bagno però mi sento molto debole, ma sono convinta che mi fa bene...
Hai scritto a Ma... che verrai presto ad Aix e che eri stato malato,
ma con le cure attentissime di Mme Derville, siete stato tanto coc-
colato che vi siete presto rimesso. Mme Derville è proprio fortunata! Curarvi, vedervi, essere libera di confessare i suoi sentimenti
per voi, la sua sorte merita invidia. Per me che sono costretta a li-
mitarmi, a nascondermi, ma che ti amo, ti amo teneramente, e già
te ne ho dato tante prove, e che non posso essere felice se non per
opera tua... Non sei forse tu il mio sposo? Il mio ha forse meritato
un appellativo così dolce e sacro? No, non lo ha meritato, altrimenti non saresti tu il mio sposo. E dunque mi dev'essere reso amore
per amore, confidenza per confidenza..., credere che tutto quel che
faccio è per il nostro bene, per il bene del nostro amore. Su questo
ho fatto tutte le mie riflessioni, e più che mai tengo a che tutti intorno a noi siano ben persuasi che fra noi è tutto finito, così che pos-
siamo stare tranquilli. Altrimenti, che succederà? Per riuscire a ingannare tutti occorre la massima cura, e sacrifici e privazioni che è
necessario fare se vuoi continuare ad avermi. Ti scriverò il modo in
cui occorre comportarsi: dovrai assoggettarti, e credere che io soffro più di te per questa costrizione e che ci risparmierà tanti dispiaceri, e addirittura che non potrebbe far altro che perderci. D'altronde, mio marito sta per tornare, e dovremmo assoggettarci per
forza. E dunque si tratta soltanto di anticipare le cose. Addio, cercherò di riposare un poco, perché non ho mai scritto tanto a lungo,
ma sai bene che faccio l'impossibile per te, per te solo. A questa sera, ti riscriverò.

9 e 30 di sera

Sono stata a passeggio, il tempo era incantevole, ma ero triste.
Né i lavori d'ago né le distrazioni possono prendere il tuo posto
neppure per un istante, neppure nel ricordo. Madame... ha la febbre, tanto che sono sola con il medico e con Isard, che si è installato
qui su richiesta di mio zio che gli ha scritto. È un buon figliolo, ma
stupido come non mai. Ho sistemato le cose in modo che tu potrai
venire quando prendo il bagno e restarvi tutto il tempo in cui vi
sarò; ma c'è anche Mme Ducluzel, come i signori che sono qui; ma
non spaventarti, in tutto si tratta soltanto del medico e di M. Isoard,
e io l'ho fatto apposta perché il mio amato bene possa venirci; ho
paura però che il caldo che ci fa lo infastidisca. Per me, nonostante
le persone che ci saranno io non vedrò che te solo. Quanto mi pia-
cerà questa solitudine quando ci sarai tu! Perché non può durare

per sempre, ma noi non ci separeremo mai, mai. Con la prudenza, saremo sempre felici. Aspetto con impazienza tue notizie della febbre. Dimmi che cosa fai. Quindi porta quel che ti serve per dipingere, per farmi delle belle cose per me. La mia capanna comincia ad assestarsi. Faccio mettere fiori dappertutto, faccio rassettare il più possibile perché il mio amato vi si trovi bene. A proposito, dimenticavo di dirti che mio marito è stato nominato generale! Mi scrive lettere incantevoli e piene d'amore; non capisco da dove nasca questa cosa. Ma termino qui perché sono stanca di tanto scrivere. Le acque mi indeboliscono un po'. *Addio, caro sempre caro amico, amante caro, sì ti amo ti amerò sempre.* Domani scriverò il tuo regolamento per il modo di comportarti qui, ci metterò tutta la mia attenzione più scrupolosa per far bene. Cercherò di dormire, ma sogno sempre di te, da qualche tempo ancora di più. *Ti amo di più, caro idolo mio. Ti mando dei fiori che sono stati nel mio seno, li ho coperti di baci... Ti amo sì io sola.**

Separati dal mondo, nell'ardente paesaggio provenzale, i due amanti vissero nell'estasi per giorni e notti. Ma la loro intimità sarebbe stata troncata in modo brutale. Senza dubbio entrambi presentivano tale conclusione, e la paura di Napoleone non fu certo estranea alla fine di questa passione. Il principe Borghese trascorse un breve periodo presso la moglie, si rese conto dell'accaduto e se ne lagnò con il cognato. Pochi giorni dopo il bel Forbin ricevette il titolo di sottotenente e l'ordine di partire per la Spagna. Paolina decise di andare a Nizza, nonostante le alluvioni che rendevano pericoloso il viaggio; ma non se ne preoccupò: partì da Gréoux in una lettiera portata da quattro giganteschi valletti, sotto la scorta di vari gentiluomini del luogo e di gendarmi. Per attraversare certi torrenti i portatori furono costretti a sollevare le stanghe della portantina reggendole sulle spalle; molti componenti del seguito si arresero, e dopo mille avventure un gruppetto assai sfoltito fu costretto a cercare riparo in un mulino, che finì con l'essere circondato dalle acque. Come nutrimento dovettero accontentarsi di un pollo, spennato dalla principessa Borghese, di un po' di latte e uova. L'indomani Paolina

* Le frasi in corsivo sono in italiano nel testo. [*N.d.T.*]

riunì i suoi e fece giurare alla scorta di non rivelare a nessuno l'odissea che avevano vissuto. Durante quel viaggio Barras fu testimone di una sosta che rappresentò un intervallo sorridente, e così lo narra:

[La principessa Borghese] si fermò al limitare di una prateria, poco lontano da un possedimento di campagna di M. César Roubaud, dove si preparava a coricarsi. Due cortigiani si spogliarono rispettosamente, deponendo i loro abiti sull'erba, perché la principessa potesse sedersi senza soffrire per l'umidità del terreno. M. Desbains, sottoprefetto di Grasse, con una testa di riccioli *à l'oiseau royal*, offrì la propria schiena come appoggio alla schiena della principessa; il generale Guyot, disteso per traverso, sosteneva i piedi della principessa con il ventre...

Infine, il 16 ottobre il gruppetto giunse estenuato a Nizza, prendendo alloggio alla periferia della città, alla Croix-de-Marbre. Il giardino si estendeva digradando fino al mare; sulla riva le autorità avevano collocato un corpo di guardia, nel timore che gli inglesi avessero l'idea di rapire la sorella di Sua maestà.

Il prefetto, M. de Bouchage, invitò Paolina a onorare con la sua presenza una serata teatrale, durante la quale un gruppo di dilettanti nizzardi eseguirono una cantata composta in suo onore. La principessa ringraziò esibendosi a sua volta nel canto; fu l'esordio di un nuovo capriccio, quello per la musica: voglia di cantare e di far cantare.

Paolina ebbe allora l'idea di chiamare a Parigi Felice Blangini, musicista di origine italiana, autore di vari «notturni» e dell'opera *Neftali*.

Era un compositore rinomato, non privo di talento, che non aveva però una posizione ufficiale nei teatri imperiali, e quindi per lui un incarico di «direttore della musica presso Sua altezza imperiale madama la principessa Borghese, duchessa di Guastalla» era una fortuna insperata. Blangini, dolce e bel giovane, si impegnava ad essere giorno e notte al servizio di Paolina per settecentocinquanta franchi al mese. Il virtuoso musicista componeva romanze e le interpretava insieme a lei, con lei suonava il violino, usciva soltanto insieme a lei. I momenti più interessanti, quelli del duetto, si moltiplicavano con le opere di Cimarosa, Grazioli e Farinelli. Tutto quel *bel canto* parlava d'amore in una lingua fatta per l'amore; e tuttavia nelle sue memorie l'uomo-orchestra confessò: «La mia schiavitù era dolce, e tuttavia ero pur sempre suo schiavo». Per dare alla voce di entrambi una pausa di ristoro, la principessa Borghese decise di rivedere, in compagnia di Blangini, la casa abitata da Paoletta Bonaparte nell'epoca della sua miseria, quando era poverissima e allegra. È sempre lui a raccontare:

Un giorno le venne l'idea di fare una gita ad Antibes; voleva rivedere la casa in cui aveva abitato con la madre e le sorelle quando Napoleone aveva preso per la prima volta il comando dell'Armata d'Italia. Subito si predispose ogni cosa per compiere il tragitto via mare; le sue dame ed io dovevamo accompagnarla. Uno spazioso battello fu noleggiato e decorato di bandiere e ghirlande; al centro si innalzava un padiglione per la principessa, e ai due lati i rematori, vestiti con un pittoresco costume, lo facevano volare sulle onde... Il comandante di Antibes era stato avvisato dell'arrivo della principessa: accostandoci a riva scorgemmo una notevole quantità di persone accorse ad assistere al suo ingresso nel porto, che fu salutato da ventuno colpi di cannone. Il comandante le venne incontro al momento dello sbarco e ci condusse nel suo palazzo, dove tutto era preparato con grande magnificenza per ricevere una sorella dell'imperatore. Fu servito uno splendido pranzo, e poi vi fu un ricevimento e un gran ballo.

L'indomani andammo a visitare l'antica abitazione, meta del nostro pellegrinaggio: era una casa borghese, piuttosto graziosa ma di aspetto modesto. Non saprei descrivere la gioia manifestata dalla principessa quando si ritrovò in quel luogo; correva qua e là come una bambina; ci spiegava la ripartizione delle stanze: «Quella era la camera di mia madre; io dormivo in questa stanzetta vicino a lei; le mie sorelle dall'altro lato; ecco, questa era la stanza occupata da mio fratello Napoleone quando ci faceva una improvvisata e veniva a trascorrere due giorni con noi. Quanto ci voleva bene!».

Dopo aver percorso la casa più volte in lungo e in largo, tornammo ad Antibes, dove ebbero di nuovo modo di manifestarsi la galanteria, la magnificenza e il buon gusto del comandante, e l'indomani ci imbarcammo di nuovo per tornare a Nizza. Quanta felicità provai in quel viaggio! La principessa era sparita del tutto, e io, in piena sicurezza della coscienza, credevo di poter amare, così come la amavo, madamigella Paolina Bonaparte, e non più Sua altezza imperiale la principessa Borghese. Avrei voluto che la mia intera vita trascorresse in quella maniera.

Ma la sorte decise in altro modo: Paolina e Blangini erano appena tornati a Nizza, quando giunse un corriere imperiale, recando una notizia assai sgradita alla principessa Borghese. Napoleone, che aveva da poco compiuto un viaggio di ispezione in Italia, stimava necessario restituire a Torino un ruolo importante nella penisola. Perciò il principe Borghese era stato promosso all'incarico di governatore generale dei dipartimenti di oltr'Alpe, e doveva prendere dimora nella capitale piemontese; naturalmente la consorte doveva essere al suo fianco. Paolina, «scintillante di collera», secondo Blangini, dovette per forza sottomettersi agli ordini del fratello e accompagnare il marito. Seguita da parecchie vetture e attorniata da una folta scorta, partì per Torino il 18 aprile. Il viaggio non fu davvero di tutto riposo, come riferisce il segretario di Camillo, Maxime de Villemarest:

In una stessa vettura viaggiavano il principe, Mme de Chambeaudoin e M. de Clermont-Tonnerre. Dio sa quanto dovettero soffrire per tutto il percorso a causa dei capricci della principessa. Di una cosa si deve renderle giustizia: era un vero demonio, ma che bel demonio! Non si era neppure accomodata in vettura che voleva la portantina; e pochi minuti dopo, bisognava di nuovo risalire in vettura. Sulla fisionomia del principe si leggevano, frenate a fatica, una noia e un'impazienza tali da far pena; tant'è vero che finché poté viaggiò a piedi. La moglie lo tormentava su ogni possibile cosa; gli diceva che voleva avere la precedenza su di lui, e citava una recente pronuncia del senato, in cui aveva veduto che al principe toccava la precedenza subito dopo i principi francesi, deducendone che per le principesse francesi valeva lo stesso principio, e per conseguenza sarebbe toccato a lei replicare alle allocuzioni delle autorità. Invano il principe obiettava che era lui il governatore generale, mentre lei non era affatto la governatrice generale; la principessa non voleva cedere in nulla, e gli diceva, con scarsa amabilità, che se era un governatore lo doveva al fatto di essere suo marito... Allora il principe la chiamava: «Paulette, Paulette!», con il tono più dolce possibile; ma c'è da immaginare il divertimento!

Quanto a M. de Clermont-Tonnerre, non era altro che vittima del gioco dei cuscini... Questi venivano ammucchiati sulle ginocchia di messer ciambellano in carica, il quale, non essendo di alta statura, per riuscire a respirare al di sopra dell'ammasso di piume era costretto a tenersi il più possibile eretto.

Ma nonostante questa nuova serie di cattiverie contro Camillo, Paolina, che aveva finito per credersi una vedova maritata, dovette rendersi conto con terrore che il suo imperial fratello le ordinava di rinvigorire l'unione agonizzante. Che però, a differenza della fenice, non sarebbe risorta dalle ceneri.

X

LA REGINA DI CUORI
DEL CASTELLO DI NEUILLY

La principessa Borghese era furibonda per il ritorno forzato in Italia: aveva la ferma intenzione di non tenere in
alcun conto i suoi doveri di moglie, e di continuare a pra-
ticare l'amore per il prossimo. Era una seduttrice, molto
più portata al culto della creatura che a quello del Creato-
re: desiderava imboccare gli innumerevoli sentieri segnati
da una scottante *Carte du tendre*,* e poteva dire scuotendo
la splendida testa:

Ah, Dio mio! Mi è tanto naturale la passione
quanto mi è estranea la ragione!

Paolina voleva essere amata, e siccome vedendola era
impossibile non amarla, le sfuggivano in pochi. La maggior parte degli uomini provava un turbamento profondo
di fronte ai suoi occhi ambrati, pieni di fervore, alla bocca
ridente con le labbra roride, alle curve promettenti e alla
morbida voce di mezzo soprano che annunciava l'ora della voluttà.

Per il momento Paolina prevedeva di dover affrontare
giorni austeri, senza la minima possibilità di evitarli. Napoleone aveva deciso di creare una corte per ravvivare Torino e porre fine allo scandalo della separazione fra i coniugi Borghese, costringendoli a vivere insieme, almeno
per qualche mese.

* La mappa del «Regno dell'amore», immaginata nel XVII secolo da Mlle de
Scudéry. [*N.d.T.*]

Il 23 aprile la coppia principesca fece l'ingresso solenne a Torino. Da Parigi Napoleone aveva regolato nei minimi particolari e una volta per tutte la vita che dovevano condurre la sorella e il cognato. A Paolina fu assegnata come dama d'onore la marchesa madre di Cavour, oltre a dodici dame di compagnia, sei ciambellani e quattro scudieri, tutti appartenenti all'aristocrazia piemontese. I principi Borghese dovevano prendere residenza a palazzo Chablais, attiguo al palazzo reale; in seguito avrebbero disposto anche di quest'ultimo e di villa Stupinigi. Inoltre l'imperatore aveva stabilito che tutte le domeniche il principe e la principessa, insieme, dovevano ricevere in suo nome negli appartamenti reali. Oltre a questo, tutte le settimane la principessa doveva tener circolo nei suoi appartamenti. Napoleone aveva deciso tutto a oltre mille leghe di distanza: dal protocollo della grande parata a quello dei pranzi e delle cene; gli spettacoli, le scuderie e i tiri di cavalli; aveva calcolato il bilancio della coppia fino all'ultimo centesimo e consegnato il denaro nelle mani del marito, rendendolo così padrone di tutto, anche della moglie. La sorellina troppo indipendente era in trappola.

Blangini faceva del suo meglio per distrarla e riuscì a darle un po' di pace, ma la tranquillità sarebbe durata poco. Le nubi del temporale si facevano ogni giorno più scure: il principe Camillo considerava il maestro con sospetto sempre crescente. A Blangini piaceva fare musica, ma per fare l'eroe era meno tagliato: non riusciva a togliersi dalla mente la sorte del suo predecessore, Forbin, e soprattutto non desiderava per nulla andare a cantare i suoi notturni in Spagna, con l'accompagnamento di colpi di fucileria e cannonate. Quindi, preso dal panico, un bel giorno fuggì in Germania, dove fu accolto da Girolamo Bonaparte, diventato re di Westfalia, che lo nominò maestro di cappella e direttore generale della musica.

Quando Blangini si fu dileguato fra le brume del Nord, Paolina incominciò a tollerare ancor meno quelle del Sud. Il fratello Giuseppe, di passaggio a Torino, le fece visita a villa Stupinigi, e si rese conto che le sue condizioni di salute erano allarmanti. Lei aveva scritto diverse volte a Napoleone per chiedergli il permesso di andare a curarsi in una stazione termale francese, ma non aveva ricevuto risposta; perciò Giuseppe accettò senza esitazione di aiutarla. Informò l'imperatore che Paolina doveva al più presto allontanarsi dal clima umido di Torino, e recarsi alle terme di Aix-en-Savoie: «Non mangia da otto giorni, e non tollera nemmeno un brodo leggero». Paolina era tisica – il dottor Hallé, durante la visita ginecologica, le aveva riscontrato una grave debolezza di polmoni provocata dal clima di San Domingo – e tuttavia era animata da una grande voglia di vivere. Aveva molta più paura di morire che di dispiacere a Napoleone. Del resto, il denaro ereditato dal generale Leclerc le consentiva di non chiedere nulla al fratello, e le sembrava preferibile accontentarsi di quello pur di non lasciarsi tiranneggiare. Perciò, senza attendere un'autorizzazione che appariva piuttosto problematica, decise di lasciare il Piemonte. Fu un'ottima mossa, perché tre giorni dopo arrivò a Torino l'intimazione di stabilirsi in una città termale, vicina alla sede di governo del marito.

Il 6 giugno Paolina arrivò ad Aix-les-Bains, e di lì scrisse a Letizia per mettersi sotto la sua protezione, invitandola addirittura a raggiungerla. La presenza della madre, la lontananza dal marito, il lago di Bourget le fecero ritrovare la vivacità e l'appetito. Il 21 luglio 1808 si imbarcò su una chiatta per Lione, poi partì per Parigi, per tornare all'amato palazzo di Charost.

Miracolo! Meno di un mese dopo, il 14 agosto, Napoleone, tornato dalla Spagna, autorizzò la sorella a non vivere più con il principe Borghese. In ottobre le annunciò che a partire dal 1º gennaio 1809 sarebbe stata padrona di una tenuta a Neuilly, e che le sarebbe stata corrisposta una rendita di 600 mila franchi l'anno (ben presto aumentata a un milione 480 mila franchi).

Gesti di liberalità così sorprendenti e rari da parte

dell'imperatore si possono spiegare solo pensando alle seccature continue che gli venivano da una famiglia sempre questuante e insaziabile. Paolina invece era fedele a se stessa, non implorava nulla, soltanto la libertà. La generosità dell'imperatore nasceva dall'essere cosa tanto rara, fra i congiunti di Napoleone, la mancanza di avidità per gli onori e i guadagni.

Dalla primavera in poi Paolina fu impegnata a proseguire l'opera della sorella minore. Carolina aveva trasformato il palazzo di Neuilly in un vero gioiello, rendendo ancora più bella quell'abitazione elegante, immersa in un parco che scendeva fino alla Senna. Le frasche del giardino e la grotta artificiale non mancavano mai di rammentare a Paolina certe sere in cui l'amica Laure Junot filava di perfetto accordo con il bel Metternich, e il furore di Napoleone di fronte a una felicità troppo palese. Infatti, alla Malmaison egli aveva tentato invano di sedurre la «piccola peste». La relazione «austriaca» era finita molto male per Laura: Junot, al suo ritorno dalla Spagna, dopo la disfatta di Bailen, venuto a conoscenza del suo peccato, aveva infierito sulla moglie con il coltello e l'aveva quasi strangolata. Paolina ringraziava la sorte di averla data in moglie, invece che a un Otello, a un uomo che reggeva il moccolo.

A Parigi si preparava un dramma ben più grave. Per assicurarsi una discendenza, Napoleone aveva deciso di separarsi da Giuseppina. Il divorzio da colei che lo aveva tanto agevolato nell'ascesa lo rendeva tetro al massimo grado. Paolina si ingegnava di distrarlo, fino a far la parte della mezzana: nel seguito della sorella l'imperatore era stato colpito da una dama piemontese molto affascinante.

Cristina de Mathis, ancora onesta, gli aveva opposto un netto rifiuto. Napoleone, però, che non si scoraggiava mai, chiese a Paolina di intervenire, e lei non perse tempo: temendo che la sua dama d'onore rifiutasse per la seconda volta un appuntamento, l'apostrofò con la massima solennità: «Signora, sapete bene che a un desiderio espresso dall'imperatore non si deve mai dire di no». Ma la capitolazione tardava anche per cause impreviste, che suscitavano nuovi timori, come attesta questa lettera di Napoleone:

Sorellina, la serata è andata benissimo, ma certi ostacoli imprevisti hanno buttato all'aria tutto. Quello che sospettavo due giorni fa si è rivelato vero, e non vedo il modo di rimuovere lo spiacevole impedimento. Dopo vi sono stati pianti e mi è stato detto di voler partire martedì.

Le ho mandato un biglietto. Non voglio che se ne vada prima di quindici giorni. Riferitemi che cosa ha detto e fatela venire alla caccia.

Addio, principessina. Temo che stamani una certa persona avrà poche tenerezze per voi.

Gli screzi si alternavano ai capricci; la dama si fece pregare, ma alla fine cedette. Napoleone, con brevi biglietti, teneva la sorella al corrente di come procedeva la conquista:

Sorellina, abbiamo fatto la pace. Ci si è comportati con molta amabilità. C'è stata molta bontà nei miei confronti.

Madame de Mathis, chiamata a dedicarsi al riposo del guerriero, il 15 dicembre aiutò Napoleone a doppiare senza scosse il giro di boa del divorzio. Poco dopo, Paolina ricevette per «servigi straordinari» una parure di turchesi e 500 mila franchi, che le consentirono di pagare i debiti.

Pur essendo totalmente dedita al fratello, Paolina, come la bella Elena, non dimenticava di «far ruscellare la sua virtù». Il fortunato eletto del momento, un ex fuoruscito per motivi politici, pettegolo patentato, rispondeva al nome di Achille de Cormier. Quel passatempo le permetteva di ascoltare la propria natura e di assecondarne i capricci. Innanzitutto, abbandonarsi al piacere, unico scopo per cui riteneva di essere al mondo, e poi, con l'animo fortificato dal piacere, trovare il coraggio di trascurare le piccole commedie troppo spesso necessarie per conquistare la stima di invidiosi e invidiose. Per la Paganetta, la virtù era la maschera dell'ipocrisia. E lei, come gli eroi di Valéry Larbaux, aveva «tutte le virtù, salvo l'ipocrisia». Non si poteva davvero dire che il suo modo d'agire fosse più condannabile di quello dei suoi fratelli e sorelle. A parte Luigi, perennemente malato, tutti manifestavano l'ardore del loro sangue còrso. Napoleone confessava con la massima semplicità: «Anch'io vado in calore, come i cani»; Luciano si comportava come un pascià, scegliendo le favorite; Giuseppe le collezionava; Carolina si consolava per le infedeltà di Murat nelle braccia di Junot. Quanto a Elisa, aveva relegato il marito fra le suppellettili, e la sua relazione con Fontanes era talmente ufficiale da averle procurato il soprannome di «grande amante dell'Università». Anche il seguito dell'imperatore viaggiava sulla stessa onda: tutti i giovani ufficiali volevano trionfare nelle alcove come sui campi di battaglia.

Napoleone però voleva che la famiglia tornasse a essere il cardine della società; ci sarebbe riuscito, ma fuori dalla corte. A questo riguardo, Balzac disse: «La Rivoluzione ci ha lasciato in eredità dei costumi senza allegria... Oh Dio! che ne sarà di noi senza le sorelle dell'imperatore?». E dunque, ringraziamole. Nel momento stesso in cui si separarono Luigi, il fratello dell'imperatore, e Hortense, fu ratificato ufficialmente il divorzio imperiale: due Beauharnais estromesse! Un bel trionfo per i Bonaparte, ma non per Paolina. Certo aveva aiutato il fratello a superare il momento doloroso del divorzio grazie alla presenza di madame de Mathis, ma non approvava il ripudio di Giuseppina, e pur avendola detestata, era pronta a intenerirsi apertamente sulla sua disgrazia. Inoltre ammirava la nobiltà e la magnanimità dimostrate dall'ex cognata in circostanze tanto difficili.

Meno di quattro mesi dopo, Napoleone sposò l'arciduchessa Maria Luisa d'Asburgo-Lorena. L'imperatrice diciottenne era intimidita dalla fulgida bellezza della principessa Borghese, e ammaliata dal suo sorriso enigmatico (pur non somigliando a quello della Gioconda, secondo alcuni testimoni il sorriso di Paolina sembrava un po' «di circostanza»). Il nuovo matrimonio del fratello fu fonte di dispiaceri per la principessa Borghese, soprattutto a causa del ritorno a Parigi del marito, invitato alle cerimonie civili e religiose. Anche se il *terzo incomodo* dava prova di grande indulgenza e saggezza, era per la moglie una notevole fonte d'imbarazzo. Inoltre, la principessa era molto irritata per la giovinezza e l'innocenza della nuova cognata, e per l'aria di beatitudine del fratello, ancora stupito di ritrovarsi nel letto una vergine discendente di Carlo V; infatti manifestò i suoi sentimenti con tale violenza che almeno per un certo periodo le fu negato l'accesso alle Tuileries. Un testimone racconta:

> Costretta a comparire alla corte della nuova imperatrice, e cogliendo l'occasione per recarle una grave ingiuria, quando la vide passare nel salone alle sue spalle, si permise di fare un segno con le due dita che nei suoi sberleffi grossolani il popolo applica ai coniugi creduloni e traditi. Napoleone assistette scandalizzato a tale impertinenza, e non perdonò affatto la sorella, che quello stesso giorno ricevette l'ordine di ritirarsi dalla corte.

Paolina approfittò del fatto d'essere in disgrazia per scrollarsi di dosso il giogo dell'etichetta, che a dire il vero non le era mai stato di grave imbarazzo, e vivere in libertà come le pareva meglio. Per abbandonare il sentiero angusto della virtù e imboccare spavaldamente la strada ampia su cui le gioie si succedevano l'una all'altra, con quella naturalezza che nasce da una coscienza tranquilla, si appropriò del ruolo riservato dalla tradizione al sesso maschile: decise di essere lei a prendere l'iniziativa.

Il tenente Conrad Friedrich aprì il nuovo girotondo dei suoi amanti. Quest'ufficiale, che aveva avuto il dubbio onore di partecipare all'arresto del papa Pio VII e al suo trasferimento a Savona, veniva a sollecitare una raccomandazione della principessa Borghese. Dopo averlo squadrato, lei stabilì che «per un tedesco» aveva «un bell'aspetto» e lo trascinò a fare quattro passi nel giardino del castello di Neuilly; chiacchierando passarono davanti a una grotta, e Paolina gli fissò lì un appuntamento per il giorno dopo alla stessa ora, spiegandogli che gli avrebbe fornito tutte le indicazioni sulla sua faccenda. Nelle sue *Memorie* Conrad Friedrich non pecca certo per discrezione:

All'ora stabilita, mi rimisi in cammino diretto a Neuilly, mi recai nel punto del giardino che mi era stato indicato e attesi gli eventi sotto un colonnato, davanti a una grotta. Non attesi a lungo: comparve una dama, ma non quella che avevo visto in compagnia di Paolina; mi diede amabilmente il benvenuto e aprendo una porta laterale mi introdusse nella grotta dove c'erano molte camere e gallerie, tra l'altro una sala magnifica con dentro una splendida vasca da bagno. L'avventura mi parve molto romanzesca e quasi magica. Mentre mi chiedevo come avrebbe potuto concludersi, da una porta accanto, nella sala da bagno dove mi avevano fatto attendere entrò una figura femminile, velata della più fine batista; mi si avvicinò e mi chiese sorridendo se mi piaceva quel luogo. Riconobbi subito la bella sorella di Napoleone, perché le sue forme opulente e perfettamente plastiche apparivano sotto i drappeggi ogni volta che si muoveva. Mi porse la mano da baciare, mi augurò il benvenuto a casa sua, e mi pregò di sedermi accanto a lei su un soffice canapè.

In quell'occasione non fui certo io il seduttore, ma piuttosto il sedotto, perché Paolina impiegò tutte le sue malie, ancor più accentuate dalla penombra, per farmi infiammare il sangue e levitare i sensi, cosa che del resto le riuscì perfettamente; ben presto i cuscini di velluto furono testimoni di effusioni indicibili in cui si placarono i nostri reciproci ardori. Nel far questo, Paolina si rivelò una maestra esperta, perché ne sapeva più di me. Quando la nostra febbre fu placata, Paolina suonò e comandò alle donne che entravano di preparare un bagno, cui invitò anche me. Indugiammo quasi un'ora nell'acqua limpida azzurro chiaro, con indosso accappatoi di lino finissimo, quindi in una stanza attigua lei fece servire un pranzo squisito e ristoratore, e restammo insieme fino al crepuscolo.

La Venere vincitrice continua in allegria la tradizione libertina ed epicurea del XVIII secolo. Léon Daudet, di rado incline all'indulgenza, non si sbagliava quando diceva: «Quella che mi piace di più è lei. Era bella e debole. Non fece uccidere nessuno. Sapeva ricevere, soprattutto nella più stretta intimità».

Paolina poté mettere in pratica i suoi talenti amorosi grazie all'arrivo del non plus ultra d'Europa in occasione del matrimonio imperiale di Maria Luisa: «Gli uomini si accalcavano intorno a lei per ammirarla, farle la corte» racconta Stanislas de Girardin. «Gioiva, fiera di tanti omaggi, e spesso nei suoi sguardi apparivano promesse di futura riconoscenza.» Il conte Clary, diplomatico austriaco che fu suo ospite più volte, attesta il suo desiderio: «Fra le dieci e le undici, quando il grosso degli invitati s'era ritirato, di solito rimaneva una piccola cerchia d'eletti per concludere la serata; allora era come se la festicciola ricominciasse: si riprendeva a danzare, si facevano dei giochi, godendo "tutti i piaceri dell'età dell'oro". E poi qualche volta fra gli eletti ce n'era uno...».

Uno dei primi uomini su cui all'epoca Paolina mise gli occhi era il seducente Metternich, ambasciatore straordinario di Francesco II. Era un uomo navigato che serbò un tenerissimo ricordo della sua accoglienza: «Paolina era bella quanto è possibile esserlo; era innamorata di se stessa, e il piacere costituiva la sua unica occupazione». In seguito il ritratto della conquista parigina trovò posto nel suo castello di Königswarth, sulla parete della sala da biliardo.

La voluttuosa principessa era decisa a conoscere i pregi di tutti i popoli d'Europa, e quindi dopo il principe austriaco accolse nel suo letto un diplomatico russo, il colonnello Aleksandr Černyšev, soprannominato «la vespa del Nord» per la figura slanciata e le spalle erculee. «Lo notò immediatamente» riferisce Clary. Ma ben presto fu rimpiazzato dal principe Josef Poniatowski, chiamato «il Baiardo polacco». Altro capriccio, altro innamorato, una passione effimera commentata così da Paolina: «L'ho avuto due volte, la prima per me, la seconda per lui, e a quel punto era tutto finito, non restava più nessuno da compiacere».

La regina di cuori del castello di Neuilly era esperta al massimo grado nell'arte di amare, ma sapeva anche come mettere in risalto la sua bellezza. Certi gioielli! In un anno Devoix, il suo fornitore, le vendette una parure di corallo e brillanti per 31 mila franchi, una di rubini per 135 mila e un'altra di ametiste per 30 mila. E dopo tutto questo, per soprammercato, si fece montare una cintura di smeraldi falsi, contornati però di brillanti veri. Quella bazzecola le costò 13 mila franchi, ma sembrava valerne un milione: la cintura divenne ben presto un vero avvenimento nella società parigina. Le donne la sognavano, Paolina ne rideva.

A quell'epoca riceveva due volte la settimana nei saloni di Neuilly, ora per un concerto, ora per una cena o per un ballo. L'orchestra era diretta dal celebre mulatto Julien, che era il favorito delle serate danzanti e sapeva sottolineare discretamente con i suoi musici il ritmo delle quadriglie o la voluttà dei valzer. Il sabato era destinato soprattutto al *bel canto*; si potevano ascoltare la celebre signora Grassini e altri due idoli dell'epoca: Garat, che aveva una voce di ampiezza e flessibilità notevoli, e Crescentini, uno degli ultimi sopranisti castrati, il cui canto seducente produceva effetti drammatici. (Napoleone gli aveva conferito l'ordine della Corona di ferro, e si scherzava molto sulla decorazione, ricevuta «per ferite sul campo».)

In quel vortice di feste, Paolina trovava il tempo di illuminare con il suo fulgore e la sua bellezza gioiosa i salotti oscuri e freddi di rue Saint-Dominique, dove Madame Mère regnava su un nugolo di preti, tuttora incapaci di scagliare il minimo anatema sulla peccatrice: i loro sguardi sbalorditi seguivano quella Diana, sia quando camminava con passo aereo e lieve sui parquet Versailles, sia quando giungeva accasciata sui cuscini della sua portantina, sostenuta da due possenti valletti; e quando i buoni abati si stupivano, la regina dei capricci ribatteva: «Vivo sdraiata, perché quando il Signore mi parla, mi dice: "Alzati e cammina"».

La pietà filiale di Paolina non si smentì mai. Quel fiore imprevedibile e voluttuoso che risvegliava ovunque il desiderio, quella dea cara ai mortali che ad alcuni di essi schiudeva le porte dell'Olimpo, quell'egoista impudica che pareva sacrificare tutto al culto di sé, possedeva un senso della famiglia altissimo, incrollabile. Con la madre si rivelò la figlia più attenta, con Luciano, Luigi e Girolamo la sorella più devota: facendo proprie le loro dispute, comprendendone i gusti, osservando per loro, informandoli con tatto, ingegnandosi a portare a buon fine le riconciliazioni.

Nel giugno del 1810 aveva passato le acque ad Aix-la-Chapelle, dove un bosco in cui lei soleva passeggiare prese in suo ricordo il nome di «Paulinenwälden»; un mese dopo rientrò a casa, dove era attesa da un ussaro assai seducente: il comandante Jules Armand de Canouville che ben presto la fece ardere di passione. Era in servizio allo stato maggiore di Berthier, e in breve tempo si insediò sul territorio conquistato, prendendo alloggio nel castello di Neuilly, facendo la parte del padrone di casa e provocando allegri equivoci. Una mattina il dottor Bousquet, chiamato a curare la principessa, lo trovò tranquillamente sdraiato su un canapè, con indosso una veste da camera; naturalmente lo prese per il principe Borghese. Canouville gli disse:

«Signore, vi prego di prestare grande attenzione a ciò che state per fare. Ci tengo enormemente ai denti della mia Paolina; e vi riterrò responsabile di qualsiasi incidente.»

Quando la visita fu terminata, il medico passò nell'anticamera dove attendevano le dame e i ciambellani della principessa, e descrisse loro, con toni commossi, la sollecitudine con cui il sedicente principe aveva seguito il suo lavoro:

«Era estremamente inquieto; facevo fatica a tranquillizzarlo sulle conseguenze di un'operazione che è la più semplice del mondo. Racconterò a tutti la scena cui ho assistito. È bello poter citare esempi tanto luminosi di affetto coniugale in un ceto così elevato. Sono davvero edificato.»

In quell'estate sontuosa, nell'incantevole castello (demolito nel 1848), circondato da un giardino lussureggiante di fiori e di profumi, Paolina si adeguava al ritmo delle stagioni, e lasciava accuratamente piegati negli armadi i veli del pudore. La casa era il suo santuario, dove tutto sembrava fatto apposta per l'amore e la buona cucina. Nella sua stanza si alternavano specchi stupendi e candelabri di bronzo dorato, un lampadario di cristallo di rocca scintillava di lumi, su un *trumeau* magnifico erano raffigurate coppie di amanti in tutti gli atteggiamenti più adatti a infiammare l'immaginazione, un vero e proprio invito a passare ai fatti.

Nel grande letto a barca, Paolina e il suo bell'ufficiale prendevano il largo, dosavano con attenzione gli ultimi residui di pudore, valicavano il tempo, conoscevano languori nuovi, e poiché l'amore fa venire fame, sbarcavano a terra. Da una finestra cieca, incassata nel muro e fornita di passavivande, così da rendere superflua la presenza della servitù, giungeva il prodigio di uno spuntino notturno. Paolina, sazia, era assai generosa, e talvolta dava prova di un certo gusto per la provocazione. Del resto poco dopo si verificò un incidente che dette fuoco alle polveri. Un giorno, durante una parata militare in place du Carrousel, Napoleone fu colpito da una stranezza nel mantello indossato dal comandante de Canouville, un mantello da ussaro, certo, ma foderato di zibellino, incompatibile con l'uniforme. Le splendide pellicce erano un dono dello zar; Napoleone ne aveva tenuto una e aveva donato l'altra a Paolina, un favore che oltre tutto aveva suscitato la rabbiosa gelosia delle sorelle. Ormai l'imperatore non aveva più motivo per mostrarsi indulgente con la principessa Borghese, che disapprovava la sua politica e si era schierata in favore del fratello Luigi. Quest'ultimo aveva appena abdicato, abbandonando il trono d'Olanda dove era stato collocato dall'imperatore, per ritirarsi a Gratz, in Stiria. Da lì aveva scritto a Paolina: «Così vanno le cose su questa terra: Luciano all'altro capo del mondo, Giuseppe ramingo, Elisa e Girolamo in giro chissà dove, tu malata, nostra madre che si logora per il dispiacere; tutti invecchiano avvolti da una fama trista e opprimente». Per colmo di disgrazia, la polizia austriaca intercettò la lettera e ben presto l'Europa intera fu al corrente delle difficoltà familiari dei Bonaparte.

Il risentimento di Napoleone verso la sorella ricadde immediatamente su Canouville, con una punizione che lo colpì il giorno dopo la parata. L'imprudente ricevette l'ordine di recarsi in Spagna per portare dei dispacci a Massena. Il giovane ufficiale sfiancò i cavalli, galoppando per Tours, Poitiers, Angoulême, Bordeaux, Bayonne, Burgos, Valladolid. Dormiva appena e dove capitava; infine, dieci giorni dopo aver lasciato Parigi, arrivò a Salamanca dove fu accolto dal generale Thiébault, assai stupito di riconoscere in quell'uomo con la barba lunga, coperto di fango, vacillante dal sonno, il brillante comandante de Canouville. L'ufficiale raccontò a Thiébault quanta fortuna avesse avuto con la sorella e quante disgrazie gli fossero venute dal fratello, emettendo «certi sospiri da spegnere le candele». Il generale, impietosito, gli propose di far pervenire il corriere a Massena con mezzi propri. Canouville ringraziò quel superiore così comprensivo, e riprese in senso inverso la sua fantastica cavalcata. Arrivò a Neuilly dopo altri dieci giorni e dieci notti di viaggio, stremato e felice, ma vi trovò un successore: Achille Tourteau de Septeuil, anche lui ufficiale dello stato maggiore di Berthier e per giunta suo amico. Rattristato, risalì a cavallo e l'indomani riprese il viaggio per la Spagna, ma questa volta al passo. Sorpresa! A Chatellerault ritrovò il rivale; tutti e due ebbero il buon senso di ridere dell'avventura, e proseguirono insieme di buon trotto.

XI
L'AMORE DI SÉ

Nonostante tutto, al castello di Neuilly i Montholon, i Noailles, i Talleyrand-Périgord, i Bricqueville, gli spasimanti delusi continuavano a frequentare assiduamente le serate della principessa Borghese. Dettavano la moda, spezzavano i cuori, giocavano forte, dilapidavano patrimoni, anche se con la più elegante disinvoltura, e affrontavano la guerra come un giro di danza. Accorrevano sui campi di battaglia con lo stesso slancio riservato agli appuntamenti d'amore, e il loro disprezzo per la morte faceva perdonare la folle frenesia con cui bruciavano la vita. Alcuni ebbero fortuna e tornarono. Septeuil per esempio nella battaglia di Fuentes perse una gamba, ma guadagnò una moglie (Madame de Barral, che divorziò per sposarlo dopo sette anni di indugi e ripensamenti): Paolina aveva un ballerino di meno.

L'imperatore aveva perdonato la sorella, che poté riprendere a frequentare la corte imperiale, dove vigeva sempre un'etichetta rigorosissima. A Fontainebleau non c'era mai un momento di distensione, neppure durante la caccia; tutto era organizzato con rigida disciplina militare, persino l'hallalì. Napoleone, il grande maestro di cerimonie, si stupiva parlandone con Talleyrand:

«È strano, ho riunito a Fontainebleau molte persone, volevo che si divertissero e ho organizzato gli intrattenimenti con la massima cura, invece vedo solo musi lunghi, e tutti hanno l'aria spossata e intristita.»

Talleyrand gli rispose:

«Il fatto è che il piacere non si comanda con il rullar dei tamburi, e anche qui, come nell'esercito, sembra che vogliate sempre dire a tutti noi: "Signore e signori, avanti marsc".»

Le cacce imperiali offrivano a Paolina e alle sue sorelle l'occasione di indossare *toilettes* stupende, per esempio giacche a redingote di velluto verde su gonne di raso bianco, ma erano anche fatiche tremende che duravano quasi sei ore, e la sera bisognava fare bella figura, non si poteva addormentarsi alle serate dell'imperatrice Maria Luisa.

Per sottrarsi a quelle esercitazioni e alla disciplina militare, la principessa Borghese si dedicò con entusiasmo a preparare un gran ballo alle Tuileries. Il clan doveva presentarsi a formare una «quadriglia degli incas». La danza, diretta dal coreografo Despréaux, metteva Paolina in un ruolo di primo piano: quando apparve vestita da selvaggia e coperta di diamanti, ebbe maggior successo di quanto potesse sperarne Pandora presentata all'Olimpo; tutta la corte la divorava con gli occhi, e tutti ripetevano sottovoce: «Bellissima, aggraziata, di un'eleganza deliziosa»; le donne giovani applaudivano per celare il dispetto di fronte all'impareggiabile. Durante la coreografia, Carolina e Hortense furono circondate da uno sciame di ballerini, tutti di antico lignaggio, ben felici di scortare la sorella e la cognata dell'«Usurpatore».

I festeggiamenti in occasione della nascita del re di Roma chiusero la stagione. Paolina lanciò l'ultimo bouquet il 15 giugno nel suo castello di Neuilly. Da saggia formichina, diede precise istruzioni all'intendente Michelot per fare economia sul mantenimento delle persone che dipendevano da lei: seicento bocche di diversa qualità, dai soldati di picchetto all'imperatore, da sfamare secondo la gerarchia con cinque menù:

Per una cena di centocinquanta dame circa non si superino i 3600 franchi; per il buffet degli uomini dovranno bastare 1500 franchi; per dar da bere da due a trecento persone si spenderanno 900 franchi per i vini, 1200 franchi per gelati, ponce, sorbetti all'arancia. Illuminazione, teatro e fuochi d'artificio costeranno 62.199 franchi e Julien, il direttore d'orchestra, si dovrà accontentare di 700 franchi per lui e gli orchestrali. Trecento franchi verranno consegnati a un distaccamento della guardia imperiale, da dividersi fra gli uomini; per la stampa dei biglietti d'invito e le «spese impreviste» ci sono 2350 franchi in tutto.

Sull'alimentazione si facevano le più strette economie, ma per gli arredi e gli scenari non si badava a spese: tutto doveva servire alla rappresentazione. Napoleone era bravissimo in quella che in seguito è stata chiamata «l'arte dell'animazione e della propaganda». Per i balli destinati a divertire le classi privilegiate voleva che si spendesse senza risparmiare. L'ambiente ristretto di Neuilly escludeva le folle.

La serata incominciò con *Il concerto interrotto* eseguito dagli attori del teatro Feydeau. Poi i settecento eletti si sparpagliarono nel parco, dove alberi e cespugli erano decorati da girandole di fuoco e palle multicolori con i monogrammi di Napoleone e Maria Luisa. Svoltando alle curve dei viali, comparivano d'un tratto gli «artifizi», come «la casa dei capricci» o «il castello di Schönbrunn». Sentieri cosparsi di petali di rose guidavano gli invitati ai templi dell'Amore, della Speranza e della Gloria, fatti di tela dipinta montata su strutture rigide. Dopo il pranzo, la serata memorabile si concluse con i fuochi d'artificio operati da Ruggieri, che facevano ricadere cascate d'oro sui pennacchi di giada degli alberi del parco.

Finita la festa Paolina, che non si sentiva nello spirito della «cicala», ordinò al suo intendente di esortare mastro Edon a riscuotere le rendite di Montgobert e dell'Italia, e poi di mandarle un «inventario generale del [suo] patrimonio»: «Ho qualche difficoltà» scrisse «e voglio conoscere la mia esatta posizione. Bisogna pagare il gioielliere, facciamo ridurre all'architetto Fontaine le sue richieste, o non se ne faccia di niente». Prima di lasciare Neuilly per un'altra cura, ordinò al maggiordomo di far arrotolare i tappeti, lavare le tende, pulire gli alari e mettere i parafreddo alle finestre. Quindi partì per Aix-la-Chapelle, con la solita sfilza di carrozze, fra cui il «calesse sanitario» che conteneva la vasca da bagno e la famosa portantina da cui non si era più separata dai tempi di San Domingo.

Quel suo gusto maniacale per il cambiamento, una sorta di nomadismo di lusso, che un tempo portava all'esasperazione il principe Borghese, estenuava anche il suo seguito. Si era appena stabilita in un luogo, e subito era ripresa dall'inquietudine. Per placare l'angoscia c'era un solo rimedio: ripartire, mai sola, ma sempre seguita o preceduta da tutti gli arredi domestici: mobili, quadri, l'argenteria e la biancheria. Paolina fuggiva la propria sofferenza, il terrore di essere un giorno meno bella, non più tanto amata. Ma per lei l'amore restava il modo migliore di affermare se stessa ed esaltava la sua bellezza. Vi si sarebbe buttata con tutta l'anima, o forse meglio, con tutto il corpo.

Ad Aix-la-Chapelle si diede da fare con un russo frequentatore delle terme, il colonnello Ivanovič Kablukov: ma si trattava solo di *zakuski*, un antipasto. Arrivò un piatto forte più sostanzioso: Mouret de Montrond. L'ex aiutante di campo del generale de Latour-Maubourg era un uomo di successo, e aveva conservato i modi garbati e un po' preziosi dell'*ancien régime*. Quando partiva per la guerra il cameriere aveva l'abitudine di presentargli le sue colonie preferite e di chiedergli: «Con quale profumo il signor conte farà la campagna?». Nel 1792 aveva dato le dimissioni. In base alla «legge dei sospetti»* era stato incarcerato a Saint-Lazare; preso da una violenta passione per Aimée de Coigny, la «giovane prigioniera» celebrata da André Chénier, l'aveva sposata e poi se ne era separato. Sotto il Direttorio, il bel giovane aveva apprezzato i languidi abbandoni di Madame Récamier che gli avevano fatto dimenticare gli

* *Loi des suspects*: approvata il 12 agosto 1793, consentiva l'arresto immediato, in assenza di motivazioni o di prove, di chiunque non avesse «costantemente manifestato il proprio attaccamento alla Rivoluzione»; fu quindi uno dei principali strumenti legislativi del Terrore. [*N.d.T.*]

amplessi più energici di Madame Hamelin. Aveva poi incontrato Lady Yarmouth e le aveva dato un figlio, ma la paternità non era riuscita a legare un innamorato così leggero e pieno di brio. Tutti citavano i suoi motti di spirito e andavano in visibilio, ammirando la disinvoltura, il cinismo, l'eleganza con cui scoccava i suoi dardi avvelenati. Una signora che aveva fatto attendere gli disse piccata: «Luigi XIV aveva proprio ragione quando diceva che la puntualità è la cortesia dei re»; dopo un lungo silenzio, fissandole il seno opulento, lui rispose: «È vero, però sbagliava a dire che non ci sono più Pirenei».

Per quanto la nobiltà dell'impero lo ricercasse, lo adulasse e l'adorasse, Montrond disprezzava tutti i *parvenus*, e tutte le «marescialle». A un tenente di buona famiglia, che in un salotto si comportava come se fosse stato in caserma, consigliò: «Lasciate queste maniere ai vostri superiori». L'allusione ai modi rozzi e volgari tipici dei generali emersi dalla rivoluzione non era sfuggita a Fouché; il ministro di Polizia lo faceva sorvegliare. Ma Paolina non se ne curava, voleva assolutamente conoscere quell'incostante e legarlo a sé. Da parte sua, Montrond si innamorò subito di lei, che era superiore a tutte le donne amate prima d'allora. Purtroppo fu condannato all'esilio per aver concepito un epigramma contro Napoleone, e così l'idillio ebbe una conclusione assai brusca. Per sottolineare come fosse irritata nei confronti del fratello, Paolina, costretta a comparire ai balli di corte, anziché in abito da gran sera si presentava indossando una spumeggiante vestaglia, per metter bene in chiaro che, essendo sofferente, non sarebbe rimasta a lungo. E davvero lasciò presto le Tuileries, diretta a Neuilly: ma era per il ritorno del bel Canouville. La sua passione non si era spenta, ma ben presto Paolina, un po' annoiata, da buona incantatrice riuscì a fare in modo che l'amicizia sopravvivesse all'amore. Aveva sempre saputo eccellere in una delle arti più difficili, quella di rompere una relazione.

L'ultimo trionfo pubblico della principessa Borghese re-

stò la «Quadriglia delle ore», data alle Tuileries l'11 febbraio 1812. Aveva organizzato la festa insieme a Carolina
per rivaleggiare e trionfare sulla quadriglia preparata dalla cognata Hortense per la settimana dopo. Per i costumi,
vari progetti attrassero la sua attenzione: presentarsi ric-
camente svestita, cioè costellata di diamanti, o nelle sem-
bianze della vestale, per far sapere che non intendeva lasciar spegnere il suo fuoco? La sorella minore troncò le
sue divagazioni e le consigliò di scegliere un bellissimo
modello, che le avrebbe permesso di incarnare l'Italia, ma
anche la superdonna fatta per risvegliare il desiderio e per
soddisfarlo. La duchessa d'Abrantès scriveva:

> I suoi riccioli bruni erano cinti da un casco d'oro ornato di piu-
> me di struzzo bianche. Era vestita con una tunica di mussolina in-
> diana ricamata d'oro, fermata da un magnifico cammeo sopra una
> corazza d'oro. Ai piedi calzava sandali legati da fasce di porpora e
> cammei, e una lancia d'oro le brillava in mano; le braccia nude era-
> no ornate di braccialetti di brillanti. Era una creatura ideale, tutta
> soavità, una vera silfide, adorabile per quel modo di muoversi
> morbido e flessuoso, per il suo abbandono. Comparve allora Caro-
> lina, che personificava la Francia. Prese per mano Paolina e le due
> sorelle si misero a danzare, circondate di geni e di ninfe; poi sep-
> pellirono sotto i fiori una statua che rappresentava Roma.

Al balletto seguì la ricostruzione di un'incisione famosa
all'epoca: *Apollo e le ore*. Nelle sue memorie Madame Ducrest rammentava le «ventiquattro dame di corte vestite
di chiaro per il giorno e di scuro per la notte, con una cifra
sulla fronte per indicare la frazione di tempo rappresenta-
ta da ciascuna. Le più belle erano riservate al giorno, mentre alcune prescelte a impersonare le ore notturne avevano un'età ragguardevole. La comparsa di Madame de
Crouy-Chanel, che incarnava la mezzanotte, fu così commentata dagli animi perfidi: "È mezzanotte passata"».

L'imperatore non apprezzò le allegorie: preoccupato
per le notizie provenienti dalla Spagna e impegnato nei
preparativi della campagna di Russia, gli parve che le sorelle stessero danzando su un vulcano. Dopo la rappre-

sentazione, anziché la pioggia di complimenti sperati, sulle due colpevoli si abbatté la folgore imperiale:

Dove siete andate a cercare l'argomento del balletto? È privo di qualsiasi senso. Roma è suddita della Francia, ma senza esserne affatto contenta. Come vi è venuta l'idea di rappresentarla felice e soddisfatta? È una ridicola piaggeria. Lo so che volevate soltanto essere belle e indossare bei costumi: ma potevate scegliere ben altri soggetti, senza bisogno di mettere la politica in danza... Ah, queste giovani, è più difficile guidare loro che un reggimento! Eppure io non sono un orso. Potevate avvicinarmi, consultarmi sul da farsi. Ma no, le signore non sono mai sfiorate da un dubbio, e invece nella nostra posizione tutto è importante.

Alcuni giorni dopo Hortense, la figlia della «vecchia Beauharnais», trionfò nella quadriglia peruviana, cui partecipava nelle vesti della grande sacerdotessa del sole. Di fronte al successo della rivale Paolina si rinchiuse in prudente isolamento, e fedele alla sua predilezione per la gente di teatro, chiese a Talma, il più grande attore tragico dell'epoca, di darle lezioni di dizione. Un ruolo come quello di Ermione sembrava perfetto per lei:

E poi chi vi ha detto che malgrado i miei doveri
Io non abbia talvolta bramato di vedervi.

E Oreste rispondeva:

Bramato di vedermi! Ah! Diva principessa!

Fosse per «amore del greco» o di Racine, in ogni modo Paolina cadde fra le braccia dell'attore. Talma, tuttavia, aveva troppi giornalisti alle costole e a Parigi non poteva permettersi di portare avanti una relazione simile. Per il seguito della loro avventura gli amanti scelsero perciò la solitudine complice del castello di Villiers. Alcuni domestici li proteggevano dagli indiscreti, soprattutto l'ottimo cuoco della principessa Borghese. Si trattava di un personaggio molto importante: il pranzo faceva parte dei riti preliminari all'amore, stimolava lo scambio spirituale, preparava quello dei sensi. Paolina era sempre stata sensibile ai preliminari; non aveva mai voluto essere presa per le spicce, perché le piaceva continuare a farsi desiderare.

Di fronte all'uragano Talma, che era insieme Otello, Amleto, Macbeth, Silla, Regolo, lei rinunciava a proteggersi e li riceveva tutti in un solo uomo. Era una vera tempesta, con fiotti che la travolgevano e la facevano vibrare fino ai timpani, prima che un'ondata più forte la respingesse a riva, aggrappata ai fianchi dell'amante, stremata e colma di felicità. Dopo traversate come quelle, sentiva il bisogno di rimettersi in forze. Decise perciò di curarsi ad Aix-les-Bains.

Ciò nonostante aveva un presentimento. Il fratello era partito per la campagna di Russia, che non le faceva presagire nulla di buono. Napoleone rischiava di rimanere assente a lungo. Quindi Paolina decise di mettere ordine nei propri affari, e parve che a un tratto si staccasse da tutto. La principessa Narciso, che in passato regalava sempre e soltanto il proprio ritratto, distribuiva ora tabacchiere d'oro tempestate di diamanti, preziosi medaglioni antichi; regalò 7600 franchi al cugino Arrighi, duca di Padova, per il matrimonio con Mademoiselle de Montesquiou; corrispose a Corvisart i compensi per i quadri, e saldò sull'unghia tutti gli altri creditori. Dopo aver ridotto il numero dei famigli, Paolina lasciò Neuilly per la Savoia, portando con sé soltanto il minimo indispensabile di abiti, poiché non sarebbe stata obbligata a comparire in pubblico.

Infine arrivò nella città termale, seguita dal medico personale, da Madame Mère e da tre dottori, Bouvier, Desmaison e Buttini. Il trio le prescrisse una terapia degna di Molière: «Applicare estratto di cicuta, decotto di papaveri, applicare sanguisughe sulle parti genitali, enteroclismi purgativi ed emetici... Se l'estratto di cicuta si rivelasse inefficace lo si può sostituire e coadiuvare con estratto di lattuga virosa... Si raccomanda estratto di papavero». Le conseguenze di una simile terapia non tardarono a farsi sentire: la paziente si ammalò sul serio. Talma, che era andato a recitare a Chambéry il 3 agosto, la trovò così, adagiata su un canapè, pallida, smagrita. La sua presenza le recò la guarigione; Paolina mandò al diavolo tutte le medicine e ritrovò l'appetito; la passione fa venire fame.

Fino a metà settembre, Paolina e Talma furono impegnati ad assaporare tutta la gamma delle ebbrezze amorose, ma si preoccupavano per i pettegolezzi che li avrebbero danneggiati entrambi, ad Aix o a Parigi; la principessa indusse l'attore a trovare un alibi per giustificare la sua continua presenza. Non ci fu bisogno di scervellarsi: avrebbero ripreso, questa volta in forma ufficiale, le lezioni di declamazione. Così, in tutta tranquillità, il maestro continuava in privato le «prove» con la principessa. In pubblico divertiva gli invitati con svariate amenità: imitava il tono patetico di Mademoiselle Mars, si calava nei panni di Eraclio, Niccodemo, Arpagone. Gli spettatori inebriati piangevano o ridevano fino alle lacrime per la stupefacente facilità con cui il mirabile attore passava dal tragico al comico. La duchessa d'Abrantès, nonostante il suo spirito d'osservazione sempre desto, non vide nessun particolare legame fra i due complici, e osservò soltanto che un giorno Talma le aveva dichiarato, con un sospiro: «Mi costringerà ad andarmene da Aix, e mi dispiace, perché mi sarei divertito, se non fosse per questo maledetto impegno di farla provare tutte le sere. Sapete di certo che vuole imparare la parte di Agnese e quella di Angelica».

Mentre Napoleone si inoltrava nel territorio russo la stagione di Aix era al colmo del suo splendore. Il fior fiore dell'impero era venuto a passare le acque: c'era Madame Mère, onnipresente, e inoltre regine di ogni specie e varietà, regine in carica come Julie, regine in potenza come Désirée, principessa di Svezia, o regine del passato come Giuseppina.

Tuttavia, mentre villa Chevalley risuonava tutta di alessandrini, Paolina aspirava ormai alla prosa: la magia di Talma si attenuò. Quando scendeva dal suo palcoscenico e non aveva più le spalle coperte di porpora, né la fronte cinta di allori, l'attore appariva un uomo robusto, certo, ma qualsiasi. Durante un'escursione ebbe la prova evidente di essere stato soppiantato: nella costellazione di Paolina era nata una nuova stella.

Auguste Duchand era uno degli ufficiali più belli, più coraggiosi, più apprezzati dell'esercito. Aveva frequentato il Politecnico e poi prestato servizio nell'artiglieria della marina, prima di entrare nel corpo imperiale. L'imperatore l'aveva notato ad Austerlitz, e il 21 luglio 1808 l'aveva destinato a prestare servizio fra i suoi ufficiali d'ordinanza. In Spagna era stato messo al comando di uno squadrone, e aveva adottato una tattica cui nulla resisteva, riuscendo a portare le batterie e quindi il loro fuoco fin sotto il naso del nemico. Facendo quel gioco era stato ferito all'assedio di Valenza e per molte ore lo avevano dato per morto. Ma era riuscito a scamparla e a tornare in Francia, dove Napoleone gli aveva concesso un congedo di convalescenza per le terme di Aix. Duchand, a trentuno anni, era circondato dall'aura eroica di quei fatti d'arme, del suo sprezzo del pericolo: egli abbinava al coraggio la più raffinata eleganza nel vestire e un'educazione squisita. Ai suoi omaggi Paolina rivolgeva un'attenzione tutt'altro che distratta; sognava già una nuova passione... Laure d'Abrantès, tanto più sensibile a quelle vibrazioni perché follemente innamorata di Maurice de Balincourt, si accorse del primo sboccio della simpatia durante la traversata del lago di Bourget. In una di quelle ultime giornate estive una ventina di persone, fra cui Monsieur e Madame de Semonville, Forbin, la duchessa d'Abrantès con il suo amante e Talma, si ritrovarono al porto alle dieci, per andare in battello a fare colazione all'abbazia di Hautecombe. Dopo un'ora d'attesa giunse Paolina, con un civettuolo abito di percalle orlato di pizzi *valenciennes*, e un cappellino di paglia di Firenze adorno di piume e nastri rossi. L'incantevole bagnante scese dal palanchino aiutata da Auguste Duchand. L'atteggiamento deferente dell'ufficiale valeva una «partecipazione» e Talma, più suscettibile degli altri sull'argomento, restò senza fiato. Il contrasto

fra i due uomini aveva tratti caricaturali: il capitano indossava l'uniforme e non l'abito borghese, più colorato,
prescritto dalla moda per quelle circostanze; prendeva
esempio da Napoleone, che prediligeva l'«abito di Wa-
gram», per «la sua civetteria di gloria». Talma invece sfog-
giava un vestito arcobaleno, troppo teatrale per una gita.
La sobrietà del primo eclissava la truculenza dell'altro:
«Mi guardava con occhi talmente sbigottiti che mi ha fatto
ridere di cuore» osservò l'Abrantès, sempre pungente. Le
barche attraversarono il lago per raggiungere la riva op-
posta, il monte Revard; durante il tragitto Paolina, d'umore lirico, trasse pretesto dal nome della duchessa per recitare i sonetti di Petrarca a Laura, la donna angelica che
con la sua eccessiva onestà frena gli ardori del poeta...

> Cantai, or piango, et non men di dolcezza
> del pianger prendo che del canto presi...*

Quella declamazione, con voce languida, era forse una
finta per sviare i sospetti? A chi erano destinati i versi?
Erano interrogativi fondamentali per l'attore, più abituato
a infliggere abbandoni che non a subirli. Era stato sposato
due volte, la prima con l'affascinante Julie Carreau, poi
con Charlotte Venhove, e aveva avuto una miriade di relazioni, ma in quel momento era legato a una donna fuori
dal comune; perciò nelle sue lettere fece qualche tentativo
almeno per conservare, se non per rinfocolare, la fiamma
più o meno vivace della passione di Paolina:

> 22 settembre 1812
>
> Stamattina ho ricevuto la tua lettera del 20. Oh, amica mia! Ti
> siano rese mille volte grazie. Oh, amica mia, non esistono parole
> per descrivere l'impeto di turbamento, di gioia e di agitazione, di
> trasporto in cui mi ha gettato la tua lettera, in cui mi dici che hai
> pianto leggendo la mia. Oh, amica mia, mi sembra sempre che il
> mio amore per te non possa mai accrescersi; ma sempre qualche
> nuova circostanza mi fa vibrare di trasporti nuovi e più ardenti, in

---

* Francesco Petrarca, *Canzoniere*, sonetto CCXXIX, vv. 1-2. [*N.d.T.*]

mezzo alla profonda tristezza per esserti lontano, mi sommerge fra i turbamenti che mi recano le tue lettere, mi provoca una felicità talmente grande da diventare quasi sofferenza. Amica mia, che donna, anzi, quale creatura celeste sei? Oh, quale potere eserciti su di me! Amica mia, vivo ormai solo per te, mi sembra che tu abiti dentro di me, che tu sia in me l'origine della vita; solo tu fai scorrere il mio sangue, fai battere il mio cuore, sconvolgi, agiti i miei sensi, porti il tumulto, il dolore o la gioia nell'anima mia. Sei ormai signora di tutto me stesso. Io non agisco più, non penso più se non attraverso di te. Tutte le facoltà del mio essere sono per intero ai tuoi piedi. Sono arrivato al punto, amica mia, che se tu ritirassi la mano mi sembra che la vita mi abbandonerebbe all'istante...

Paolina era occupata altrove; non pareva affatto ansiosa di rispondere. Talma tornò alla carica:

Paolina, non conoscete ancora questo cuore che si è consacrato a voi; ignorate ancora quanto lo abbiate colpito nel profondo, con quale idolatria esso vi adora e vi venera! Paolina! Paolina! Il mio cuore è straziato. Qui ho incontrato soltanto persone che sono riuscite a vederti ... mi parlano di te; e io, costretto in loro presenza a tenermi tutto dentro il turbamento e il dolore che provo, devo mantenere un viso sereno e affettare un linguaggio indifferente per mascherare la mia emozione e le angosce di un cuore che batte con spaventosa violenza al solo udire il tuo nome ... Ah, Paolina! la mia desolazione è giunta all'estremo. Non riceverò dunque nemmeno una parola da te, domani, o almeno non mi scriverai a Lione? Dio mio, come sono infelice!

Simili effusioni convenzionali servivano ben poco a commuovere l'interessata. Inoltre Talma peccò di goffaggine: le chiese di regalargli una delle barche ormeggiate a Neuilly, da usare sul corso d'acqua vicino alla sua casa di campagna a Brunoy, e insieme, per non sembrare troppo avido, si mise a disposizione della principessa Borghese per renderle qualche servizio. È difficile pensare a Ermione che incarica Oreste di sbrigare le sue commissioncelle spicciole! Paolina aveva dunque vissuto un amore da città termale? Per lei, così appassionata di teatro, oramai il re era nudo! La fatuità di Talma e l'incostanza di Paolina facevano ormai suonare il *De profundis* dell'intermezzo sentimentale.

Alla fine della «stagione» venne a sapere che Jules de Canouville era morto: il bell'ussaro, sempre il primo a partire alla carica sui campi di battaglia, era rimasto ucciso sulla Moscova. Murat, che si trovava accanto a lui, inviò alla cognata la miniatura trovata sul cadavere: il ritratto di Paolina, un talismano che de Canouville aveva portato sempre sul cuore. Ferrand, il maggiordomo, testimone del suo dolore, scrisse all'intendente: «Avete saputo che la tremenda notizia oramai è nota, e da quel giorno la signora che ci interessa è in uno stato di afflizione di cui niente può dare un'idea adeguata ... Bisogna vederla con i propri occhi per persuadersene ... Verrà un tempo in cui qualche volta si potrà parlarle di una perdita per lei tanto dolorosa ... Non fa altro che piangere, non mangia e la sua salute ne risente ... Spero che il viaggio recherà un po' di sollievo alle sue pene cocenti».

Corvisart, il medico di Napoleone, era riuscito a convincerla a trascorrere l'inverno in un clima più temperato, ma poiché non si poteva fare nulla senza l'autorizzazione del signore delle Tuileries, gli inviò questo referto:

Secondo me, i climi caldi costituiscono una condizione *sine qua non* per ottenere il fine desiderato: un significativo miglioramento e la guarigione. Non ho mai smesso di ripeterlo alla principessa, all'imperatore, a tutta la famiglia. Non ho mai smesso di irritarmi per tutte le norme d'etichetta cui Sua altezza imperiale è stata costretta a sottomettersi, in quei casi in cui non lo faceva di propria volontà. Non ho mai costretto in alcun modo le esigenze della medicina a inchinarsi a questo genere di esigenze: ho parlato a chiare lettere, ma ho parlato al vento. Mi si deve rendere giustizia a tale proposito.

E il medico, irritato per la plumbea inamovibilità del protocollo, concludeva, in accordo con il collega Bouvier: «Considerato che per la guarigione di Sua Altezza è essenziale recarsi senza indugio nei paesi caldi, pensiamo che debba trovarvisi all'epoca del prossimo equinozio, e non rientrare prima della primavera del 1813; e perciò debba sollecitarne l'autorizzazione sin da oggi».

Il 28 ottobre il dottor Peyre, tornato nelle grazie della principessa che prima gli rimproverava di aver lasciato morire Paul, il suo negro, organizzò la partenza dell'ammalata con l'aiuto di Duchand, il nuovo amante. Paolina era irrigidita e rattrappita dai reumatismi: il 3 novembre, quando arrivò a Hyères, era stanchissima e molto cambiata. «Questo viaggio è insopportabile» scriveva Mademoiselle de Quincy; «dovrà durare ancora a lungo? La sua salute è sempre la stessa. È qui da quattro giorni e non ne trae alcun giovamento. Ha voluto di nuovo il latte, ma non lo digerisce. Ricomincia con le minestre. I dolori sono altrettanto violenti. Abbiamo rimesso i vescicanti. È una desolazione. Che Dio ci aiuti!»

La principessa, accudita dal medico e dal giovane soprannominato «Cupido dell'esercito», si indeboliva, mentre da Parigi non arrivavano certo notizie che potessero contribuire a riconfortarla. La ritirata di Russia riuscì ad abbattere un uomo che fino a quel momento era stato invincibile, e provocò un allarme generale. Il terribile 29º bollettino, pubblicato sul «Moniteur» del 16 dicembre, annunciava la sconfitta: Paolina e Auguste rimasero folgorati dalla costernazione e dal dolore. Mentre lei piangeva Canouville, centomila famiglie in Francia piangevano i loro giovani vigorosi, rimasti senza vita in mezzo alla neve. Anche se il ritorno dell'imperatore, il 19 dicembre, provocò un sussulto nel popolo francese, Paolina sentiva che da quel colpo Napoleone non si sarebbe risollevato.

A metà gennaio il bel Duchand si apprestava a raggiungere l'esercito in Germania, continuando a giurare a Paolina di restarle per sempre legato; e non si trattava di vane parole, perché nel momento della disfatta finale egli seppe aiutarla, dando prova non solo di delicatezza d'animo, ma anche di grande energia e competenza.

Paolina, rimasta sola a Hyères, ritenne prudente mettersi al riparo in una villa, e l'8 dicembre si stabilì a Nizza, in una casa del quartiere delle Baumettes.

Poiché era costretta all'immobilità, il suo seguito tentò

di crearle intorno un muro d'ovatta, isolandola dalle notizie. Il suo stato di salute però non ne trasse giovamento:
febbre, crisi d'artrosi, crisi d'anoressia. Il medico non ci
capiva niente, ma sperava che comunque un trasferimento alle terme di Gréoux potesse esserle benefico. Dopo la
cura sembrò profilarsi un miglioramento, e quindi il medico le permise di rientrare a Nizza. In quel momento
Paolina aveva un solo desiderio: aiutare il fratello, ed era
la sola e la prima della famiglia a volerlo fare sul serio.
Vendette per questo l'importante collana di brillanti realizzata da Picot, valutata 210 mila franchi, e molti altri
gioielli di pregio.

Da Gotha Napoleone le aveva scritto:

Sorella mia, ho ricevuto la vostra lettera del 31 ottobre.
Quest'anno ho avuto spese considerevoli, e l'anno prossimo ne
avrò di ancora più ingenti. Accetterei il dono che volete farmi, ma
la buona volontà e le risorse delle mie popolazioni mi lasciano credere di avere i mezzi sufficienti per far fronte agli enormi costi previsti per le campagne del 1814 e del 1815, qualunque sia la piega
degli eventi. Se la coalizione dell'Europa contro la Francia si pro-
lungasse oltre tale data, e io non ottenessi i successi ai quali il coraggio e il patriottismo dei francesi mi danno il diritto di aspirare,
farò uso del vostro dono e di tutti quelli che i miei sudditi vorranno
farmi.

Vale la pena di sottolineare il tono completamente nuovo di questa lettera. Napoleone accordava la propria confidenza alla sorella, la trattava da pari a pari, si esprimeva
in tono fermo e grave. In mezzo all'egoismo forsennato
della sua famiglia – Carolina aveva seguito Murat nello
spergiuro, ed Elisa preparava il suo inutile tradimento –
l'imperatore aveva sentito che quel cuore batteva per lui.
Dopo le parate trionfanti, il massiccio spostamento di popoli, il fragore dei suoi eserciti in marcia sull'Europa, gli
scampanii a festa, le vittorie, trovava finalmente il fervore
dal quale avrebbe tratto conforto dalle sue ultime sconfit-
te in quella che era la più fragile ed eterea delle donne.

Era scoccata l'ora delle rigide economie: «È un momento di ristrettezze, signor intendente, rendetevene conto» scrisse Paolina a Michelot. «Gli stipendi di tutte le persone della casa devono essere decurtati, a cominciare dal vostro, che riduco ufficialmente a 8000 franchi (ma detto fra di noi, ne avrete altri 2000 a parte, dalla mia cassa privata). Dovrete liquidare una parte del personale. Se qualcuno fra quelli rimasti in servizio dovesse lamentarsi, fuori; alla prima occasione li manderete via senza tanti discorsi.»

In quel clima di ristrettezze il seguito della principessa Borghese avrebbe preferito rientrare, ma il suo medico la dichiarò intrasportabile. Montbreton scrisse infatti: «Sono molto inquieto per le condizioni in cui versa, perché ci troviamo molto male in questo paese; se per cause di forza maggiore fossimo costretti a lasciare la città, non so come faremmo a trasportarla fino a Lione».

Ferrand era stato promosso bibliotecario; in tale veste cestinava le cattive notizie e faceva la guardia come l'angelo all'entrata del Paradiso terrestre, ma Paolina non si faceva illusioni sulla gravità del momento. L'inquietudine la assillava; così isolata da tutto, la mancanza di notizie era un supplizio.

Il 27 dicembre la madre le scrisse, senza rendersi conto di niente: «Avreste fatto bene a seguire il consiglio di Monsieur de Montbreton, perché temo che sarete costretta a lasciare Nizza quando meno ve lo aspetterete».

Scrivere a una figlia sofferente una lettera così indelicata indica da parte di Letizia una insensibilità piuttosto sorprendente. Paolina tentò comunque di resistere, e con una scrittura stanca diede disposizioni a Elie Decazes: fatture da saldare, postulanti da mettere alla porta, regali di Natale da preparare per i congiunti. Non fu dimenticato nessuno: neppure il piccolo re di Roma, che ricevette un servizio da colazione in argento dorato, di Biennais.

La ruota della fortuna aveva compiuto un giro. Gli alleati varcarono il Reno, sfondarono prima a nord, poi a est; gli inglesi si avvicinavano ai Pirenei, la morsa si stava chiudendo; ma Paolina, debolissima, non poteva viaggiare, e così mandò mademoiselle de Quincy a Parigi con l'incarico di raccogliere gioielli e denaro contante, per metterli al sicuro presso Madame Mère... Quando suo fratello strappò la vittoria a Champaubert e a Montmirail, Paolina scrisse a Michelot per annullare le disposizioni precedenti:

> Fra sei settimane sarò a Parigi. È ora che vi sia presente di persona, me ne rendo conto. Non ho affatto approvato tutti i nascondigli in cui sono stati messi i miei oggetti preziosi. Si sarebbe dovuto lasciarli insieme ai gioielli della corona. Era la sola cosa sensata da fare. Se, come spero, le vittorie dell'imperatore proseguiranno di bene in meglio, rimettete tutto a posto.

Napoleone proseguì la sua campagna di Francia, bella quanto vana. Nel frattempo tutti i topi più grassi abbandonavano la nave.

La principessa Borghese sperava che la fine dell'epopea non coincidesse con il funerale dell'impero. La debole Paolina, infedele per natura, la più incostante delle mogli, la più squisita delle amanti, la capricciosa, la volubile, sarebbe rimasta fedele al gigante caduto, ai sogni imperiali, al capo del clan familiare, senza rinunciare ad ammirarlo e a sostenerlo.

XII

L'ANGELO CONSOLATORE
DELL'ISOLA D'ELBA

«I miei fratelli non mi assecondano. Dei principi hanno
soltanto la vanità sciocca, ma nessun talento, nessuna
energia» dichiarò Napoleone. Per non parlare di Murat, il
cognato: si era lasciato influenzare dalla moglie Carolina e
in gennaio aveva firmato un trattato d'alleanza con l'Austria. Il 12 marzo Murat inviò a Paolina una lettera ambigua:

Come descrivervi i miei tormenti e l'orrore della mia situazione?
Il vostro animo sensibile, l'immutata amicizia che avete per me vi
aiuteranno a comprenderli. Ma non potranno farvi immaginare ap-
pieno quanto sia spaventosa.

L'imperatore è alle prese con gli alleati; la Francia è in difficoltà;
ma tutti i miei doveri mi impediscono di dare la vita per difenderla. Tutto mi lega alla mia nuova patria: il destino dei miei sudditi e
quello dei miei figli viene al primo posto. Ho preso le armi per loro,
e in apparenza contro colui che riverisco e amo ancor di più...

Ma non sono ancora un nemico, e spero che si giunga alla pace
prima che il re di Napoli possa aver deciso di agire. Ah, sorella mia!
Compiangetemi. Mi volete bene, e sapete bene quanto amo l'imperatore. Gli ho proposto di salvare l'Italia concedendole l'indipendenza. Ma non ho ricevuto nessuna risposta, e intanto, dall'altra
parte gli Alleati mi chiedevano spiegazioni e minacciavano di rove-
sciare il trono di Napoli. Avevo mantenuto i miei impegni di riconoscenza verso l'imperatore, verso la Francia. Ho dovuto mantenere
quelli di re, di padre. Ho dovuto salvare i figli, altrimenti mi sarei rovinato senza alcun risultato, né per loro né per la Francia.

Ah, sorella mia cara, compiangetemi! Sono il più infelice degli
uomini. Piango fiumi di lacrime. Addio, mia buona, mia dolce sorella. Ricordatevi che in me avete e avrete sempre un amico fidato,
che vi vorrà bene per tutta la vita.

In mezzo al fuggi fuggi generale della famiglia, Paolina restò sola ad affrontare la tragedia. Nonostante l'estrema debolezza fisica, grazie alla forza di carattere si rivelò capace di bellissimi moti dell'anima. Si serviva di ogni mezzo per difendere le ragioni del fratello. Per esempio, quando venne a sapere che il papa lasciava Fontainebleau e il 10 febbraio sarebbe passato da Nizza, si precipitò a patrocinare la causa di colui che aveva tenuto prigioniero il pontefice per oltre quattro anni. L'udienza durò tre quarti d'ora e riprese l'indomani.

Paolina, l'unica Bonaparte a non essere fuggita, venne infine a sapere che il fratello aveva abdicato ed era stato deportato all'isola d'Elba. Il 15 aprile si stabilì a Le Luc, nel Var, perché da quella località sarebbe passato l'imperatore, rifiutando l'invito del cognato Baciocchi di andare a Roma. Gli scrisse: «L'imperatore passerà di qui: voglio vederlo e offrirgli il mio conforto, e se accetta che lo segua non lo lascerò più ... Non ho amato nell'imperatore il sovrano, l'ho amato perché è mio fratello e gli resterò fedele fino alla morte».

Il cardinale Pacca, liberato dopo tre anni e mezzo, si accingeva a raggiungere il sommo pontefice; Napoleone, il suo carceriere, sarebbe arrivato qualche giorno dopo; Paolina pregò il cardinale di venire a trovarla, e lo ricevette al Boullidou. In seguito Pacca raccontò:

> Trovai la principessa abbattuta, scarna, d'un pallore quasi mortale, al punto che, se non mi fosse stata indicata da una dama di corte, non avrei mai pensato che fosse lei la Paolina Bonaparte di cui i giornali francesi avevano tanto vantato le grazie e il fascino. Ciò nonostante era *deliziosa* e *vivace*, e mi parlò dolendosi della funesta catastrofe del fratello, mostrando presenza di spirito e molto senno. Quando venne a sapere che contavo di essere a Roma di lì a pochi giorni, mi disse che vi avrei trovato suo zio Fesch e la madre, e mi pregò di dar loro sue notizie.

La testimonianza di uno dei più acerrimi nemici di Napoleone, colui che nel 1809 aveva stilato la bolla di scomunica, dimostra come il camerlengo di Santa Romana Chiesa riconoscesse il senno come una delle qualità più spiccate di Paolina. La visita dimostrava un eroico coraggio in quel momento di disgrazia; la principessa Borghese ne fu fortemente commossa, e serbò molta gratitudine verso l'alto prelato.

L'indomani, 26 aprile, alle due del pomeriggio, un corriere le annunciò che a qualche lega di distanza l'imperatore si trovava in pericolo. La folla si era già scatenata a Moulins, a Orange e ad Avignone; a Orgon c'era mancato poco che lo linciassero, e al Luc c'era aria di tempesta.

Monsieur de Montbreton vegliava su Paolina insieme a Madame de Saluces. Alle quattro sentì arrivare di gran furia una carrozza, ne vide scendere a precipizio uno sconosciuto, che gridò: «Dov'è la principessa?». Era l'imperatore, ma vestito in modo tanto strano che lo scudiero lo riconobbe soltanto dalla voce. «Quei miserabili volevano tagliarmi la gola, sapete! Sono riuscito a sfuggire solo grazie a questo travestimento.» Per sottrarlo alla furia popolare e proteggerlo meglio, i commissari alleati incaricati di scortarlo gli avevano fatto indossare, col suo consenso, una giubba da generale austriaco, un cappotto da ufficiale russo e un elmetto prussiano. Così camuffato era entrato nella camera dell'ammalata, che dimenticò tutte le sue pene e gli tese le braccia. Ma d'un tratto il suo slancio si spense bruscamente: lo guardò pallida, tremante, ed ebbe un sussulto: era proprio suo fratello quell'uomo gonfio, dal colorito giallastro, con occhi da animale braccato, vestito di una divisa su cui erano appuntate decorazioni straniere? Non poteva essere passato al servizio dell'Austria...

«Come siete vestito? Che cos'è quest'uniforme?» esclamò lei.

«Vorresti che fossi morto, Paolina?»

«Non posso abbracciarvi, vestito così! Oh, Napoleone, che avete fatto?»

E per evitargli la vergogna di rispondere, scoppiò in singhiozzi. L'imperatore sconfitto non insistette e se ne andò subito per indossare di nuovo l'uniforme di ufficiale della sua guardia.

In quel momento drammatico, Paolina offriva al fratello un dono meraviglioso, rendendogli il migliore dei servizi: diventava la coscienza dell'imperatore, e gli restituiva l'onore; ormai Napoleone poteva rientrare in se stesso. Grazie a lei, considerata la regina dei capricci, non si sarebbe mai più lasciato vincere dalla paura o dalla debolezza; ormai si sentiva pronto a entrare nella leggenda. Solo allora Paolina poté abbracciarlo senza vergogna.

Chiacchierarono insieme fino a sera: lei lo interrogava, lui tentava di giustificarsi: «Perché non avete concluso la pace?» chiedeva Paolina, e Napoleone rispondeva che la pace proposta era ignominiosa, accettabile per i Borboni ma non per lui, in quanto la Francia sarebbe dovuta rientrare negli antichi confini. Tuttavia, secondo Montbreton, testimone della scena, Napoleone riconobbe un «torto irreparabile» da parte sua, quello che si sarebbe «rimproverato sempre», e cioè di non avere concluso la pace a Praga.

«Perché abdicare?»

«Che avrei potuto fare? I Borboni hanno troppi mezzi. La legittimità è una forza temibile. E con otto o novecento milioni di debiti! Generali avidi che non ero più in grado di soddisfare! Era finita!»

Dopo questo bilancio, fratello e sorella pensarono all'avvenire. Il problema più grande restava l'isolamento. Napoleone era solo come aveva voluto, solo in Europa, solo in Francia, senza nessun sostegno a eccezione di Paolina. Tutto il clan Bonaparte gli dimostrava una sorda indifferenza, quando non gli era apertamente ostile. L'imperatore era ossessionato da un interrogativo: la sua famiglia lo avrebbe seguito all'isola d'Elba? Una cosa tutt'altro che certa. Quanto alla moglie, Maria Luisa, che desiderava ardentemente raggiungerlo a Fontainebleau, lui stesso l'aveva sconsigliata. Anzi, l'aveva addirittura esortata a mettersi sotto la protezione del padre Francesco II e a trasferirsi in Austria, in attesa di tempi migliori. In realtà, ormai da parecchi mesi Napoleone soffriva di una «malattia di Venere», e non voleva che la moglie lo scoprisse e avesse così la prova della sua infedeltà; l'amore fanciullesco di Maria Luisa non avrebbe resistito a un tradimento. Dell'infezione erano al corrente, oltre a Corvisart, anche i sovrani alleati; e in quella circostanza, nonostante le pressioni degli uffici di spionaggio, diedero prova di una discrezione esemplare, e non rivelarono a Maria Luisa l'umiliante verità. Ma se il congresso di Vienna tenne in ostaggio l'imperatrice e suo figlio, ciò avvenne appunto per colpa dello stesso Napoleone.

Senza tener conto dei propri malesseri, Paolina cedette la casa al fratello e andò a dormire presso i vicini. L'indomani si accamparono nel parco due squadroni di ussari del Liechtenstein, e l'esiliato riprese il viaggio.

La principessa Borghese non poteva aspettarsi nulla dalla sorella Elisa. L'ex granduchessa di Toscana si era stabilita nei dintorni di Montpellier, ma aveva altri progetti, e li confidò a Fouché: «Non andrò mai a stare sull'isola d'Elba. Voglio stabilirmi a Roma; se il governo francese non ha obiezioni e se il papa vuole ... Adoperatevi a mio favore presso il principe di Benevento. Siamo proscritti: mostrarci in pubblico ci mette a disagio».

Finalmente Paolina ricevette una consolazione molto vivificante: l'inaspettata visita del fedelissimo Auguste Duchand. Il giovane, che era stato promosso colonnello e barone sul campo di battaglia di Lipsia, agli occhi di Paolina simboleggiava tutti gli eroi dell'epoca appena conclusa. Inoltre la principessa nutriva una fiducia totale in lui, e durante i quindici giorni trascorsi insieme avrebbe vissuto per l'ultima volta nella sua vita un amore serio, ponderato, adulto. Il personaggio era adatto a quel ruolo: aveva una statura diversa da tutti gli uomini satelliti che ruotavano intorno all'astro Borghese. Perciò Paolina lo mise al corrente dei suoi problemi finanziari, e gli scrisse una lettera di presentazione per il suo intendente Michelot:

Il signor barone Duchand, colonnello d'artiglieria, vi consegnerà questa lettera. Viene direttamente dopo avermi vista. Gode la mia piena fiducia. L'ho incaricato di comunicarvi a viva voce le mie intenzioni e di parlare con voi di tutti i miei interessi. Ascoltatelo come se si trattasse di me. Ha la mia procura. Ve la consegnerà quando sarà necessario. Incontratelo spesso, è il mio unico amico. Non tarderà a raggiungermi dopo avervi visto, quando i miei affari saranno ben avviati...

P.S.: Consegnategli il nécessaire di Monsieur de Forbin, segnato con il suo monogramma.

Tempo prima il nécessaire era stato donato a Forbin; in seguito Paolina lo aveva riacquistato da Forbin stesso, facendo cambiare le iniziali, che diventavano A.D., per ringraziare in tal modo il suo amante.

Quattro giorni dopo la partenza di Duchand, Paolina si imbarcò sul *Letizia*, diretta all'isola d'Elba. Il mare infuriato le impedì però di proseguire il viaggio, e la fregata rimase bloccata a Villafranca per undici giorni. Infine, il 1º giugno, dopo una traversata movimentata, la nave gettò l'ancora a Portoferraio.

Fu accolta dalle acclamazioni di una folla animata da ingenuo entusiasmo e dalle autorità civili e militari; a braccetto con il fratello ricevette gli omaggi del generale conte Bertrand, gran maresciallo di corte, del generale Drouot, governatore della piccola capitale, e del generale Cambronne, governatore dell'isola. La calca fittissima la costrinse a fermarsi.

«Ah, signora» le disse l'imperatore in modo da farsi sentire «pensavate che io mi trovassi in un paese quasi deserto, con dei semiselvaggi, invece guardate! Guardate ancora e considerate se si possa avere un seguito migliore del mio!»

Quindi Napoleone la condusse al «palazzo» dei Mulini, dove sfinita dalla stanchezza Paolina cenò e andò a dormire.

L'indomani convocò Bertrand e gli consegnò numerosi diamanti, perché avesse di che acquistare una proprietà di una certa estensione e una casa: «Un angolo dove io possa finalmente essere tranquilla». Bertrand le trovò la tenuta di San Martino, vicino a Portoferraio, con vista sulla baia e sulle montagne. La casa, alquanto malandata, era adiacente a un edificio spazioso dove si conservava il vino. La sera stessa, con grande delusione degli elbani, che speravano di vederla stabilirsi nell'isola, Paolina ripartì per Ischia, per provare le acque di cui le avevano detto meraviglie. Alle sette «la principessa si congedò da Sua Maestà, gli baciò la mano e poi l'abbracciò; quindi entrò nella scialuppa assai commossa». Alle otto la fregata salpò per Napoli.

Ci si è chiesti se Paolina avesse messaggi per Murat; se doveva portargli il perdono dell'imperatore, e l'ordine di tenersi pronto per eventi imprevisti, che potevano capitare. Carolina tentò di dare credito a questa improbabile versione. La realtà è molto più semplice: Murat aveva invitato la cognata, e questa si era recata a Napoli per motivi di salute, senza venir meno agli impegni presi con Napoleone. La sua versatilità psicologica e il suo gusto dei contrasti le permettevano di inserire nel viaggio una visita al re di Napoli, pur assumendo il ruolo di consolatrice del fratello sconfitto. La passeggera limitò le effusioni familiari per recarsi a Portici, dove Murat le aveva messo a disposizione la villa «La Favorita». Quel momento di calma temporanea le permise di occuparsi dei suoi affari e del futuro insediamento all'isola d'Elba, a cominciare dal trasloco da Parigi sull'isola: mobili, tappeti, livree, carrozze, la cantina drasticamente ridotta: infatti a dire il vero gli eserciti alleati avevano apprezzato assai vini e liquori. Sessanta casse erano già pronte a partire, e che casse! Una sola bastava a contenere il tavolo del biliardo. Sconfitta per sconfitta, tanto valeva passarsela nel modo meno spartano possibile. Per il momento Paolina, che non aveva mai cessato di essere e sentirsi còrsa, voleva riunire una famiglia dispersa. Luciano, ben disposto nei suoi confronti, le mandò qualche parola di benvenuto e dopo alcuni giorni ricevette la risposta:

Ho ricevuto la tua lettera, caro fratello, e sono rimasta commossa per l'amicizia che mi dimostri: la merito certo per l'affetto che ho sempre serbato per te e la tua famiglia. Spero di venire a Roma in ottobre per abbracciarti e vedere la mia nipotina e tua moglie, che ricordo con simpatia. La mia salute continua a essere malferma. I medici mi fanno sperare che guarirò seguendo un certo regime, e soprattutto facendo i bagni: ho bisogno di riposo, ho sofferto tanto!... Non potrò godermi a lungo il piacere di stare con voi e con la mamma. Ho promesso di trascorrere l'inverno all'isola d'Elba dall'imperatore, che è solo. Mi ha fatto sapere che vorrebbe moltissimo vedere la mamma ... Ti prego, caro fratello, di presentare i miei omaggi più rispettosi a Sua Santità il papa, di dirgli che conto molto sulla sua mitezza, e spero che mi considererà sempre una delle pecorelle più fedeli del suo gregge. Ti prego, dimmi qualcosa del principe Borghese. Non mi ha dato segno di vita. Io invece vorrei che restassimo in buoni rapporti, se lui è d'accordo. Ti prego, caro fratello, di ricordartene. Quando scriverai a tua moglie e ai bambini, invia loro da parte mia mille messaggi d'affetto, soprattutto a Carlotta e a Maria che sono tanto care. Sarebbe per me una grandissima gioia rivedere la tua famigliola. Siamo divisi da tanto tempo ... i tuoi figli saranno i miei, perché non penso che ne avrò mai. Mio caro, mio amabile Luciano, scrivimi spesso e credi nell'affetto più sincero di tua sorella Paolina.

In questa lettera, la principessa Borghese vedeva con lucidità l'avvenire. La sua vita non poteva svolgersi esclusivamente all'Elba: quindi avrebbe dovuto chiedere asilo al papa e riconciliarsi con il marito. Ma quest'ultimo aprì le ostilità chiedendo a Michelot di restituirgli gli oggetti di sua proprietà personale che si trovavano a Neuilly e a Parigi: centosettantacinque quadri e l'argenteria. In verità non si trattava poi di gran cosa, ma il momento era del tutto inopportuno. La principessa non si diede per vinta e ordinò all'intendente di non cedere nulla, e se necessario di nascondere in luogo sicuro i venticinque quadri migliori provenienti dalla galleria Borghese. Nella mente di Paolina i problemi economici avevano il primo posto fra i motivi di preoccupazione, perché le sembrava – purtroppo! – inevitabile che i suoi beni fossero confiscati. Inoltre, il governo del «*roi-fauteuil*», il «re-poltrona» Luigi XVIII, si sarebbe adoperato con ogni mezzo per non corrisponderle

la rendita di trecentomila franchi concordata con il trattato di Fontainebleau. Paolina scrisse al suo intendente:

«Sapete bene che nonostante le mie necessità non vorrò
mai nulla da nessuno a nessun costo. Mi limiterò secondo
le circostanze. Di certo conoscete abbastanza il mio carattere da sapere che non contrarrò mai obblighi di questo
genere nei confronti di nessuno.»

Perciò, dal mese di luglio mise in vendita la sua proprietà di Montgobert, il palazzo di Charost e quello di
Neuilly. Non furono in molti a proporsi come possibili ac-
quirenti, ma poi si presentò un inglese: Crawford. Aveva
partecipato alla preparazione della fuga a Varennes, poi
era stato il protetto di Giuseppina. La sua offerta, però,
era irrisoria. Michelot raccontò a Lord Wellington come il
suo agente cercasse di mercanteggiare: il vincitore di Waterloo, dall'8 agosto nominato ambasciatore d'Inghilterra
in Francia, trovò sconveniente quel modo di procedere, e
pretese che le trattative si ispirassero alla tradizione di
lealtà del suo governo. L'affare fu concluso il 24 ottobre a
condizioni decorose, e nel palazzo di Charost, in Faubourg Saint-Honoré 35, si insediò l'ambasciata di Sua
maestà britannica presso la corte di Sua maestà cristianis-
sima. Vi si trova ancora oggi.

Le proprietà di Montgobert e di Neuilly rimasero in-
vendute, perciò Paolina aspettava con ancor maggiore impazienza la rendita di trecentomila franchi assegnata ai
Bonaparte dal governo reale. Sua madre storceva la bocca,
ma secondo Paolina il suo era un atteggiamento assurdo.
Tentò di riportare alla realtà Letizia, scrivendole:

La regina di Napoli mi ha detto che non volevate accettare i trecentomila franchi di rendita. Cara mamma, mi sembra che sbaglia-
te proprio. Non si tratta di un favore, ma della clausola di un trattato concluso con tutte le potenze. Quanto a me ho accettato, e
ritengo non ci sia nulla di disonorevole. Dio voglia solamente che il
trattato sia rispettato.

Il suo auspicio non sarebbe stato esaudito. Inoltre, a
Marsiglia fu decretato l'embargo per le casse provenienti

da Neuilly, che non poterono essere trasportate all'Elba via Livorno; il 18 dicembre tutti i beni dei Bonaparte, mobili e immobili, furono posti sotto sequestro. A Paolina restavano solo i gioielli e il denaro che aveva ricavato dalla vendita del palazzo parigino!

Le persone del suo ambiente la consideravano rovinata, e le fecero il vuoto intorno: «Quasi tutti i miei francesi mi hanno lasciato, con mio grande dispiacere». Sempre di salute malferma, condannata a un regime di vita rigoroso, sperava di ottenere qualche giovamento dalle acque di Ischia, ma i medici, di fronte alla sua magrezza, trovarono la cura troppo drastica, e il caldo troppo intenso. La fecero trasferire sulla collina del Vomero, dove l'aria è più mite, in una casa modestissima. Paolina non si curava del disagio: le stavano a cuore soltanto il pensiero del fratello e la speranza di rallegrare la sua solitudine. All'intendente, rimasto a Parigi, giungevano i suoi ordini: «Mandatemi una raccolta di contraddanze, le più nuove, servirà per l'isola d'Elba». Gli chiedeva pure di ottenere l'ingaggio di Mlle Renaud d'Allen, professoressa al Conservatorio di musica, anche facendole ponti d'oro se necessario. I suoi talenti avrebbero potuto portare grande conforto nelle serate dell'esilio. A Napoli ingaggiò tre buone voci, Gaudiano, Mlle Gaudiano e Mme Beguinot, accompagnati dal pianista M. Sepier.

Ma chi sarebbe andato a tenere compagnia a suo fratello? Paolina chiamò tutti a raccolta, a cominciare dalla madre che si trovava sempre a Roma:

Ho sofferto tanto che ho bisogno di ritrovarmi accanto a voi, cara mamma. Scrivetemi quando contate di andare all'isola d'Elba dall'imperatore. A quanto pare lo desidera molto, e mi aveva incaricato di dirvelo ... Ho saputo con vero dispiacere che Elisa è stata a Vienna. Ha scritto alla regina Carolina che quando andrà via di lì intende stabilirsi a Parigi. È un comportamento di cui non l'avrei creduta capace. Eppure aveva scritto all'imperatore che voleva andare all'isola d'Elba. Sono sicura che questa decisione dispiacerà molto all'imperatore, perché mi ha detto chiaro che chiunque della nostra famiglia si fosse stabilito in Francia avrebbe commesso una vigliaccheria imperdonabile ... Spero che Giuseppe andrà a trovare l'imperatore all'isola d'Elba, come gli ha scritto. Sarebbe cosa pessima se facesse altrimenti, perché non bisogna assolutamente lasciare solo l'imperatore. Proprio adesso che è stato colpito dalla disgrazia dobbiamo dimostrargli il nostro affetto. Almeno, io la penso così.

Letizia rispose sbarcando all'Elba il 31 luglio.

Anche il coraggiosissimo Duchand era presente nei pensieri di Paolina, che ne citava il nome in numerose occasioni nelle lettere indirizzate a Michelot, e il 6 settembre, irritata dagli scrupoli del suo intendente, gli scrisse di nuovo:

Nelle vostre lettere non mi dite una parola del barone Duchand, sebbene io vi abbia inviato delle lettere per lui raccomandandovi espressamente di trasmettergliele. Sapete che si tratta di un uomo in cui ho riposto tutta la mia fiducia, che la merita per la sua devozione sconfinata, e mi chiedete se potete affidargli del denaro! Potete farlo.

In un cuore tanto volubile la novità di una simile costanza dimostrava quanto Paolina fosse maturata; le sventure la facevano crescere, consolidavano la sua fermezza d'animo.

Il 1º settembre sull'isola d'Elba sbarcò a sua volta la romantica Maria Walewska, che vi sostò per due giorni: la sua visita fu assai gradita al congresso di Vienna, perché avrebbe permesso di separare Maria Luisa da Napoleone. L'ex imperatrice, nonostante i tradimenti e le viltà del suo seguito francese, rimaneva fedele al marito e continuava a desiderare di raggiungerlo. Corvisart le aveva prescritto una cura ad Aix-les-Bains, perché dall'epoca della campagna di Russia soffriva di sbocchi di sangue e aveva sempre la febbre; quindi Maria Luisa era uscita dall'Austria, ma aveva dovuto lasciare il figlio in ostaggio a Vienna. In tal modo il suo ritorno era assicurato.

Maria Luisa apprese da Mme de Brignole della visita intempestiva dell'amante polacca. All'epoca la giovane aveva ventidue anni. Quando era partita da Vienna, quat-

tro anni prima, era quasi un'Ifigenia consegnata al Mino-
tauro vincitore. Con grande stupore degli Asburgo, Maria
Luisa si era innamorata di Napoleone non come sovrano,
ma come uomo, e poi come padre di suo figlio. Aveva sacrificato tutto il proprio passato per comportarsi come
una francese a pieno titolo, e ora le arrivava tra capo e collo la terribile notizia, che confermava le allusioni alle infedeltà del marito della duchessa di Montebello, di Mme de
Brignole e di Constant. Così, sotto il colpo della rivelazione, scrisse alla sua dama d'onore: «Per il momento non
andrò all'isola d'Elba».

Napoleone, prigioniero delle sue contraddizioni, delle
sue debolezze e della sua incoerenza – la visita di Maria Walewska, per quanto discreta, non sarebbe mai potuta sfuggire alla sorveglianza dei guardiani – vedeva diminuire le
possibilità di un prossimo soggiorno della moglie, e la presenza di Paolina diveniva sempre più necessaria. Anche se
la madre l'aveva raggiunto in esilio, da lei non sperava di
ricevere il minimo aiuto (Letizia era una creatura semplice,
senza istruzione, incapace di conversare, se non per lamentarsi degli errori commessi dal figlio, priva di fantasia, che
si era murata nel silenzio e nella religiosità) e sperava quindi che tutto potesse cambiare con la sorella preferita.

Finalmente l'angelo consolatore arrivò, a bordo dell'*Inconstant*. Portoferraio era pavesata a festa, e l'isola la accolse giubilante: «I cuori non vibrano a comando» constatava Pons de l'Hérault nelle sue memorie. Cominciò il
regno di Paolina, un regno di grazia leggiadra, di sorriso,
di fantasia. Paolina si rivelava per quello che era sempre
stata, con la sua spontanea bontà e il cuore incapace di
calcolo, ben diversa da Carolina e da Elisa, divorate
dall'interesse e dalla smania politica; non era ambiziosa,
non aspirava al potere, non era intrigante. Per lei la famiglia restava al primo posto, e nella sua devozione si ac-
contentava anche di annoiarsi accanto alla madre, seguendo le sue preghiere, senza la minima ipocrisia ma soltanto
per intelligenza del cuore.

Napoleone era prossimo a ritrovare la speranza. Paolina si era sistemata al primo piano della casa dei Mulini; ormai teneva corte per il fratello, ma era lui a comandare, e intendeva dimostrarlo. La *Sorella* si piegò alla disciplina e alla puntualità della nuova esistenza. L'imperatore aveva acquisito il gusto maniacale di pranzare a orari fissi, e tutti vi si conformavano, salvo la povera Mme Bertrand che aveva appena perso un bambino; Napoleone la redarguiva con durezza, senza alcun riguardo. Paolina si impegnò a consolare la generalessa, ma i suoi pianti non erano l'ideale per introdurre un po' d'allegria nella piccola corte malinconica. I balzi d'umore dell'esiliato, le sue collere simulate o autentiche mettevano a dura prova la generosità della sorella, che sempre si adoperava a placare le tempeste. Per lei si trattava di un impegno di obbedienza, non all'imperatore, al quale tanto spesso aveva disobbedito, ma al fratello. Si conformava a tutti i suoi desideri: per esempio Napoleone le proibì di portare brillanti, perché il lusso avrebbe potuto sconvolgere le «signore» elbane, o di indossare abiti bianchi. «Ah, signora, vi siete vestita da vittima!» le disse un giorno, alludendo all'abito indossato da molte ghigliottinate in regime di Terrore, un modello ripreso con forme più vaporose dalle *merveilleuses* del Direttorio. E nemmeno un vestito di velluto nero, con sbuffi di raso rosa, trovò grazia ai suoi occhi: «Ma come! Siete venuta con un domino!».

Pons racconta: «Se l'imperatore avesse avuto l'abitudine di picchiarla lei si sarebbe rassegnata a sopportare i colpi, e avrebbe detto: "Mi fa male, ma lasciamolo fare, dal momento che gli fa piacere!". Riferisco qui le sue stesse parole, dette in un'occasione in cui cercava di chiarire la natura della sua devozione fraterna. Era dolce, e la sua gaiezza animava tutto quanto la circondava».

Durante le festicciole date da Napoleone, Paolina, passando davanti alla poltrona ribattezzata trono, faceva la riverenza come usava alle Tuileries, dando così l'esempio alle «dame» e ai «ciambellani» italiani. Si trattava di personaggi su cui i nuovi titoli erano piovuti senza che essi avessero la minima idea del «cerimoniale di corte»; sembravano recitare una parte burlesca in quel simulacro d'etichetta. Dopo aver ricevuto regine e re a Erfurt, a Dresda, a Fontainebleau, l'ex imperatore accoglieva i pochi notabili dell'isola: commercianti d'olio, agricoltori, viticultori, proprietari di miniere o di cave di marmo. Le mogli invitate ai ricevimenti a «palazzo» non osavano presentarsi due volte con lo stesso vestito e questo, secondo un invitato, avrebbe provocato «una catastrofe».

Ma per gli esiliati la principessa Borghese incarnava il ricordo elegante e prezioso di Parigi: era come un faro, che gettava la sua luce sulla tetraggine della vita quotidiana. Era Paolina a dare il tono; tutti obbedivano alla sua voce e si sforzavano di piacerle. Tanto i vecchi come i giovani prendevano gusto ai concerti campestri e ai piccoli balli organizzati da lei, applaudivano il suo gruppo di cantanti e assistevano alle prove in sua compagnia. Sarebbe stata capace di dare una festa anche sulla zattera della *Medusa*;* e dunque ne dava sull'isola d'Elba. Per costringere Napoleone a uscire dal suo isolamento, fu indotta dalla propria delicatezza a fingere di avere molto bisogno di distrazioni. Le sue arguzie, il suo tono spiritoso, la sua abilità nell'imitare le persone, a farne la caricatura, erano divertenti, sorprendenti, non mancavano mai di suscitare ilarità. La sua unica ricompensa era veder ridere il fratello.

Somigliava a una farfalla capitata su una distesa di cactus, ma rifiutava di annoiarsi. Se mancavano i divertimenti, poco male; ne avrebbe creato di nuovi. La dispensatrice di piaceri si dedicava al teatro per divertire gli isolati. Gli ufficiali e le dame si offrivano di aiutarla nelle sue impre-

---

* Allusione al terribile naufragio della fregata *Medusa*, avvenuto il 2 luglio 1816, in cui 150 uomini si rifugiarono su una zattera di fortuna; Théodore Géricault (1791-1824) ne trasse ispirazione per il celebre dipinto *La zattera della «Medusa»* (1819). [N.d.T.]

se, interpretando bene o male le commedie, di preferenza quelle di Molière. Pons riferiva:

> L'imperatore lasciava la direzione suprema dei divertimenti alla sorella, che vi si dedicava con molta serietà ... Accanto alla cerchia dell'imperatore, c'era la cerchia della principessa Paolina: e non era certo meno gradevole. A casa propria la principessa Paolina aveva libertà d'azione; e ne approfittava per moltiplicare i piaceri. Era il suo impero: e l'imperatore trovava sempre qualche pretesto per andare a trovarla. Quelle visite facevano la gioia della principessa Paolina, che lo riconosceva con affascinante candore.

Paolina era talmente preoccupata per lo stato di salute del fratello da dimenticare la propria malattia, e prestava poca attenzione agli ufficiali, che a dire il vero le facevano la corte, in modo discreto ma inequivocabile. Così ebbe origine l'ignobile accusa d'incesto lanciata dai fedeli di Luigi XVIII. Secondo loro, visto che la principessa non aveva amanti, doveva essere Napoleone a godere dei suoi favori. Ma Paolina, per una volta vestale, sapeva quanto la castità potesse essere un fardello pesante da sopportare, e quindi si creò un seguito di donne affascinanti e leggiadre, che avevano le doti per piacere al novello Robinson. Due di esse ricevettero gli omaggi imperiali: la moglie di Skupiesky, «la Bellina», che ballava il fandango con piglio brioso e faceva girare la testa a tutti; e poi un'altra donna sempre molto bella, la contessa di Molo. Quest'ultima non era alla sua prima esperienza: nel 1810, dopo il matrimonio di Napoleone con Maria Luisa, sua madre aveva offerto la figlia all'imperatore, che l'aveva «onorata» tre volte. Assai addolorata per la brevità dell'avventura, la madre mezzana non aveva esitato a supplicare il cameriere, dicendogli: «Sareste molto buono se poteste far in modo che si chiedesse di lei».

Mentre non mancava di procurare distrazioni al fratello, Paolina si dedicava a stuzzicare Drouot, ma invano: questi era uno scapolo casto, dedito alle pratiche di devozione, che non prendeva nemmeno in considerazione l'eventualità di alternare la sua lettura preferita, la Bibbia, con le conversazioni galanti. Talvolta, durante le sue passeggiate, incontrava la principessa in portantina, e allora la intratteneva parlando d'artiglieria, di matematica o di religione.

Grazie alla presenza affettuosa della sorella, il proscritto aveva molta più energia per occupare le proprie giornate e faceva lunghe cavalcate per andare a controllare i suoi lavori: strade, ponti, valorizzazione dei gelsi, degli ulivi. Campbell, l'inglese incaricato di sorvegliarlo, arrivò a questa conclusione: «Comincio a credere che si sia rassegnato del tutto e che sia abbastanza felice». Portoferraio sembrava diventare una nuova Capua, ma Paolina si preoccupava per le sue finanze. Napoleone non le risparmiava niente: bisognava pagare il mantenimento per lui, per il suo seguito, per i suoi cavalli, e poi le ristrutturazioni della piccola tenuta dei Mulini, persino le stuoie per le finestre. Lei informò la signora Michelot dei suoi problemi e le chiese notizie del suo caro Duchand, chiamato per discrezione Adolphe:

La mia salute è sempre malferma. Il clima qui è molto variabile. Forte vento. Una vita molto solitaria. Godo questa calma, e la felicità di essere con mio fratello mi sostiene; ma mi dispiace di non sapere nulla delle mie condizioni finanziarie, perché qui ho dei debiti; intendo vendere la mia argenteria a Livorno perché sono assai povera. Spero che M. Michelot mi fornirà dettagli sul mio patrimonio. Mi fido solo di lui, e il suo silenzio mi preoccupa; qui le lettere dalla Francia arrivano, perché il mio corriere ne riceve spesso da Parigi. La persona che vi mando vi darà alcuni indirizzi per il futuro. Stare qui è spaventoso. Dite anche ad Adolfo di approfittarne per scrivermi. Vi mando una lista di commissioni. Vi prego di provvedere, cara signora Michelot, e di inviarmi quanto richiesto tramite la persona che tornerà. Quando farete la spedizione, datemi notizie delle persone che conosciamo. Non so nulla. Se ci fossero libri belli e nuovi, vi prego di mandarmi due o tre opere. La Mammona [Mme Ducluzel] sta bene. Ho chiesto diverse cose ad Adolfo. Vi prego di mandarmele. Abbracciate da parte mia i vostri bambini che mi sono cari, soprattutto la piccola. Addio, cara signora Michelot, non dimenticate quanto vi sono affezionata per la vita.

Paolina

16 dicembre 1814

Il 1º gennaio 1815 Napoleone offrì un banchetto al quale erano invitati i notabili dell'isola e gli inglesi di passaggio. Con il carnevale, i divertimenti continuarono. Paolina organizzò un ballo mascherato. Un testimone racconta: «Al ballo ci fu una cosa notevole, oltre alla presenza dell'imperatore, e cioè che la principessa Paolina partecipava travestita da napoletana: era abbigliata con gusto squisito, aveva una grazia incantevole, e sembrava ancora più bella del solito. Ebbe un trionfo assoluto. Nella schiera dei suoi ammiratori c'era lo stesso imperatore».

In effetti quelle distrazioni innocenti le consentivano di placare le diffidenze e prevenire i timori. I delegati della Santa Alleanza pensavano che se partecipava alle feste l'imperatore deposto non potesse neppure concepire progetti di un ritorno in Francia.

Tuttavia, dato che il governo dei Borboni non rispettava gli impegni del trattato di Fontainebleau, le risorse del prigioniero diminuivano. Inoltre, egli temeva di essere assassinato, o deportato su un'isola lontana. A ogni buon conto si era messo in contatto con il re di Napoli, il quale leggeva chiaramente nelle intenzioni del congresso di Vienna, e quindi disperava di conservare il trono se non fossero avvenuti grandi rivolgimenti. Perciò Murat aveva proposto al cognato di entrare in guerra non appena lo stesso Napoleone, dopo avere riconquistato il trono, gliene avesse dato il segnale.

Il 16 febbraio il colonnello Nell Campbell rispose a un invito di Paolina, forse suggerito da Napoleone, per un ballo ai Mulini il 26 febbraio. Il commissario inglese pregò la principessa di scusarlo, ma doveva recarsi a Livorno proprio quel giorno. Napoleone sapeva quindi quando sarebbe stato assente il suo sorvegliante, e stabilì di realizzare il suo piano in quella data. Confidò così a Drouot il suo temibile progetto: «Drouot, mi rimpiangono e mi invocano in tutta la Francia. Entro qualche giorno lascerò l'isola per esaudire i desideri della nazione». Il suo soldato fedele, turbatissimo e spaventato all'idea di quel colpo di testa, tentò di dissuaderlo, come raccontò in seguito: «Feci quanto era umanamente possibile per impedire quell'avventura».

Paolina ignorava tutto. Qualche ora prima dell'inizio dell'operazione, Drouot la mise al corrente. Lei si precipitò allora dal fratello per dirgli che la folle impresa sarebbe finita male, e lui si sarebbe rovinato lasciando l'isola d'Elba per cercare di riconquistare il potere. Tuttavia era pronta ad aiutarlo, e gli portò la collana di brillanti, valutata 500 mila franchi. Napoleone l'accettò, ma impegnato nei preparativi le chiese di consegnare lo scrigno al fedele Marchand, che si trovava nella stanza vicina. Paolina si ritirò con le lacrime agli occhi, e porse l'oggetto al domestico dicendo: «Tenete, purtroppo l'imperatore può averne bisogno. Ah, se così fosse, Marchand, non abbandonatelo mai! Abbiate cura di lui. Addio!».

Il cameriere, sconvolto dall'emozione, tentò di farle coraggio: l'imperatore avrebbe trionfato, lei l'avrebbe rivisto.

«Non penso» rispose Paolina fra i singhiozzi.

In quel mentre Napoleone entrò nella stanza, e vedendo lo stato della sorella tentò di calmarla: era sicuro della fedeltà dei francesi, avrebbe cacciato i Borboni e l'Europa si sarebbe inchinata.

Si avvicinava il momento fatidico. Gli ufficiali e i reduci di cui la principessa aveva addolcito l'esilio andarono a salutarla. Poiché non le era possibile dire una parola gentile a ciascuno, continuava a ripetere con voce soffocata, appena percettibile: «Addio! addio amici miei, amate sempre mio fratello, abbiate cura di lui».

Pons de l'Hérault evoca quell'ultimo quadro: «I veterani più incalliti non riuscivano a trattenere le lacrime, sentendo le commoventi raccomandazioni fatte loro dalla principessa Paolina in favore dell'augusto fratello. Solo una sorella amorevole e amata può parlare così».

Con la sua tenuta leggendaria, l'uniforme verde con i risvolti rossi, la redingote grigia e il cappello di castoro nero, Napoleone s'imbarcò alle otto di sera sull'*Inconstant*.

Era sicuro del proprio destino; evadeva accompagnato «dalla vittoria, che a lungo gli era stata complice e compagna». Paolina non avrebbe più rivisto il fratello.

L'indomani il colonnello Campbell, appena tornato da Livorno, seppe della partenza di Napoleone. Urlando di rabbia, furioso per essersi lasciato prendere in giro, si precipitò dalla principessa, minacciandola e ingiuriandola: la giovane era ormai suo ostaggio. Con estrema dignità Paolina gli fece notare che aveva di fronte una donna: il colonnello riuscì a dominarsi e concluse il colloquio con una frase lapidaria:

«Vostro fratello non ha tenuto fede alla parola data, poiché aveva promesso di non lasciare l'isola; ma il Mediterraneo pullula di navi, e a quest'ora sarà già prigioniero.»

La principessa, ancora sconvolta per il comportamento di quel forsennato, temeva le peggiori sevizie, e decise perciò di evadere a sua volta, abbandonando la madre che per l'età avanzata non avrebbe corso pericoli.

Charles Mounier, aiutante in capo del genio, le fu di grande aiuto. Il 4 marzo, alle due del mattino, si imbarcò con lei per la Toscana, insieme a Mme Le Bel con la figlia e a quattro domestici. Verso le tre del pomeriggio la feluca arrivò nella maremma volterrana, nei pressi della torre di San Vincenzo, dove i doganieri, con generosità da principi, offrirono ai fuggitivi una cena abbondante e una notte di riposo nella loro abitazione. L'indomani il gruppetto si reimbarcò alla volta di Viareggio; Paolina aveva sopportato bene la traversata; ben presto toccò terra. Il sindaco della città le andò subito incontro, e le chiese dove pensava di alloggiare. Il castello di Campignano, situato a quattro chilometri, sembrava molto indicato: apparteneva a sua sorella Elisa, che in quel momento era internata con il marito nella fortezza di Brünn [oggi Brno], in Moravia.

Paolina riprese un po' le forze in quella dimora deliziosa, circondata da un parco di duecento ettari, prima di recarsi a Roma dove Luciano, principe romano, poteva aiutarla. Per ringraziare il Cielo, mandò a cercare un prete che quella domenica celebrasse una messa nella sua villa. Aspettando il sant'uomo, fece un bagno, celandosi dietro a una tenda, e quando il sacerdote arrivò, gli ordinò di disporre l'altare davanti alla vasca da bagno, da cui non intendeva uscire: in fondo un buon bagno guarisce tutte le fatiche, tutte le emozioni... Così, da una fessura nella tenda, la stranissima cristiana seguì raccolta e riconoscente la messa, sempre borbottando le parole del rito, e quando il povero abate pronunciò l'*Ite missa est*, gli fece servire da mangiare; in seguito egli si sarebbe ricordato a lungo del pranzo, composto da una minestra, sei piatti caldi, due insalate e abbondanti dolciumi.

Il soggiorno al castello di Campignano non fu di tutto riposo, nemmeno per una Bonaparte indifferente alle corone e agli onori. Il sindaco di Viareggio comunicò la presenza della sorella del tiranno al colonnello Joseph Werklein, responsabile della regione, e questi inviò le sue truppe alle cinque del mattino per occupare la villa e tenerla sotto controllo. Notificò alla principessa la proibizione di ricevere chiunque; nessuno poteva uscire dalla tenuta o entrarvi. La povera Paolina, esausta, angosciata, temeva la prigione di Genova e si appellò al corpo medico. Vacca, primo medico della granduchessa Elisa, e Bonaccorsi certificarono «in tutta onestà che [era] impossibile farle subire il minimo disagio senza mettere a rischio la sua vita». L'attestato frenò lo zelo intempestivo dei militari.

Napoleone si preoccupava per la sorella, e ordinò di mandare una fregata a Livorno per riportarla in Francia, ma la negligenza di Caulaincourt e di Decrès rese impossibile la spedizione. Da parte sua, Murat chiese al granduca di Toscana, in passato festeggiato alle Tuileries, di proteggere la cognata; ma il granduca era fratello di Francesco II e non aveva alcun motivo per favorire Murat che, dopo aver tradito la Francia, tradiva ora l'Austria, alleandosi con Napoleone.

Paolina, totalmente isolata, era ben decisa a fuggire. Bisognava però corrompere il reggimento incaricato di sorvegliare la tenuta. Inviò la contessa Molo a sedurre l'ufficiale superiore e fece preparare del vino oppiato per addormentare le sentinelle; ma le chiacchiere dei domestici fecero scoprire il complotto, e la sorveglianza fu rinforzata. Per fortuna i medici della principessa, dopo numerosi tentativi, il 5 giugno ricevettero l'autorizzazione a portare la loro cliente a passare le acque a Lucca. Per la prima volta Paolina si sottopose sul serio alla disciplina della cura; voleva recuperare il massimo delle forze nel minimo tempo possibile. Chi poteva sapere che cosa le avrebbe riservato il domani? Il trattato di Vienna, concluso fra i sovrani di Prussia, Austria, Inghilterra e Russia, preparava una nuova coalizione contro suo fratello, dichiarato «fuorilegge».

La «messa» farsesca celebrata da Napoleone allo Champ de Mai era destinata a non rinfocolare più gli ardori combattivi dei francesi, stremati da dieci anni di regno che erano diventati dieci anni di guerra e avevano lasciato un retaggio di un miliardo e settecento milioni di morti. Quando il governatore Werklein, trionfante, annunciò alla sorella del Bonaparte la sconfitta di Waterloo, con i suoi 43 mila caduti, Paolina gli negò la soddisfazione di vederla disperata: come folgorata, svenne.

In Corsica si tramandava che dopo Waterloo, quando la notizia non si sapeva ancora, in una notte tempestosa due donne di Ajaccio videro davanti alla porta di casa Bonaparte un uomo morto, che indossava l'uniforme dei granatieri della Guardia. Le due vecchie si avvicinarono e riconobbero l'imperatore.

Wellington e Blücher non avevano battuto Napoleone; avevano soltanto forzato l'ultimo anello di un destino già segnato.

XIII

RIVINCITA SUGLI INGLESI

All'indomani di questi avvenimenti drammatici, Paolina, diafana e fragile, pareva una condannata a morte la cui esecuzione fosse stata rinviata. A Lucca, dove abitava sotto la sorveglianza di due ufficiali austriaci, aveva un obiettivo: raggiungere il fratello a Sant'Elena; perciò chiese a Metternich di accordarle il favore. Invano: l'Europa aveva avuto troppa paura, e non intendeva addolcire la prigionia di colui che l'aveva fatta tremare durante i Cento giorni.

Ciò nonostante, i problemi finanziari obbligarono la principessa Borghese a tornare alla realtà. Il fedele Michelot le comunicò la sua situazione patrimoniale. Della vendita del suo palazzo a Wellington rimanevano 250 mila franchi depositati presso il banchiere Torlonia a Roma, e la speranza di ricevere altri 250 mila franchi come rimborso danni per il saccheggio della proprietà di Neuilly da parte delle truppe alleate, accampate nel castello: mobili rubati, serre demolite, alberi abbattuti e probabilmente la casa confiscata. Del naufragio della successione Leclerc rimanevano soltanto le briciole: «Le mie sollecitazioni alla vostra famiglia perché si adoperasse per farvi pagare fin tanto che ne era in grado sono state vane, quegli oggetti sono rimasti là e non c'è più da contarci» scriveva Michelot.

In quelle giornate tragiche, Duchand restava l'unico conforto di Paolina. Si era coperto di gloria a Waterloo, era rimasto fedele allo sconfitto, si era rifiutato di prestare giuramento ai Borboni e ai suoi soldati aveva detto, con grande coraggio: «Non sarò io a piantare una nuova bandiera fra le vostre file». Tutte circostanze che costituivano per lei altrettanti motivi di orgoglio.

Dando prova di una generosità d'animo fuor dal comune, Pio VII la invitò a stabilirsi a Roma dove, grazie a lui, avevano già trovato rifugio Fesch e Letizia. La «protezione austriaca» finì, e il papa offrì la libertà alla giovane. Da Viareggio, Paolina si imbarcò sul *Padre e figlio* diretto a Civitavecchia, dove la aspettava un equipaggio per portarla a Roma: vi giunse nella luce dorata dell'autunno.

Nella tumultuosa via Giulia, che secondo Stendhal era la più bella dell'universo, nonostante lo spettacolo degli stracci intravisti negli appartamenti, nonostante l'odore di cavoli marci aleggiante nell'aria o sulle acque giallastre del Tevere, sorgeva un edificio severo: palazzo Falconieri. Il portone si schiuse, e dalla carrozza bianca di polvere scese una figurina esile, malferma sotto i veli chiari. Letizia e il cardinale Fesch accolsero la figlia e nipote. Paolina era molto provata dal viaggio, e aspettava aiuto da Duchand, che si apprestava a seguirla nel suo esilio. Ma venne arrestato a Limoges, incarcerato e poi liberato, e si trovò nell'impossibilità di proseguire il viaggio. Paolina non si faceva la minima illusione. Per sopravvivere doveva separarsi da una parte del suo mobilio, delle pellicce e dell'argenteria: «Vendete, vendete il più rapidamente possibile e a qualsiasi prezzo» ordinò al suo curatore. Il duca di Torlonia le acquistò per 180 mila franchi lo splendido vasellame di argento dorato. La principessa era inferma, oppressa sotto un diluvio di complicazioni materiali, senza amici accanto (Lise de Molo l'aveva lasciata per raggiungere i genitori), totalmente sola, e scrisse al suo intendente per affidargli un incarico:

Se vi capitasse di conoscere la moglie di qualche militare, distinta ma sventurata, onesta e bene educata, o qualche giovane orfana, o qualche allieva di Ecouen, amabile, con un certo talento e soprattutto di buon carattere e onesta, potreste scrivermelo e farei quanto è necessario per farla venire: ho bisogno di legare a me qualcuno che sia libero e non possa essere richiamato prima o poi dalla famiglia.

Per uscire da quella situazione soffocante, Paolina intravedeva soltanto una strada: ricordare al principe Borghese il suo contratto di matrimonio, in base al quale le era dovuta una rendita e la disponibilità di una parte del palazzo di famiglia a Roma. Il marito disprezzato sulle prime non rispose, poi, di fronte all'insistenza della moglie che lo minacciava di appellarsi di fronte al tribunale della Sacra Rota, replicò con una richiesta di annullamento del matrimonio. Ma Paolina sapeva che in quel momento era molto innamorato della cugina, la duchessa Lante della Rovere; viveva nel suo palazzo di Firenze con la superba creatura, dotata di tutte le grazie spirituali e con un temperamento pari ai suoi vezzi.

Su indicazione di monsignor Cuneo d'Ornano, procuratore della Sacra Rota, diventato suo cavalier servente, Paolina chiese al marito di riprendere la vita in comune, e parlando con il fratello Luciano, principe di Canino, esclamò con disinvoltura: «Che cosa terribile essere sempre lo zimbello degli uomini!». Il principe Borghese, spaventato dalla prospettiva, rifiutò in una lunga lettera in cui, con un certo pudore, evitava anche il minimo accenno alle svariate infedeltà della moglie, rimproverandole invece il carattere capriccioso, l'eccessiva disinvoltura, il ritorno in Francia, la cattiva accoglienza a Parigi dove era stato «mal nutrito, mal alloggiato, mal ricevuto e [aveva] dovuto pagare come in albergo». Paolina era ben consigliata, e manovrò con abilità: la trappola era destinata a chiudersi su Camillo, le cui lagnanze non avevano alcun valore agli occhi dei giudici. Il tribunale emise una sentenza favorevole alla principessa, in base alla quale Camillo avrebbe dovuto corrisponderle una rendita di 20 mila franchi, con gli arretrati degli ultimi dieci anni, concedendole il godimento di villa Borghese e della villa Mondragone a Frascati, dove era morto Dermid; e infine di una parte del mobilio. Quanto ai gioielli Borghese Paolina scriveva: «Il principe chiede che mi adegui all'uso di alcune casate di Roma, consegnando nelle mani sue o di una persona da lui indicata i gioielli di famiglia, per richiederli ogni volta che ne avessi bisogno, cosa cui non posso sottopormi».

Il rifiuto rallentò i negoziati e il gioielliere Devoix fu incaricato della spartizione.

«I miei affari con mio marito sono sul punto di definirsi» proseguiva Paolina il 23 maggio 1816; «ho fatto grandi sacrifici, ma è impossibile porre in atto l'accordo che ho concluso con lui se non viene Devoix per fare la divisione dei gioielli Borghese dai miei.»

Finalmente il 25 giugno, dopo numerose scenate, mercanteggiamenti e crisi di nervi che la fecero «piangere per quarantott'ore di fila», ottenne un atto di separazione decisamente favorevole.

Paolina non aveva mai disprezzato il denaro, che permetteva di incastonare la sua bellezza in un degno contorno. Una volta assicurato il suo futuro materiale, poté lasciare palazzo Falconieri, dove la madre e lo zio gareggiavano nello zelo devozionale.

La principessa Borghese gettò quindi l'ancora della sua barca che, a differenza del «piccolo naviglio», aveva molto, molto, molto navigato, e si accinse a riprendere il suo posto nella vita romana.

Che trionfo ritornare finalmente a villa Borghese, il pomposo edificio con il cortile d'onore a novantasei colonne, dove il marito le aveva fatto la magnifica sorpresa di realizzare miglioramenti non previsti dal loro accordo: qualsiasi cosa, per non vederla tornare a Firenze! Così, il 18 ottobre Camillo ricevette una lettera scritta con tutt'altro inchiostro: piena di gentilezza, fin quasi a sfumare nel tenero:

Camillo, non ho risposto prima alla vostra cara lettera perché ero malata e ho avuto la febbre per qualche giorno. Ma adesso è passata. Vi sono molto riconoscente per la bontà che avete dimostrato facendo installare a palazzo dei bagni nuovi e altre comodità...

L'eterna vagabonda poteva finalmente mettere radici. Fino a quel momento, in effetti, non aveva fatto altro che cambiare scenario: il palazzo di Charost, il castello di Neuilly, con tutta la loro magnificenza, erano stati soltanto luoghi di transito, ai quali aveva preferito le sistemazioni di fortuna sulle spiagge mediterranee, o le stazioni termali. Due o tre carrozze la seguivano dappertutto con mobili, abiti e gioielli a sufficienza per celebrare il suo culto, officiato dai suoi amanti in funzione di accoliti.

Durante una passeggiata in fondo al Corso, a Porta Pia, Paolina si innamorò a prima vista di villa Colonna di Sciarra. Pallida e tremante com'era, assunse informazioni sui proprietari e incaricò della trattativa Giuseppe Vannutelli, che curava i suoi affari:

Frascati, 1º settembre 1816

Signor Vannutelli, ho preso la decisione irrevocabile di ottenere villa Sciarra a qualsiasi prezzo e senza il minimo ritardo, voglio che domani si faccia il contratto, e vi ordino di dare quattordicimila piastre al principe [Colonna di Sciarra] se non la vuole assolutamente cedere a tredici.

Dopodomani io stessa sarò a Roma; anche oggi la mia salute va assai male, e quindi ho bisogno di cambiare aria e di avere sempre un medico vicino: d'altra parte voglio poter ordinare io stessa le riparazioni da eseguire a villa Sciarra, e ogni giorno perduto per me diventa un secolo. Non aspetto nemmeno la vostra risposta fino a stasera, perché dal momento che ho preso la mia decisione, sarebbe un giorno perduto.

Quindi mandatemi domani mattina la risposta che tutto è concluso: arrivando a Roma non voglio più sentir parlare di questa faccenda.

Dovrete soltanto far avere la vostra risposta al maggiordomo [Serafino] che me la farà avere subito.

Di fronte a questo assedio in piena regola, quindici giorni dopo la famiglia Colonna di Sciarra capitolò.

Paolina divenne proprietaria dell'edificio, al quale venne dato il suo nome, villa Paolina: oggi è la sede dell'ambasciata di Francia presso il Vaticano. La principessa errante lasciò villa Borghese per quella che era la sua residenza del cuore: dieci ettari di parco, di verde, di rovine, cinti dalle antiche mura di Roma culminanti nella torre di Belisario.

Una squadra di giardinieri, prestata dal papa, disboscò il parco abbandonato, fece arare i viali, tagliò le siepi di alloro, caprifoglio e bosso cresciute senz'ordine, per trasformarle in padiglioni di frescura. Il parco, in cui la fantasia dei giardini inglesi si accompagna alla maestosa regolarità del giardino alla francese, racchiude una villa fiabesca, con proporzioni da sogno, circondata da aranci e limoni. Il *casino*, di settecentesca eleganza, al primo piano è dominato da tre porte finestre che si aprono su un balcone di ferro battuto, in felice commistione con lo spirito neoclassico della facciata.

Superate le otto colonne del peristilio, l'interno del vestibolo è decorato con dipinti che rappresentano le quattro stagioni. La biblioteca è ornata da un soffitto a *trompe-l'oeil* in cui sono inserite le pitture: Minerva al centro, poi le Muse. Nelle altre stanze si alternano decori egizi, di moda dopo il «ritorno dall'Egitto», il neopompeiano nella sala da biliardo e lo stile Giorgio III negli ebani della camera, dove troneggia un immenso letto colonnato.

La principessa vigilava, e s'inquietava con Vannutelli per le spese richieste da tanti rifacimenti:

> Mio fratello Luciano mi ha appena fatto osservare che gli artisti romani approfittano spesso di minime variazioni per non attenersi ai contratti stipulati; perciò è necessario che voi spieghiate a tutti che, per quanto facciano qualche cambiamento, non verrà dato loro un soldo di più di quanto è stato concordato. Bisogna anche avvertire il barone [de Lindt] che forse gli artisti potrebbero proporgli di fare certe varianti, con il pretesto che sarebbe più bello, e costerebbe solo qualche piastra, e cose del genere, ma lui non deve ascoltarli; mio fratello mi ha detto di avere esperienza diretta della cosa. Abbiate la compiacenza di mandarmi i contratti originali da voi stipulati tramite il signor barone: voglio divertirmi a leggerli, e fatemi sapere se avete dato qualche acconto agli operai.
> Bisogna anche studiare con il barone per le frange e ridurle se sono troppo care, perché desidero che non superiate la somma fis-

sata dal mio preventivo per la villa. Riducete quindi le spese il più possibile, e ricordate che tengo molto al giardino, alla serra dei fiori e alle acque. Desidero che mi si faccia sapere quanto è costata la batteria da cucina e se è nuova. Con de Roos si sono cambiati gli accordi presi per i mobili della stanza egiziana; bisognerebbe spiegarlo nel contratto, per evitare qualsiasi tipo di discussione... Ecco, mio caro Vannutelli, molte cose. Mi rendo conto di quanto fate per me dedicando il vostro tempo e le vostre cure alla mia villa, mi rallegra molto vederla, e ve la raccomando sempre...*

Paolina presentiva che da quel momento in poi la sua vita sarebbe trascorsa e si sarebbe spenta nella pace maestosa della Città eterna, dove tutto le ricordava il fratello: al chiar di luna le statue colossali della fontana di piazza Navona, zampillanti nel silenzio della notte, le sembravano giganti incatenati, che si torcevano per la disperazione fra il ribollire della schiuma. Era impossibile non pensare all'assente, relegato sul suo scoglio di Sant'Elena. Anche gli acquedotti ne ricordavano il destino infranto: i grandi archi in rovina, che attraversavano la vegetazione rigogliosa della campagna romana, le imprimevano un carattere grandioso e tragico. E pure il Colosseo parlava a Paolina dell'assente: i suoi dintorni con le viuzze fetide dagli edifici trasudanti, nerastri, decorati da imbandierature di biancheria sporca, le ricordavano l'infanzia ad Ajaccio; e che batticuore davanti all'anfiteatro dove, nella penombra, tutto era immobile sui blocchi di pietra invasi dall'erba! La principessa, attonita, lasciava scorrere lungamente lo sguardo sui tre piani di arcate dove, nell'epoca in cui quella struttura viveva in tutto il suo splendore, gridavano e applaudivano migliaia di spettatori. Davanti a quelle rovine, tutto era decadenza, vanità delle vanità umane, come le riviste imperiali sulla spianata del Carrousel, come le feste date quando era nato il re di Roma, quando la folla si accalcava per acclamare il rampollo imperiale. *Sic transit gloria mundi.*

---

* Si vedano nell'Appendice II i dati precisi delle spese, dei rifacimenti e delle decorazioni ordinati da Paolina.

Che cosa restava ormai a Paolina Borghese? Come un fantasma, sua madre percorreva a passettini incerti gli immensi saloni di palazzo Falconieri, invasi dai trentamila quadri del cardinale; Letizia era esasperata dalle manie del fratellastro, collezionista incallito, e si irritava per le spese della figlia: ma ormai apriva bocca soltanto per lasciar cadere qualche osservazione amara e raccomandare di far economia. Con la matita in mano, faceva conti tutto il santo giorno, calcolava al centesimo quanto le rendesse la dedizione testimoniata alla figlia e al figlio Luigi, ex re d'Olanda, semiparalizzato e inchiodato su una sedia a rotelle.

Quanto agli altri membri della famiglia, per aver tradito gli impegni assunti di fronte alle potenze alleate, l'ordinanza del 19 agosto 1815 aveva decretato che fossero costretti alla residenza obbligata a tempo indeterminato. Elisa viveva a Trieste con i due figli; Carolina, che era rimasta vedova, si trovava in Austria, ed era afflitta da difficoltà economiche; Girolamo, grazie alla moglie, Caterina di Württemberg, si era stabilito nei dintorni di Vienna, e Giuseppe si trovava negli Stati Uniti d'America.

Erano due gli appartenenti al clan ormai disperso che Paolina vedeva con piacere: innanzitutto il fratello Luciano, che all'epoca dei Cento giorni non aveva abbandonato Napoleone, anzi l'aveva raggiunto in Francia. Tornato in Italia con la moglie Alexandrine, condivideva con lei una passione alla quale si dedicavano insieme, le ricerche archeologiche nelle loro terre di Etruria. Ma le lasciarono qualche tempo da parte per dedicarsi alla sorella, irreparabilmente fedele al prigioniero. L'altro era il principino Napoleone Luigi, figlio maggiore di Luigi e Hortense. Il bel nipotino sedicenne abitava in palazzo Salviati, sul Corso; avrebbe potuto essere coetaneo di Dermid. Vivendo con un padre ipocondriaco e inasprito, dedito a fanatiche devozioni, che sorvegliava la sua educazione con la sollecitudine di un gendarme, era sottoposto a una disciplina severissima; perciò, soltanto quando si trovava a ca-

sa della zia poteva esprimere in pieno tutte le sue qualità
di giovinezza, di allegria e di bellezza: e Paolina era fiera
di mostrare ai suoi ospiti un Bonaparte raggiante d'intelligenza e di fascino.

Era una presenza solare che le impediva di immalinco-
nirsi: per lei il giovinetto rappresentava l'avvenire. Ma al
presente l'esilio di Napoleone era peggio della morte: appena due anni prima il nome di Bonaparte risonava con
fragore nel mondo intero. Con altrettanta passione era
stato odiato, adorato, tradito, servito; ma ormai tutto era
silenzio. Nemmeno un'eco proveniva dallo scoglio deserto, battuto dalle onde oceaniche. La sorella minore del
proscritto, la piccola còrsa arrivata dal niente ai vertici
della società, poi privata dei beni imperiali, e scaraventata
giù dal piedistallo edificato dalla grande avventura del
fratello, si batteva con tutte le sue forze per infrangere il
mutismo. Le armi erano sempre le stesse: aveva la sua bellezza indicibile, resa ancor più commovente dalla fragilità
e dal coraggio, tanto diverso dall'eroismo catafratto che
regnava in quell'epoca.

Le sue apparizioni nella società romana, incrollabil-
mente certa della propria superiorità, divennero degli avvenimenti: tutti si buttavano sul suo cammino, e l'uomo
che aveva avuto la fortuna di farle da scorta doveva superare l'ammirazione come un ostacolo, perché i suoi passi
erano rallentati ogni momento dagli omaggi. Paolina va-
lutava con precisione fino a qual punto si estendesse il
proprio potere: si sarebbe servita con estrema abilità del
fascino esercitato sugli inglesi, diventando così il loro idolo. Tutti volevano incontrare la famosa bellezza, che era
tanto più sconcertante, fuori dal comune, perché non si
poteva dire né perversa né immorale, in quanto la morale
non faceva alcuna presa su una donna come Paolina, del
tutto aliena dalle convenzioni. Mangiava quando aveva
fame, faceva l'amore con la stessa semplicità, e ora si era
assunta con passione il patrocinio della causa del fratello.
Quei grandi signori, così legati al codice della Giarrettie-

ra, non potevano fare a meno di ammirare una virtù sfolgorante di Paolina: l'autenticità. Finivano per farle ricevere certe lettere sottratte all'occhio del censore, in cui il prigioniero di Sant'Elena chiedeva che fosse attenuato il regime carcerario a cui era sottoposto.

Fin dal mese di dicembre del 1816 Metternich segnalava al governo britannico: «I vostri sudditi di maggiore spicco approfittano del loro soggiorno a Roma per riavvicinarsi alla famiglia Bonaparte». Si può notare l'ipocrisia discreta del cancelliere austriaco, dovuta forse ai suoi ricordi amorosi: l'osservazione riguardava un solo membro della famiglia, per l'appunto la principessa Borghese.

Luciano si trovava in Etruria, Luigi era sempre infermo e Madame Mère era mummificata fra le pratiche devote. Scriveva Lady Morgan:

> Di tutte le ville della famiglia Borghese una sola è abitabile, una sola offre la pulizia inglese, l'eleganza francese e il gusto italiano combinati nel migliore dei modi: villa Paolina Bonaparte-Borghese decorata, ammobiliata e restaurata dalla principessa. Chi ha trascorso una mattinata di primavera in quel ritiro incantevole, e ha partecipato a una delle colazioni che la principessa offre tutte le settimane, ha visto l'interno della villa sotto un aspetto che costituisce un solecismo singolare nelle abitudini romane. Il giorno precedente la nostra partenza da Roma abbiamo fatto colazione a villa Paolina con una compagnia costituita da nobili inglesi di entrambi i sessi, principi romani e tedeschi, commercianti americani. Una mescolanza del tutto insolita. Furono servite confetture, gelati, vini leggeri e caffè; e il divertimento principale fu di passeggiare negli eleganti appartamenti, vagabondare nei giardini e visitare alcune antichità che si trovano racchiuse fra le loro mura; sono vestigia del campo pretorio.

I sudditi di Sua graziosa maestà britannica si ritrovavano a scadenze regolari a villa Paolina, dove l'incantatrice li riceveva a fine giornata, nell'ora in cui il sole tramonta e le montagne con le vette ancora scintillanti sprofondano nell'aria trasparente, in cui i campi sembrano sollevarsi, come il mare, in ondate nei colori dello smeraldo, dello zafferano e della porpora, l'ora infine in cui il canto degli uccelli e il ronzio degli insetti sembravano intonare un inno alla gloria della nuova bella addormentata nel bosco. Dalla cima della torre di Belisario gli invitati della principessa potevano ammirare a est il Monte Sacro, il Tevere e i monti Sabini, a sud il Tuscolo e il monte Algido, a occidente Roma con il suo Pantheon, le cupole, le rovine e i sette colli, e per finire, vicinissimi, gli acquedotti, le terme di Diocleziano, e villa Albani con i suoi superbi portici.

Lady Morgan, Lord Holland, il duca di Devonshire, Lord Jersey, George Fortescue, Lord William Russel, Lord Gower avevano tutto: fortuna, intelligenza e bellezza; Paolina intendeva esercitare i suoi sortilegi su quei porfirogeniti, e aggiogarli al suo carro.

E tuttavia il suo odorato non mancava mai di percepire un retrogusto di cenere nell'incenso della loro ammirazione. Napoleone, che non ignorava nulla di quanto Paolina faceva, e dei suoi scopi, non si lasciava ingannare dalle apparenze: «È a Roma» diceva «e riceve molti inglesi. Tanto meglio! Tutti nemici conquistati».

Paolina intratteneva gli ospiti sulle sofferenze del fratello, e il suo operato non rimase senza ripercussioni: Lord Holland intervenne a Westminster e chiese di far cessare il trattamento inumano inflitto al prigioniero.

Anche un altro cavalier servente, il marchese di Douglas, ardeva d'amore per Paolina. Del resto era abbastanza secco da prendere fuoco, perché rifiutava di bere qualsiasi liquido. Nemmeno un bicchiere d'acqua! La sua passione, nota a tutta Roma, gli precluse l'accesso all'ambasciata di Francia. Non aveva importanza: avrebbe fatto a meno degli inviti del conte de Blacas. Poco importava anche la feroce gelosia della moglie, dissimulata sotto sorrisi forzati. Tutte miserie! Dopo cinquantacinque anni malinconici e troppo seri, la più incantevole delle creature gli apriva la porta dei suoi appartamenti privati. Gli permetteva di riscaldare fra le mani i piedini calzati di seta, sempre ghiacciati, lo autorizzava a rimanere il mattino accanto alla sua pettinatrice e a passare alla cameriera, con religiosa atten-

zione, i ferri per arricciare i capelli, il vezzo di perle o i braccialetti, a porgerle lo specchio o i flaconi. Il marchese, che
nel 1819, alla morte del padre, avrebbe ereditato numerosi
ducati, marchesati, contee e baronie, restava in silenzio, facendo tacere tutti i reumatismi e scoprendo un nuovo dolore, pervasivo, destinato a tormentarlo a lungo.

Paolina conservava la lucidità di spirito, e confidava a
Châtillon, un amico intimo del fratello Luciano, la ragione
del suo comportamento verso quello strano schiavo:

> Non avete visto quanto soffre, il marchese di Douglas, quando al
> mattino rimane qui, in piedi per più di un'ora, e passa le spille alla
> mia cameriera, facendo il mestiere di buffone di corte... e la sera,
> quando mi fa da sgabello, credete che io non pensi con una certa
> gioia che ho sotto ai piedi uno dei più gran signori della Gran Bre-
> tagna, uno dei primi pari d'Inghilterra? Eppure, a trattarlo così è la
> sorella dello sventurato prigioniero che loro stanno assassinando.

Il rito della toilette, che colpiva con tanta violenza il futuro duca di Hamilton, dimostra quanta cura Paolina de-
dicasse sempre al culto del suo corpo. Una sera in cui si
trovava nel salotto della principessa Ruspoli, racconta
Mme du Montret, durante la conversazione si arrivò a
parlare dei suoi bei piedi: «Volete vederli?» chiese tranquillamente la principessa Borghese. «Venite domani a
mezzogiorno.»

La principessa Ruspoli fu alquanto stupita. Ma non
c'era modo di eludere quello strano invito. Vi si recò e fu
introdotta in un delizioso salottino. La principessa era distesa con noncuranza su una *chaise longue*, con i piedini
ben in evidenza, ma non era quello il vero spettacolo. Un
paggio, bello come un puttino e vestito come i paggi dei
quadri medievali, entrò reggendo un'acquamanile, un ba-
cile di argento dorato, una raffinata salvietta di batista,
profumi e altri cosmetici. Posò uno sgabello di velluto accanto alla dormeuse; la principessa vi stese graziosamente
una gamba, e il paggetto tolse la calza, forse addirittura la
giarrettiera, e cominciò a massaggiare, frizionare, asciugare, profumare quel bel piede veramente incomparabile.

L'operazione fu lunga, e le spettatrici erano stupite al punto che non riuscirono a elogiarlo con l'entusiasmo che senza dubbio era atteso... Mentre il paggetto calzava, denudava, profumava i bei piedi, limava e abbelliva le unghie della principessa, lei chiacchierava e sembrava del tutto indifferente a quelle operazioni.

Tale comportamento può apparire provocatorio, ma in realtà è semplicemente regale. Con Luigi XIV si svolgevano le cerimonie mattutine del *grand* e del *petit lever*, cui si affollavano le più eminenti famiglie del regno, e i «signori del cotone» consideravano un onore asciugare il retro del Re Sole. La «lavanda dei piedi» di Paolina, senza dubbio un po' profana, aveva almeno il vantaggio di offrire una festa agli occhi e allo spirito.

Come negare che il cerimoniale avesse raggiunto la perfezione?

Insomma, la principessa Borghese aveva Roma ai suoi piedi. Era l'oggetto di tutte le conversazioni, anche dei cardinali, che parlavano molto di Rossini ma ancor di più della protetta del Santo padre. Tutte le settimane il Sacro collegio si affollava alle tavole di villa Paolina, apparecchiate con fasto imperiale, e la padrona di casa, sempre più esile, presiedeva banchetti durante i quali toccava appena il cibo. Lady Morgan scrisse poi: «Dall'epoca della papessa Giovanna, nessuna dama si era vista intorno tanti cardinali come la bella Paolina». Il governo pontificio spinse la sua sollecitudine fino a fornirle una piccola scorta per proteggerla dai briganti e consentirle di andare ai bagni di Lucca.

Nella stazione termale non l'attendeva il riposo: il suo bel viso, pieno di tante grazie, di sofferenze e di tristezza, avrebbe fatto perdere completamente la testa a Lord Kensington. L'inglese litigò con il medico, che sospettava di essere un rivale più fortunato; lo sfidò a duello, ma rinunciò perché un pari d'Inghilterra non si abbassa a un avversario indegno di lui. Infastidita da tante stravaganze, Paolina lo scacciò e partì per Livorno, dove si doveva incontrare con Hortense e il figlio minore.

Fra le cognate non c'era più l'ombra della rivalità, di gelosie o rimproveri. Subito dopo Waterloo Hortense aveva accolto l'imperatore alla Malmaison, riscattando così il comportamento odioso che aveva tenuto verso Napoleone dopo la prima abdicazione. In quell'occasione aveva chiesto a Luigi XVIII, tramite lo zar Alessandro di cui era l'amante, di accordarle il ducato di Saint-Leu con le sue rendite. Hortense era stata molto infelice per colpa di Luigi, e Paolina sapeva come considerare quel fratello infermo, bisbetico, ripugnante. Alla fine dell'estate la principessa lasciò la cognata e ritornò a Roma, dove i suoi salotti rimanevano i più ricercati; li frequentavano, in armonioso miscuglio, cardinali, aristocratici, artisti. Una trinità di ceti sociali a cui si aggiungevano i francesi in pellegrinaggio, bonapartisti che il conte de Blacas continuava a tenere sotto sorveglianza. La duchessa d'Abrantès non se ne dette pensiero, e volle manifestare la sua amicizia alla bella esiliata; non la incontrava da oltre quattro anni e al momento dell'incontro Laura tentò invano di nascondere la propria sorpresa.

«Mi trovate molto cambiata, vero?» le chiese la principessa.

«No, per nulla» rispose l'altra, un po' troppo in fretta.

Ma Paolina non si lasciava abbindolare, i vezzi di perle mascheravano la magrezza del collo come il vestito di taffetà rosa pallido, velato di mussolina, nascondeva le braccia; e tuttavia era ancora presente in lei la qualità della *morbidezza*, in tutta la sua sontuosa perfezione.

XIV

ULTIME BATTAGLIE
PER UN IMPERATORE CADUTO

All'epoca del suo primo soggiorno a Roma, Canova aveva immortalato la principessa Borghese con una celebre scultura. Ormai Paolina trovava intollerabile il confronto con la Venere rivale: immaginava i pochi privilegiati invitati ad ammirare la statua profondersi in esclamazioni e in commenti, esaltarne la perfezione. Decise perciò di porre fine alle visite. Davanti all'amica Laure Junot, che taceva, esclamò con un filo di voce: «Vengono qui per poter valutare quanto il dolore mi abbia devastato. Non si accontentano del veleno della sofferenza somministrato al mio povero fratello a Sant'Elena: bisogna che io, qui, ne mostri gli effetti!».

Per cancellare il disagio della situazione, il 22 gennaio Paolina scrisse al marito:

Camillo, vorrei pregarvi di farmi un piacere. Ecco di che cosa si tratta. So che talvolta consentite a qualcuno di vedere la mia statua di marmo. Sarei lieta che questo non accadesse più, perché la nudità della scultura sfiora l'indecenza.

È stata creata soltanto per il vostro piacere, ora non è più così, ed è giusto che rimanga nascosta agli sguardi altrui.

Qualche volta ricordatevi della vostra affezionata Paolina.

Nel 1804 il principe Borghese, riconoscendo la modella, aveva rischiato di soffocare per la rabbia; si affrettò quindi a soddisfare una richiesta che denotava candore, orgoglio e astuta finezza.

Quando l'Aquila era caduta, Letizia era riuscita a portare con sé tredici milioni in oro, con cui aveva acquistato palazzo Rinuccini, all'angolo di piazza Venezia. Paolina, che andava a trovarla regolarmente, vedeva la madre sprofondare in un misticismo delirante. Letizia e il fratello cardinale, afflitti da senilità precoce, erano caduti nelle grinfie di una veggente tedesca. Sostenendo di aver avuto apparizioni della Madonna, la veggente rivelò loro che Napoleone era prossimo a uscire dal carcere, e inutili sarebbero state tutte le mosse intraprese per liberarlo. Con l'aiuto di Luigi, Paolina tentò di strappare i due vecchi a quella donna nefasta, che con i suoi deliri poteva nuocere all'esiliato; ma la strega non mollava la presa: i due poveri creduloni erano la sua miniera d'oro.

Quindi la lettera del 22 marzo 1818, che il gran maresciallo Bertrand inviò da Sant'Elena alla madre e allo zio dell'imperatore, fu creduta una contraffazione, probabile se non certa: «Sentivamo e sentiamo tutti i giorni il bisogno di un ministro della nostra religione. Siete il nostro vescovo. Desidereremmo che inviaste un francese, oppure un italiano. In questo caso abbiate la compiacenza di scegliere un uomo istruito, che non raggiunga i quarant'anni, e soprattutto di indole mite, che non abbia la testa piena di princìpi antigallicani». Inoltre, il maggiordomo Pierron e il cuoco erano gravemente ammalati: «Sarebbe dunque necessario» continuava Bertrand «che voi, o il principe Eugenio o Madama, inviaste un maggiordomo e un cuoco francese o italiano, di quelli che sono stati al servizio dell'imperatore, o qualcuno della loro famiglia che sarebbe disposto a entrarvi». E infine, dato che l'ottimo dottor O'Meara era stato rimandato in Inghilterra da Hudson Lowe, era indispensabile sostituirlo al più presto con un medico competente.

Invece, contando sulle predizioni dell'indovina, Letizia assunse tre personaggi mediocri. La scelta fu disastrosa. Antonmarchi non era neanche un chirurgo: faceva il preparatore di dissezioni nell'anfiteatro anatomico di Firenze, e non aveva alcuna cognizione di medicina; l'abate Buonavita era un vecchio arcigno che reggeva l'anima con i denti, e l'abate Vignal un contadino insignificante. Napoleone li accolse di malagrazia: sperava di veder arrivare uomini capaci di confortarlo nel corpo e nello spirito, non quegli esseri limitati.

Con grande disperazione di Paolina, la megera incantò Letizia e il fratello per più di due anni con le sue apparizioni celesti, che si ripetevano ogni giorno: Fesch era completamente catechizzato, e inviò a Las Cases la lettera seguente, da cui si comprende fino a che punto fossero manipolati dalla strega:

Da tutte le nostre lettere avrete certo compreso che siamo sicuri del rilascio e dei tempi della manifestazione. Benché i giornali e gli inglesi continuino a insinuare che egli si trova sempre a Sant'Elena, abbiamo motivo di credere che non vi sia più, e pur senza conoscere né il luogo in cui si trova, né il momento in cui si renderà visibile, abbiamo prove a sufficienza per perseverare nelle nostre convinzioni e anzi credere che, in breve tempo, ne riceveremo la conferma sicura ... Senza dubbio il carceriere di Sant'Elena costringe il conte Bertrand a scrivervi come se Napoleone si trovasse ancora in ceppi.

Insomma, secondo Madame Mère e suo fratello il cardinale tutte le lettere spedite da Napoleone sarebbero state un falso. Invano Paolina tentava di aprire gli occhi a Letizia, smascherando gli intrighi dei bigotti di cui era vittima. Madame le rispondeva: «L'imperatore è stato rapito dagli angeli e trasportato in un paese dove gode di ottima salute». Riceveva anche notizie di lui. «Tutta la casa di Madame è conquistata» osservava Paolina «a cominciare da padre Colonna. Madame e il cardinale volevano guadagnare alla loro fede me e mio fratello Luigi, ma quando hanno capito che cercavamo entrambi tutti i sistemi per strapparli al loro accecamento e che in fondo ci facevamo gioco della loro credulità, ci sono state scenate, litigi, la freddezza che il loro comportamento ha naturalmente fatto nascere contro di noi, e su cui preferisco tacere.»

Il dramma si concluse in modo miserabile e grandioso. L'abate Buonavita, gravemente ammalato, aveva dovuto lasciare Sant'Elena in marzo. Arrivò a Roma l'11 luglio

1821. Da sessantasette giorni tutto si era concluso: Napoleone era morto il 5 maggio. Secondo una tradizione quel giorno, fra le cinque e le sei di sera, gli abitanti di Ajaccio avevano veduto una meteora apparire in fondo al golfo, passare sopra la città e poi perdersi nel Borgo, lasciandosi dietro una lunga scia giallastra, segno di qualche grave disgrazia.

A Parigi, a Londra, a Vienna, si sapeva di quella morte, ma a Roma la ignoravano. Buonavita, ricevuto a palazzo Rinuccini, portò molte lettere di compagni dell'imperatore, e in particolare una di Montholon, datata 17 marzo:

> Ha avuto diverse ricadute, una dopo l'altra; è estremamente debole; riesce appena a sostenere la fatica di una passeggiata di mezz'ora al passo, in calesse, e non può camminare, neppure nei suoi appartamenti, senza essere sostenuto... L'imperatore conta su Vostra altezza per far sapere a qualche inglese influente del suo vero stato di salute. Muore senza soccorso su quest'orribile scoglio. La sua agonia è spaventosa.

E l'altra lettera di Bertrand: «L'imperatore mi incarica di chiedervi di essere trasferito in un clima europeo, perché sarebbe l'unico modo per diminuire i dolori da cui è afflitto».

Avendo saputo del ritorno dell'abate, Paolina si precipitò dalla madre, seppe delle richieste d'aiuto e inviò immediatamente a Lord Liverpool, capo del governo britannico, una lettera di protesta molto commovente:

> Roma, 11 luglio 1821
> Mylord,
> Il signor abate Buonavita ci ha portato le più allarmanti notizie sullo stato di salute dell'imperatore... La malattia da cui egli è afflitto è mortale a Sant'Elena, e io mi faccio avanti in nome di tutti i membri della famiglia dell'imperatore, per pretendere dal governo inglese un mutamento di clima. Respingere questa richiesta così giusta sarebbe come pronunciare la sua condanna a morte; nel qual caso, chiedo il permesso di partire per Sant'Elena e di andare a raggiungere l'imperatore per essergli accanto quando esalerà l'ultimo respiro.
> Vi prego, Mylord, abbiate la bontà di sollecitare senza indugio

l'autorizzazione presso il vostro governo, affinché io possa partire il più presto possibile. Poiché la mia salute non mi permette di viaggiare per terra, avrei l'intenzione di imbarcarmi a Civitavecchia per recarmi in Inghilterra, e da lì approfittare della prima nave che faccia vela per Sant'Elena; ma vorrei che mi fosse accordato di andare a Londra, onde procurarmi tutto il necessario per un sì gran viaggio.

Se il vostro governo persiste nella sua volontà di lasciar perire l'imperatore a Sant'Elena, mi raccomando a voi, Mylord, per superare le difficoltà che potrebbero intralciare la mia partenza, e affinché prodighiate le vostre cure in modo tale che il governo di Roma non ponga ostacoli. So che l'imperatore ha i giorni contati, e mi farei un eterno rimprovero di non essermi prodigata con tutti i mezzi che possano dipendere da me per addolcire i suoi ultimi momenti e manifestare tutta la mia devozione alla sua augusta persona. Se ci fosse qualche nave al porto di Livorno nel momento della mia partenza, chiederei come favore che una di queste barche vengano a prendermi a Civitavecchia per portarmi in Gran Bretagna. Vi prego, Mylord, di trasmettere la lettera a Lady Holland, che ha sempre dato prova di vivissimo interessamento per l'imperatore, e di porgerle i miei cordiali saluti. Quanto a voi, vogliate gradire l'espressione del mio profondo rispetto.

Principessa Paolina Borghese

Una sola voce, una sola coscienza, riscattò la famiglia Bonaparte. Poiché Letizia era incapace di ogni azione, Paolina decise di intervenire di fronte all'Europa. Sperava che non fosse troppo tardi, e non risparmiò né la madre né lo zio: «Per finire» scriveva «la mamma ha cominciato a scuotersi soltanto dopo un litigio terribile tra noi, un litigio talmente acceso che mi sono urtata al punto da non rivedere mai più il cardinale. È stata una grande fortuna che l'abate dovesse recapitarmi personalmente una lettera, perché altrimenti me l'avrebbero nascosto. Non hanno trattato bene l'abate Buonavita ... Lo porto con me a Frascati, perché non gli daranno un soldo». L'incorreggibile avarizia di Letizia!

Quindi Paolina si recò nella sua villa di Mondragone insieme al vecchio prete, e da lì inviò montagne di suppliche ai vari sovrani e ministri, chiedendo loro un cambiamento di clima per l'esiliato, e il permesso di raggiungere il fratello. Planat de la Faye, ufficiale d'ordinanza dell'imperatore, che era stato appena autorizzato a raggiungere Sant'Elena, ricevette l'ultima missiva della sorella fedele:

Amo l'imperatore più di ogni altra cosa al mondo. In questo momento sono abbastanza fortunata da dargliene la prova migliore, perché ho fatto tutto quanto era in mio potere per seguirlo. Questa, M. de Planat, è la quarta notte che passo a scrivere per mandare dappertutto copie di lettere e far conoscere la triste situazione dell'imperatore ... Sono a Frascati per rimettermi, e attendo da Londra la risposta riguardo alla partenza per Sant'Elena; spero che Dio mi darà la forza di arrivarvi, di vedere l'imperatore, di condividere le sue pene ... Perdonate i miei scarabocchi; ma ho la mano stanca per il troppo scrivere ... Ci rivedremo a Sant'Elena.

Infine, il 16 luglio, Paolina venne a sapere che l'imperatore era morto, su quell'isola che sembrava «una verruca nera uscita dall'Oceano». Non pianse, non aprì bocca, e chiuse la porta in faccia a tutti, compresi i familiari. Qualche giorno dopo, il testamento del capo del clan venne letto alla presenza dei Bonaparte che si trovavano a Roma. Nessuno si stupì che Napoleone avesse riservato alla sorella attenzioni tutte particolari. Per cominciare le lasciava il suo medagliere; ma ancora più importante era il contenuto del nono paragrafo del documento:

Sull'isola d'Elba possedevo un piccolo fondo chiamato San Martino, e stimato 200.000 franchi considerando anche il mobilio, le vetture ecc. Era stato acquistato con i denari della principessa Paolina; se le è stato riconsegnato, sono soddisfatto; ma se non si è provveduto, i miei esecutori testamentari devono restituirlo alla principessa Paolina, se è ancora viva; nel caso non sia più in vita, esso rientrerà nel cumulo della mia successione.

Il testo del lascito riportava troppi ricordi alla mente di Paolina, che scivolando dalla poltrona si accasciò a terra svenuta. Aveva acquistato la casa all'Elba nel giugno del 1814, all'epoca del primo soggiorno sull'isola, e quando era ripartita l'aveva lasciata al fratello così, senza compiere nessun atto davanti a un notaio. Napoleone aveva apprezzato il dono, fatto con tanta discrezione.

Prima di partire da Roma, la principessa avrebbe desiderato per il fratello le solenni onoranze funebri che la consuetudine riserva ai sovrani; ma gli obblighi contratti nel 1815, al congresso di Vienna, impedirono alla Santa Sede di autorizzare la cerimonia. L'imperatore continuava a fare paura, anche dopo la morte.

Nel silenzio e nella solitudine in cui Paolina si rinchiuse, il messaggio di condoglianze ricevuto dalla moglie di Girolamo, Caterina, le toccò il cuore con la dolcezza di un balsamo; il nobile atteggiamento della cognata la commosse fino alle lacrime:

...Dio ha disposto altrimenti e ha fatto fallire tutti i calcoli umani. Ora l'anima grande dell'imperatore riposa in pace, e non è più in potere dei mortali continuare a colmarla d'amarezza.

Il 22 agosto Paolina trovò la forza di scrivere all'altra cognata, l'ex regina d'Olanda.

Mia cara Hortense,
ho ricevuto la vostra lettera e tutti i particolari che vi avete inserito. Ahimè! Hanno rinnovato in me pene vivissime. Dopo la notizia tremenda sono stata molto male; sono molto malata e molto infelice. Vi prego di darmi notizie su tutto quanto verrete a sapere da quelli che tornano da Sant'Elena. Da parte mia, farò lo stesso per voi. Conto di trascorrere l'inverno a Genova, se mi sarà concesso. L'aria di mare mi farà bene: ho il cuore tanto straziato che provo il bisogno di cambiare paese.
Non ho più visto la mamma, né Luigi, e nemmeno vostro figlio, quando sono venuti a Roma. Sono ripartiti. La mamma sta bene, ha ricevuto la notizia con rassegnazione. Ha appena presentato a nome suo e nostro al ministro inglese la richiesta che le spoglie dell'imperatore ci siano restituite; se riceveremo un rifiuto, ci rivolgeremo al Parlamento. Manderemo a prendere la salma a Sant'Elena con un seguito confacente, affinché sia trasportata qui. La richiesta è formulata molto bene, e con dignità...
Qui la notizia della morte del nostro beneamato imperatore è stata accolta con costernazione. Il papa è stato molto sensibile. Ha subito celebrato lui stesso alcune messe, e per tre giorni non ha visto nessuno. Soffro, non posso rassegnarmi all'idea di non rivederlo più, e sono disperata.
Addio, la vita per me non ha più sapore, tutto è finito ... Ho fatto

il voto di non ricevere mai degli inglesi, senza eccezione, si sono comportati da carnefici.

Nella lettera Paolina tralascia volutamente di menzionare le condizioni poste da Letizia: per convincere la madre a chiedere la restituzione dei resti mortali di Napoleone, aveva dovuto impegnarsi a pagare parte delle spese per il corteo funebre. Solo a questo patto Letizia aveva accettato di presentare la richiesta a Lord Castlereagh: «Dal momento che vi offrite di contribuire alla spesa» aveva scritto alla figlia.

Paolina constatò con amarezza che le cognate Caterina e Hortense, pur non avendo nelle vene sangue Bonaparte, erano le uniche persone dalle quali ricevesse vera simpatia nel senso originario del termine, quello di «soffrire insieme». Dai fratelli non si aspettava niente, e tanto meno dalla sorella Carolina che viveva nei dintorni di Trieste. Elisa era morta un anno prima, ma non si era mai fatta sentire quando l'imperatore era vivo.

Nell'aprile del 1823 Paolina ricevette dal conte Marchand, che aveva seguito l'imperatore a Sant'Elena, un medaglione contenente una ciocca di capelli di Napoleone, e ne provò «vivissima commozione». Nella lettera piena di calore con cui lo ringraziò gli espresse «tutta la stima che la [sua] condotta [le] suscitava».

L'epopea si era ormai conclusa, si doveva pensare a ricostruire. Paolina aveva lo spirito assai ben temprato, e non intendeva lasciarsi sommergere dalla disperazione. Doti come la fermezza di carattere, la tenacia, che fino allora erano rimaste offuscate dal fascino e dalla fragilissima salute della principessa, si affermavano sempre di più con il declinare delle energie fisiche. Nell'adoperarsi per riallacciare i legami di una famiglia dispersa Paolina era mossa dalla ragione, piuttosto che dall'affetto. Ma i Bonaparte temevano di vederle assumere un ruolo preponderante, e poi, rapaci com'erano, ossessionati dal pensiero di accaparrarsi la sua eredità, si preoccupavano di eventuali nuove conquiste amorose.

La caccia alla felicità, come *l'arte di godere*, non aveva mai deluso Paolina, che scelse di abbandonarvisi ancora una volta, alla maniera romana: nessun imbarazzo, nessuna smorfia convenzionale, senza cercare di nascondere ciò *che mi piace*:* del resto non è forse questo il modo più semplice per entrare in contatto, quando si ha intelligenza e si vuole andare avanti? Ma purtroppo ormai per Paolina lo slancio entusiastico non era che un espediente per stordirsi, per dimenticare le proprie disgrazie.

La sua dimora divenne la mecca degli artisti: scrittori, musicisti, compositori, cantanti, attori affollavano la villa bianca, luminosa in mezzo al verde, dove i grandi alberi e le romantiche mura soffocate dall'edera creavano una frescura impensabile a Roma. «Il salotto della principessa Borghese appariva un nuovo Olimpo, dove era Venere a fare gli onori di casa», scrisse in seguito Giovanni Pacini. Questo compositore, rivale di Rossini, bello come un giovane dio, con gli occhi neri, un sorriso smagliante e il colorito caldo dei pastori siciliani, fu l'ultima fiamma di Paolina. Duchand si era riconciliato con i Borboni, non sarebbe tornato mai più. E dunque, perché esitare? Concedersi può essere una questione di orgoglio o di snobismo, ma qual è la donna, arrivata al tramonto della vita, che non si pente se ha mancato di concedersi per amore? Giovanni Pacini era abbagliato da Paolina. Il maestro entrava nella sua vita in un momento in cui aveva bisogno di essere riconfortata. Compose per lei delle sonate per piano, per arpa, e l'accompagnò a Frascati e a Lucca, dove lui stesso insegnava. Ottenne dei successi: le sue opere erano rappresentate a Napoli, Milano, Roma, Torino, e la fama nascente privava spesso Paolina della sua presenza.

I medici avevano prescritto alla principessa un soggiorno a Pisa, dove il clima era dolce, proprio come i costumi degli abitanti. Fu festeggiata dalla nobiltà locale e si fece aiutare da Pacini, ringraziando gli ospiti con serate musi-

---

* Le espressioni in corsivo sono in italiano nel testo. [N.d.T.]

cali. «Una sera» raccontava il principe Andrea Corsini «comparve a casa Mastiani indossando un abito di cachemire bianco ricamato d'oro. Aveva i capelli che le cadevano a riccioli sulla fronte, il capo racchiuso in una cuffietta. Era pallida, trasparente, e sembrava una silfide che dispensa i suoi favori con piccole smorfie, complimenti e moine. Amava, e si lasciava amare.»

Ma solo Paolina sapeva quanta fatica doveva fare il suo povero corpo logoro e malato per conservare la bellezza, la grazia dei gesti, il passo leggero; tuttavia a volte questa forma di eroismo quotidiano l'abbandonava, come osservò Jean-Jacques Coulmann, incaricato da Las Cases di consegnarle le prime bozze del *Memoriale di Sant'Elena*: «Gli avvenimenti e le emozioni sembravano averla come stremata, prosciugata. Conservava ancora la nobile regolarità dei tratti, l'espressione a un tempo benevola e determinata degli occhi, l'elegante armonia delle forme, ma l'incarnato sfumava nel giallo, pareva quasi che il sangue non circolasse più nelle vene».

Soffriva anche per le lunghe assenze del suo caro Pacini. Pur giurandole fedeltà, il fortunato compositore la incontrava sempre più di rado; d'altra parte Paolina era troppo fragile per accompagnarlo e prendere parte ai suoi successi. All'ultimo incendio era succeduta la tenerezza amorosa; ma tutto fu ridotto in cenere con l'«aiuto» interessato del fratello Girolamo. L'ex re di Westfalia, infatti, aveva incontrato il musicista a Trieste in tenera compagnia, e fu ben felice di svelare alla sorella sempre più debole gli amori del suo Giovanni, soprattutto per toglierle la voglia di nominarlo suo erede. La principessa mise alla porta il fratello, ma incaricò senza indugio Giacomo Belluomini, innamorato senza speranza ma sempre devoto, di comunicare all'amante la fine dei loro rapporti:

Gli avevo detto fin dall'inizio che la sua prima bugia avrebbe provocato la rottura. Gli ho perdonato tante volte, e ormai sono stanca di essere tradita da un uomo che ho colmato dei miei favori. Ho preso la ferma decisione di rompere definitivamente con lui e di abbandonarlo alle sue menzogne e alla sua insincerità; non per questo mi sento meno disperata. Vi sono grata per la pena che vi siete dato per lui. Sono molto franca, quindi gli scrivo. La mia salute è in uno stato spaventoso, e non voglio dover portare ancora pazienza, magari un paio di mesi, per rischiare di vedere una volta di più distrutti i miei progetti.

Insomma, mi sento ferita nel più profondo del cuore. Non mi aspettavo tanta freddezza. È un gesto indegno, e un giorno lo rimpiangerà. Allora, caro Giacomo, comprenderà quel che ha perduto. Caro Giacomo, vi affido l'incarico di scrivergli che la mia decisione è definitiva e irrevocabile. Non risponderò più alle sue lettere, che gli verranno restituite chiuse. Questo è l'atto decisivo che mi restituirà il riposo e la pace.

Paolina affrontava l'ultima svolta della sua vita. Voleva avere una bella morte, nella calma, senza ribellione né collera, senza pretese né capricci, con una nobiltà degna di suo fratello; desiderava rientrare in seno alla Chiesa. Ma Pio VII l'aveva abbandonata: il 23 agosto 1823 il cuore grande del sant'uomo ottantunenne aveva cessato di battere. Quando si stupivano della sua indulgenza nei confronti della principessa Borghese, lui rispondeva: «Lasciatela stare, è mia figlia». Paolina andò a inginocchiarsi davanti alla salma esposta a San Pietro. Il suo padre spirituale riposava circondato dalle guardie nobili, vestito di bianco, in un sudario di seta cremisi, ornato di ricami e frange d'oro.

Chissà se il successore avrebbe dato prova di altrettanta indulgenza e comprensione. Il conclave andava per le lunghe; due volte al giorno le schede elettorali venivano bruciate, e la fumata nera indicava che per quel giorno il nuovo papa non c'era ancora. Dopo ventitré giorni fu eletto il cardinale Della Genga. Paolina lo conosceva perché era stato ospite ai suoi ricevimenti, e già allora si era stupita di trovare in lui tanta umanità insieme a tanta spiritualità. Si trattava di un uomo fuori dal comune: in gioventù era stato famoso per la grande bellezza, e a quanto si diceva, non sempre era riuscito a resistere alle seduzioni cui lo esponeva tale dote; gli si attribuivano anche dei figli naturali a Roma e a Monaco, ma da diversi anni i suoi peccati, se mai li aveva commessi, avevano trovato riparazione in una profonda pietà. Le doti spirituali del cardinale erano completate infine dalle maniere di un fine diplomatico. Perciò Paolina trovò in Leone XII il miglior avvocato per ottenere dal tribunale ecclesiastico «di essere riunita al principe». L'istanza in questo senso che aveva depositato presso il tribunale della Sacra Rota era l'indizio di una crisi di coscienza. La straordinaria energia con cui la sostenne le permise di sopravvivere per un altro anno.

Avere una morte cristiana non era sufficiente per un'anima ambiziosa come la sua: Paolina voleva la piena riconciliazione con il marito. Il fratello Luciano, però, il «capofamiglia», disapprovava il riavvicinamento e spiegava alla madre quanto una simile intenzione fosse contraria ai loro interessi.

Paolina, assillata dagli avidi parenti, finì per desiderare il ritorno di Camillo con intensità ancor maggiore, e in questi termini ne scrisse a monsignor Cuneo d'Ornano:

> Ho appena avuto un attacco di nervi, dopo la lunga discussione che si è svolta a casa mia ... Agite dunque da solo, seguendo le mie istruzioni. Non dovete tenere in alcun conto le opinioni dei miei familiari, che del resto non sono d'accordo fra loro, bensì il mio parere, e soltanto il mio. Sono in questione il mio avvenire e la mia tranquillità per tutta la vita, su cui l'opinione dei miei congiunti non può avere il mio stesso peso.

Di un marito ingannato, disprezzato e spregevole, Paolina non voleva ricordare altro che l'antico amore, vissuto in un momento di felicità, culminato dall'apoteosi dell'incoronazione. Come dimenticare? L'aveva amato; aveva conosciuto la gioia di darsi, la sensualità condivisa, le carezze, i piccoli atti dettati dall'istinto, dal desiderio di congiungersi all'altro e di sciogliersi in lui. Era forse colpa sua se dovunque al suo passaggio Paolina suscitava passioni innumerevoli, se tutti quelli che l'avvicinavano, giovani e vecchi, provavano un'emozione, se i cuori più induriti erano presi da tremore?

XV

LA PACIFICAZIONE

A quarantaquattro anni Paolina aveva scoperto le dolcezze del tetto coniugale. E dunque scriveva, cercando di ravvivare nella memoria del marito l'ombra svanita del loro amore:

È la terza lettera che vi scrivo, Camillo, e spero che porrà fine alle nostre discussioni. Sono decisa a dimostrare con i fatti che il mio unico desiderio è per il vostro amore e il vostro affetto. Qui, in questa solitudine, ho potuto riflettere; e comprendo che il mio cuore vi desidera; il vostro affetto d'un tempo è il solo che io abbia a cuore.

Se l'ho trascurato, è perché mi ero persuasa che il vostro cuore appartenesse a un'altra. Ebbene, se avete per me un po' dell'affetto di un tempo e se potete sopportarmi ora che sono in deplorevoli condizioni di salute, credo che, quando sarò calma e tranquilla accanto a voi, recupererò la salute.

Non pongo alcuna condizione. Ho scritto io stessa al papa che non voglio più sentir parlare della Sacra Rota, e che se voi lo desiderate sono pronta a fare quello che vi aggrada. Insomma, caro Camillo, fate di me quel che volete.

Se non posso più piacervi sono decisa a ritirarmi dal mondo. Sono sincera, credetemi, e solo i cattivi consigli hanno potuto indurmi a fare cose che forse vi sono dispiaciute. Non credete, caro Camillo, a tutto quello che potranno avervi detto sul mio conto. I miei parenti ce l'hanno con me; ne ho sofferto molto. Da parte mia, desidero soltanto abbracciarvi e dimostrarvi che voglio la vostra felicità e il vostro affetto più di ogni altra cosa al mondo. Addio, caro Camillo.

Quando il principe Borghese ricevette questa lettera, la sua amante, la duchessa Lante della Rovere, lo convinse a non rispondere: era una donna ancora bellissima e ben felice della vita brillante di Firenze, alla quale non intendeva assolutamente rinunciare. Così Camillo Borghese, fingendo di non aver ricevuto nulla, continuò a fare quanto era in suo potere per ottenere dalla Sacra Rota il diritto di non riallacciare i nodi coniugali rimasti tanto a lungo allentati. Tre mesi dopo Paolina apprese che il tribunale ecclesiastico, dopo aver rifiutato la sua richiesta di revisione, aveva accettato le conclusioni del marito; ne ebbe una spaventosa delusione, ma non capitolò. Quanto più sembrava evidente la sua debolezza, tanto più salda si faceva la sua audacia. Quindi concepì un progetto semplicissimo: andare a Firenze di persona, e piegare il marito alla sua volontà. Il principe conosceva la determinazione della moglie e sapeva in anticipo che sarebbe stato battuto; si sarebbe potuto salvare soltanto fuggendo. Così, poiché la Francia non aveva motivo di temerlo, incominciò a manovrare per trasferirsi di nuovo a Parigi; tuttavia i suoi sforzi furono ben presto vanificati dall'autorità suprema: Leone XII.

Negli ultimi nove anni Paolina non aveva mai cessato di corrispondere con diversi cardinali, che erano tutti diventati suoi amici. Nell'ottobre del 1824, da Viareggio scrisse a uno di loro, il più affezionato:

> Ho molti dolori al petto. Tossisco assai forte e ho sempre un po' di febbre ... Addio, caro amico! So di tutto il bene che fate, e me ne rallegro. Quanto a me, sto male. Sia fatta la volontà di Dio.

Il cardinale Agostino Rivarola comunicò al sommo pontefice che la bella peccatrice era tornata alla fede.

Non esisteva al mondo nessuna città che più di Roma potesse favorire l'ultima metamorfosi della principessa Borghese: sotto la dolcezza del suo cielo, il paganesimo si trovava di continuo a sfiorare il cattolicesimo. Le cerimonie che si svolgevano nelle sue chiese erano più profane che religiose. I fedeli non andavano forse all'opera dei Vespri, o alle luminarie della Redenzione? Chi avrebbe potuto credere all'inferno nella basilica di San Pietro, dove le decorazioni barocche che dispiegano le loro sarabande di marmo evocano piuttosto una festa mondana, mentre la chiesa di Santa Maria della Vittoria fa pensare al salottino di una signora! Paolina in fondo è la gemella della santa Teresa del Bernini: la gloriosa, adorabile mistica, che giace sopraffatta dall'amore, gli occhi socchiusi, abbandonandosi alla felicità e all'estasi; in lei e intorno a lei tutto esprime l'angoscia voluttuosa, il divino slancio del suo trasporto; l'angelo, bel paggio del Signore, viene a procurare la felicità a una vassalla troppo tenera, la freccia d'oro che tiene in mano evoca il trasalimento delizioso e terribile con cui darà la scossa a tutti i nervi di quel corpo ardente; e lei geme, è il suo ultimo gemito, l'impressione dei sensi è troppo forte: «Se l'amore divino è questo, io credo di conoscerlo», aveva detto il presidente de Brosses nello scoprire questa scenetta a due.

Paolina aveva praticato a lungo l'arte divina della voluttà, dove lo spirituale è carnale; pur senza rinnegare ventotto anni di vita amorosa, durante i quali, del resto, non aveva forse fatto altro che sublimare il comandamento di Dio, «Ama il prossimo tuo come te stesso», nella sera della sua esistenza tumultuosa si risvegliava a un vero misticismo. D'altra parte, la stessa disposizione interiore si produce nell'animo di molte persone semplici. E comunque, la Paganetta forniva una dimostrazione clamorosa e personale non solo del fatto che tutte le strade portano a Roma, ma che le vie del Signore sono imperscrutabili.

Leone XII, per quanto versato nella diplomazia, non era uomo da amare i giri di parole, e la sua preghiera al principe Borghese somigliava moltissimo a un ordine. Un principe romano non poteva in alcun modo sottrarsi all'autorità del papa che «paternamente» lo esortava a promettere di ricordarsi della moglie, di vivere con lei in buona armonia, presentando un esempio edificante con il suo lodevole comportamento.

L'ultimatum costringeva Camillo a rinunciare alla sua vita idilliaca in riva all'Arno, ai cavalli, i più belli di Firenze, alle carrozze che sul Corso mettevano in ombra tutte le altre, e alla duchessa Lante della Rovere.

Poiché l'opinione pubblica avrebbe potuto rimproverargli il comportamento tenuto verso una moglie già segnata dalla morte, Camillo si dichiarò disposto a riconciliarsi, ma a un patto: la principessa doveva rinunciare alla sua «banda di commedianti», cioè agli artisti ricevuti a villa Paolina. Era una richiesta superflua. Le porte del palazzo fiorentino si aprirono ben presto a una donna sola, assai diversa da quella che il principe Borghese conosceva. La figurina eterea che scendeva dalla carrozza con movimenti cauti e dolorosi, il viso emaciato, sempre illuminato da quegli occhi d'ambra, risvegliarono in Camillo emozioni dimenticate. La prese fra le braccia e le strinse intorno a lei per non riaprirle mai più.

Con la sua dolcezza e la sua sincerità Paolina riuscì nell'impresa impossibile; ebbe ragione del marito e si adeguò senza sforzo alla nuova vita, presiedendo diverse volte alla settimana i ricevimenti cui accorrevano l'aristocrazia toscana e gli stranieri di passaggio. La principessa era perfettamente a proprio agio, ignorava gli sguardi che la scrutavano curiosi, con malignità o con invidia, e aveva una parola gentile per ogni invitato. Il principe, un po' imbarazzato, ma in preda a uno strano incanto, si inchinava accanto a lei.

Anche se alla fine Paolina riusciva ad avere l'approvazione di tutti, talvolta però si sentiva qualche nota discordante: il conte di Waldburg-Truchsess, la moglie del quale aveva avuto una relazione di pubblico dominio con l'ex re Girolamo, e che quindi era poco incline alla benevolenza, il 17 marzo del 1825 scrisse: «Probabilmente, a forza di moine, riuscirà a estorcere al coniuge un aumento d'appannaggio, e si ritirerà con il bottino per riprendere il suo stile di vita precedente». A Firenze, gli invidiosi che la vedevano alle rappresentazioni in compagnia del principe, scommettevano sulla durata della nuova convivenza, e non credevano al rattoppo sentimentale e sociale. Ogni volta che i suoi dolori le davano un po' di tregua, Paolina chiedeva a Camillo di accompagnarla a fare una passeggiatina in via del Corso. Gli confidava: «Sono come una pianta esotica, che muore se rimane priva dei raggi del sole».

Esilissima, adagiata sull'agrippina dove riprendeva come per istinto la posizione in cui era stata immortalata da Canova, riceveva gli omaggi e gli auguri di una società riconoscente. Che manna per quelle persone oppresse dal peso dell'ozio, occupate esclusivamente in chiacchiere banali, sempre le stesse: licenziamento di domestici, acquisti o vendite di mobili, mode di Parigi, amori extraconiugali... Tramavano tutti gli uni contro gli altri, si spiavano, si tormentavano l'un l'altro, come monaci segregati nei loro conventi. La presenza di una novella Sheherazade metteva nuovo ossigeno nell'esistenza un po' stantia dei fiorentini, i quali scoprivano con stupore nella principessa la bontà di carattere, l'umore affabile, la lucidità, la prontezza d'osservazione così sottile, così rapida, che coglieva tutti i lati comici delle cose – le sue risposte argute non ferivano mai – e infine la mancanza di boria; quando le capitava di dire una cosa importante la accompagnava con un sorriso e dissimulava le sue parole sotto un velo di frivolezza; insomma, Paolina riusciva a farsi perdonare la propria bellezza.

Poi i medici le proibirono le visite; a maggio i primi caldi aggravarono le sue condizioni; il rumore cadenzato degli operai che lavoravano sotto le sue finestre per rifare il lastrico di via Ghibellina le affaticava i timpani. Il fratello Luigi, venuto ad abbracciare la sorella a Firenze, al ritorno ricevette questa sorta di bollettino sanitario:

Sto sempre molto male. Continuo a vomitare e a soffrire. Lavorano per cambiare i lastroni della strada; il fracasso spaventoso che producono è insopportabile. Il principe affitterà una villa a un miglio da qui dove andrò a trascorrere tutto il mese di maggio. Nello stato in cui sono, è impossibile pensare alla mia villa di Lucca.

Paolina non tollerava più l'egoismo frenetico dei Bonaparte. Tuttavia fece un'eccezione per Luigi che, a differenza degli altri familiari, le aveva rivolto calorose felicitazioni per il riavvicinamento a Camillo: «Bisogna dunque sperare, cara Paolina, che tuo marito, di cui come sai ho sempre avuto una buona opinione, e tu, così buona e amabile quando vuoi, diventiate ogni giorno meno freddi uno con l'altra. E comunque accanto a tuo marito tu sei al tuo posto; un compagno freddo ma educato, approvato dalla morale e dalla religione, non è da disdegnare».

In verità Paolina, anche se a rigor di termini non aveva rotto con il sacro clan, faceva più che volentieri a meno di frequentare i suoi.

La morte venne finalmente a liberare la principessa mentre si trovava nella villa Strozzi di Firenze, circondata dalle sollecitudini di Camillo. Secondo il dottor Parlange era tisica; oggi invece si pensa piuttosto a un cancro al fegato, organo che all'autopsia risultò gravemente compromesso. Era prodigioso che un organismo come il suo, aggredito da lesioni tanto profonde, avesse resistito tanto a lungo.

Paolina non temeva l'ultima ora, l'ora in cui non ci si inganna più e non si inganna Dio. Si ricordava della sua effimera fase regale, degli splendori di cui era stata un riflesso, e pensava alla caduta dell'impero, avvenuta dieci anni prima. Ormai il suo ruolo era giunto a compimento.

Il 9 giugno si rassegnò: «Sia fatta la volontà di Dio». Il suo amico, il cardinal Rivarola, ricevette l'ultima lettera:

> Muoio, è vero, fra le crudeli e orribili sofferenze di una lunga malattia che ho sopportato con rassegnazione da vera cristiana, ma muoio senza nutrire alcun sentimento d'odio o di rancore contro chicchessia, nei principi della fede e della dottrina della Chiesa apostolica, cattolica e romana, e in uno stato d'animo devoto e rassegnato.

Nel corso della mattina di quella bella giornata primaverile, alla presenza di cinque testimoni, dettò al notaio il testamento con calma e fermezza. Carolina, Luigi e Girolamo avrebbero ricevuto i lasciti più consistenti. Luciano, che si era opposto alla sua intenzione di tornare dal marito, non doveva avere nulla (il principe di Canino, nonostante i molti figli, possedeva ancora una grossa fortuna); Giuseppe, già assai facoltoso, avrebbe avuto la stessa sorte poiché gli altri fratelli erano «assai meno provvisti di beni di fortuna»: «Che ricevano da me, in questo momento, l'espressione sincera del mio affetto e del mio amore». Nei molti lasciti non dimenticò nessuno, né le dame d'onore né i nipoti; a Napoleone Luigi, che sarebbe morto in Romagna nel 1831, per l'indipendenza dell'Italia, lasciò la villa Paolina di Roma, e al duca di Reichstadt, prigioniero dell'Europa in Austria, la villa di San Martino sull'isola d'Elba. Al marito Camillo, oltre alla villa Paolina di Lucca, «piccolo riconoscimento per il sincero e autentico affetto di cui mi ha dato prova durante la mia lunga malattia», fu elargito un regalo ben più importante: la testimonianza solenne di Paolina che certificava la sua devozione all'imperatore e il suo onore.

Nella solitudine di Sant'Elena Napoleone aveva reso un omaggio particolare a quella sorella eccezionale: «Paolina, la più bella donna del suo tempo, è stata e rimarrà fino alla fine la migliore creatura vivente».

La principessa si ribellò soltanto riguardo a un punto, i metodi di imbalsamazione del dottor Tranchina: chiese che non le aprissero il corpo ma facessero un'incisione di pochi centimetri al collo per iniettarvi dieci litri di alcol misto a un chilogrammo di acido arsenioso.

«Dichiaro che non voglio essere esposta negli appartamenti come si usa» lasciò detto. «Desidero invece essere imbalsamata e portata a Roma, dov'è la mia residenza, per essere deposta nella chiesa di Santa Maria Maggiore, nella cappella Borghese.»

Il vescovo di Macerata, Vincenzo Strambi, in presenza di Camillo e di Girolamo che stavano rispettivamente alla sinistra e alla destra del letto, le somministrò gli ultimi sacramenti, che Paolina ricevette in piena coscienza. Prima di spirare proferì soltanto una frase:

«Sapevo quel che facevo, e se dovessi lo rifarei.»

Ultime parole gravide di mistero, sulle quali non si cesserà mai di fare congetture.

All'una del pomeriggio, Paolina abbassò per l'ultima volta le palpebre sugli occhi che tanto a lungo avevano ammaliato il mondo, e si addormentò *in somno pacis*.

In seguito la regina di Westfalia scrisse:

> I testimoni dei suoi ultimi momenti mi hanno assicurato che ha dimostrato una rassegnazione e un coraggio esemplari, occupandosi di tutte le sue disposizioni con una calma davvero eroica, e questo colpisce ancora di più chi ha conosciuto Paolina nel pieno fulgore della sua bellezza, quando teneva a tutte le futilità di questo mondo; si capisce fino a che punto l'approssimarsi dell'eternità possa cambiare le persone.

Pochi versi, incisi nel marmo di villa Strozzi, evocano l'incantatrice con una lingua armoniosa e tenera:

Paolina Borghese
Principessa leggiadra
Di Napoleone il Primo
Affettuosa germana
In questo luogo diletto
In fra il comune cordoglio
Bella spirò l'alma gentile
Nel dì 9 giugno 1825

Già il giorno successivo il corteo funebre si mosse lentamente alla volta di Roma, dove alcuni giorni dopo, durante una cerimonia solenne, il feretro fu calato nella cripta della cappella Borghese. Sola nella sua tomba, la sorella di Napoleone, la «Paganetta», l'Eva golosa, che con deliziosa costanza aveva divorato la mela, poi l'albero, ma non il frutteto, riposava tra due papi che appartenevano al casato patrizio dei Borghese: il fastoso Paolo V e il pio Clemente VII.

La più bella dei napoleonidi aveva celebrato a lungo il culto dell'amore, come una sirena che con canti e armonie sublimi trascina in fondo ai flutti i fortunati prescelti. I suoi amanti erano sempre rimasti suoi amici, ed erano diventati anche suoi adepti. La vita sentimentale non aveva

mai avuto il sopravvento sulla vita familiare. Nessuna sorella, nessuna figlia fu mai così attenta e devota, ma fra
tutti i congiunti, Napoleone ebbe il posto d'onore nel suo
cuore. Paolina era pronta a obbedire senza discutere, a
servirlo nella gloria come nei dolori, ed era passata dalla
felicità alla tragedia, dall'apoteosi all'oscurità con la naturalezza e la semplicità degli animi nobili. Conveniva
all'eroe, che nei suoi familiari, come nelle amanti, aveva
trovato soltanto cupidigia e vanità, poter contare su un attaccamento sincero, disinteressato, privo di qualsiasi sensualità, da parte della più sensuale delle donne.

Proprio per questa fedeltà incrollabile, inscindibile dalla sua bellezza, Paolina è entrata nella Storia. Accanto
all'ombra gigantesca del fratello si staglia la sua, lieve, iri-
data, aerea e sempre pacificante.

APPENDICI

I

PER FARLA FINITA CON UN PETTEGOLEZZO:
PAOLINA INCESTUOSA?

Già dal 1814, epoca della prima restaurazione dei Borboni, poi nel periodo di Gand, dove Luigi XVIII si era rifu-
giato durante i Cento giorni, e infine dopo la seconda restaurazione del 1815, i libelli bonapartisti continuarono a
spuntare dappertutto come la gramigna. In molti di questi, i più virulenti, si diffondeva la voce che l'imperatore
avesse avuto rapporti incestuosi con la sorella Paolina.

Al ritorno in Francia, dopo l'evasione dall'isola d'Elba,
Napoleone confidò a O'Meara* di aver trovato una lettera
fra le carte private di M. de Blacas, ministro della Casa
reale: «Una lettera scritta da una cameriera di mia sorella
Paolina, che sembrava essere stata dettata in un momento
d'amarezza ... M. de Blacas aveva fatto fabbricare un falso
di quella lettera, aggiungendovi storie abominevoli; arrivava ad affermare che io ero andato a letto con mia sorella. E in margine, il falsario aveva aggiunto di suo pugno
"Pubblicare"».

Queste contraffazioni, che il ministro di Luigi XVIII ese-
guì e ordinò di diffondere, possono essere spiegate se si tiene conto di vent'anni d'esilio e d'amarezza. Nel 1792 Blacas aveva seguito il futuro re, che all'epoca aveva il titolo di
conte di Provenza, nella sua residenza di emigrato in Bel-

---

* Chirurgo irlandese, in servizio sul *Bellerophon*, che all'epoca si era unito a Napoleone. Lo seguì fino a Sant'Elena, dove si oppose con coraggio al governatore
Hudson Lowe. Divenuto persona sospetta, fu rimandato in Inghilterra, quindi,
nel 1822, fu radiato dalla Marina britannica per aver pubblicato le sue memorie:
Napoleone in esilio, o l'eco di Sant'Elena.

gio, a Mitau e così via. Come molti realisti, continuava a vedere in Bonaparte l'amico di Robespierre, l'assassino del duca d'Enghien e in definitiva l'Usurpatore. Perciò, al suo ritorno in Francia, Blacas aveva cercato con ogni mezzo di danneggiare l'immagine di Napoleone. Le sue calunnie, escogitate con finezza, furono poco dopo riprese e amplificate da tre personaggi, che a Napoleone andavano debitori di tutta la loro carriera: il visconte Jean-Jacques Beugnot, il barone Claude Mounier e il marchese Charles-Louis Huguet de Semonville.

L'imperatore aveva chiamato il visconte Beugnot nel Consiglio di stato prima di inviarlo a organizzare il nuovo regno di Westfalia, e quindi il granducato di Berg; infine, nel 1813, gli aveva affidato la prefettura del Nord. Nel 1814 il visconte lo tradì e divenne ministro di Luigi XVIII. Anche il barone Mounier, nominato segretario del Gabinetto dell'imperatore, poi relatore dei ricorsi al Consiglio di stato e intendente agli edifici della Corona, tradì nel 1814 e ottenne la nomina a gran referendario della Camera dei pari. Il marchese Huguet de Semonville doveva a Napoleone la nomina nel Consiglio di stato, l'ambasciata d'Olanda e il seggio di senatore: per il suo tradimento, avvenuto sempre nel 1814, fu compensato con la nomina a ministro degli Esteri.

I tre, che appena Luigi XVIII fu rientrato in Francia gli giurarono subito fedeltà, per dare una dimostrazione di buona volontà diffusero una voce ancora riservata. Come vedremo, usarono la mano pesante, ma il valore di una simile testimonianza è commisurato alla loro moralità da voltagabbana.

Secondo la loro ricostruzione, Napoleone era stato l'amante di tutte le sue sorelle, di alcune cognate e della nipote Stéphanie de Beauharnais, moglie del granduca di Baden. Nei loro libelli Paolina occupa il posto d'onore, soprattutto dall'epoca del soggiorno all'Elba. Tali epistole erano concepite per distrarre o per titillare Luigi XVIII, che una dolorosa podagra teneva inchiodato su una poltrona (come unico svago, il sovrano si dilettava a inserire del tabacco tra le natiche opulente della signora Zoé de Cayla, per poi fiutarlo, e questo procurò alla bella signora l'appellativo di «dama più aspirata della Corte»); era Jaucourt che le leggeva al re. Jaucourt, ministro degli Esteri *ad interim*, si ispirò alla prosa di Beugnot, e non esitò a renderla più stuzzicante, scrivendo in un rapporto del dicembre 1814: «Abbiamo notizie dall'isola d'Elba. La ninfa Paolina, che non ha perduto l'ingenuità con il trascorrere degli anni, scrive a due colonnelli parlando della sua intimità: a uno dice di non tornare, perché Napoleone è troppo geloso; all'altro di affrettarsi a venire poiché Buonaparte la f... – parole testuali della principessa – solo di giorno, e lui potrà fare altrettanto la sera e tutta la notte. L'appellativo con cui indica l'augusto fratello è "vecchio putrido" e chiede che le portino due bottiglie di Rob di Laffecteur».

Mentre affermava con tanta spudoratezza «parole testuali della principessa», il giullare del re non adduceva la minima prova; non sono mai state trovate lettere di Paolina sull'argomento. In compenso, fra le carte di Beugnot si può leggere una significativa annotazione, priva di data, della «Direzione generale della polizia del regno», che indica il tono generale di tutta la nuova campagna diffamatoria:

Sarebbe difficile comprendere questa strana corrispondenza senza qualche spiegazione.

È verità conclamata che all'interno della famiglia B. si violavano continuamente le leggi divine e umane; una frase del principe reale di Svezia, nel suo brutale cinismo, descrive i Buonaparte alla perfezione: *quella famiglia era un vero e proprio porcile.*

Il fratello per antonomasia non ha risparmiato nessuna delle sue sorelle, e in mancanza di figlie naturali ha mancato di rispetto anche alle figlie adottive; credevano che il termine *adozione* avesse tutt'altro significato, e invece... incredibile! le fanciulle adottate in tal modo ottenevano in cambio la mano di principi sovrani.

Quella fra le sorelle per cui il fratello ha mantenuto maggior tenerezza è Paolina. È una donna assai bella, ha modi eleganti e un'espressione affascinante. Porta la lubricità a un livello tale da non poterla spiegare se non con un disordine degli organi; è priva di qualsiasi istruzione, ma ha un certo spirito naturale, uno spirito guastato da un'educazione abominevole, che l'ha trasformato in malvagità. A quanto pare nel suo salotto era uno degli agenti più attivi della polizia del fratello; perciò ha rovinato molti suoi amanti, pur non avendone mai deluso alcuno.

Ecco la donna che B. ha chiamato all'isola d'Elba per farsi consolare.

Nell'isola la principessa si strugge di noia; per svagarsi intrattiene qualche relazione sul continente; dalla sua corrispondenza emerge con chiarezza che vuole attirare all'Elba un amante, il signor barone Duchand, colonnello del 2º reggimento d'artiglieria leggera, evitare l'arrivo di un altro, quello che chiama con il nome misterioso di *Adolphe*, e che inoltre ha impegni molto intimi con il fratello; accampa tali impegni come scusa per trattenere Adolphe sul continente e anche per spaventarlo un poco; ne fa menzione anche con M. Duchand, ma in questo caso in modo tale da tranquillizzarlo e soddisfarlo: se lui non fa il difficile, la spartizione è naturalissima; al fratello toccherà la giornata, al barone una parte della serata e l'intera notte. E dunque, non sia scontento.

Tuttavia, se il barone fosse al corrente di tutta la sua corrispondenza, non si sentirebbe molto rassicurato, poiché fra le diverse commissioni di cui la principessa incarica Madame Michelot, sua donna di fiducia a Parigi, c'è quella di procurarle sei bottiglie di Rob de l'Affecteur, il rimedio più efficace che si possa applicare al vizio sifilitico più ostinato. C'è da temere che le consolazioni offerte dalla principessa al fratello siano assai amare, e che il signor barone si accinga a un viaggio non troppo salutare; forse proprio in previsione di tutte queste incresciose conseguenze la principessa fa sì ampia provvigione di Rob de l'Affecteur. Ce n'è abbastanza da guarire tutta l'isola d'Elba.

Del resto, dalle lettere di persone intime alla famiglia un tempo tanto celebre, si comprende quanto essa sia infelice e ormai decaduta; madre e figlio ricadono, quasi trascinati dal proprio peso, nelle piccinerie cui si è portati solo se si proviene da un ceto molto basso. Buonaparte sostituisce la candela con l'olio, non vuole che si usino più di cinque libbre di candele la settimana, lesina su tutto, persino sul lavaggio della biancheria. Fa economia anche dei più minuti oggetti di consumo, e per solito ordina salsicce e polpette, su tutto ciò trovando un mirabile incoraggiamento nella madre che in mezzo alle pompe imperiali aveva conservato la gretta avarizia del ceto borghese di Bastia.

Ciò nonostante, tra i motivi di scandalo e i chiacchiericci di questa corrispondenza emergono certe caratteristiche degne di nota.

Si nota un clima di scontento che si diffonde tutto intorno alla famiglia. Ciascuno grida al parente o all'amico: restate dove siete, guardatevi dallo sbarcare in questa terra maledetta dove ci si annoia e si muore di fame. Quasi tutti auspicano di poter tornare, e quelli che possono lo fanno. Buonaparte è ormai obbligato a far sorvegliare la costa per impedire che si infittiscano le diserzioni.

Vi sono poi le economie, descritte nei minimi particolari: le decurtazioni penose che Buonaparte infligge ai servitori, anche a rischio di metterne a dura prova la fedeltà, dimostrando come il denaro gli manchi, e rassicurandoli sui sacrifici che sarebbe disposto a fare per procurarsi partigiani in Francia, o per consolidare a peso d'oro l'appoggio di quanti in patria continuerebbero ad essergli fedeli.

Infine, da questa corrispondenza non emergono indizi di mire politiche. È vero che si tratta di lettere scritte da domestici e da una donna leggera; ma questa donna oggi è la più intima confidente di Buonaparte; se conservasse qualche speranza, non mancherebbe di parlarne ai suoi amanti, entrambi militari, ai quali scrivendo si rivolge senza la minima reticenza. Se all'isola d'Elba si coltivasse qualche mira, qualche progetto, i domestici sempre presenti all'interno di quel che viene chiamato ancora palazzo ne avrebbero sentore, e questo accenderebbe in loro la speranza, tanto più che hanno grande bisogno di sperare; invece da tutte le lettere, senza eccezione, trasuda il rimpianto, la depressione e quasi il tormento per una prigionia di cui non si vede la fine.

Questa settimana sono state arrestate tre persone che portavano dispacci.

Il cameriere di Buonaparte, latore di questa missiva, il signor Andens [Andral], medico di Murat e latore di molte lettere per Napoli e, per effetto di una svista, Lord Oxford, il quale aveva annunciato il progetto di recarsi a Napoli passando dall'isola d'Elba.

Tutte le lettere sono state esaminate e non vi è traccia di complotto, né di una corrispondenza politica con Buonaparte; ciò conferma l'opinione manifestata spesso, secondo cui Buonaparte intenderebbe evitare qualsiasi mossa per tutta la durata del Congresso, poiché teme di offrire delle armi alle potenze interessate ad allontanarlo. Ma una volta finito il Congresso, Buonaparte avrà ancora i mezzi per preoccuparci? Tali mezzi saranno assai ridotti. Gli amici attratti dalla sua fortuna si raffreddano ogni giorno di più, e in Francia non gli rimane più un solo amico personale.

Mentre è verissimo che a Livorno furono intercettate alcune lettere autentiche di Paolina, il loro contenuto era diversissimo da quanto riferisce il rapporto di polizia. Il carteggio fra la principessa Borghese e l'intendente e la signora Michelot tocca i temi dei problemi finanziari, accenna all'inquietudine suscitata dal non avere notizie di Duchand, chiamato Adolphe o Auguste per sviare le spie del «Cabinet noir», quelle che intercettano e leggono la corrispondenza, oppure contiene innocentissime richieste di acquistare vari capi d'abbigliamento, come appare dalla seguente missiva di Paolina:

Nota degli oggetti che chiedo a Mme Michelot:

1 Due bei soprabiti nuovi, uno rosa e uno bianco, che si possano indossare estate e inverno, e che non siano né di raso né di velluto; leggermente ovattati, di bella forma. Per quanto riguarda la misura, non sono ingrassata.

2 Un vestitino o un mamelucco, quello più alla moda fra i due.

3 Un bel tocco rosa elegante, di tonalità abbastanza vivace, con piume rosa.

Un altro tocco di un colore a scelta, purché non sia bianco.

4 Un cappello o un berretto, la cosa più alla moda che si sia, da indossare con il vestito n. 2.

Se la signora Michelot ritiene che non le bastino 100 luigi per tutte le cose richieste, non faccia fare il mamelucco e i cappelli.

5 Una dozzina di pezze di batista, quanto più sottile e più nuovo.

6 Del nastro rosa e azzurro. Bisogna che l'azzurro non sia troppo cupo, ma invece di una bella tonalità pallida. Il rosa deve essere deciso e assolutamente non ortensia.

7 Due vasetti di rossetto di Madame Chaumeton, che siano uno di tono più scuro dell'altro.

8 Due camiciole di lana assai fini, di cui si invia il modello.

9 Alcune belle borse e alcuni bei cordoni da orologio.

10 Due pettini fitti d'avorio per togliere la cipria; un altro lungo per pettinare.

11 Una mezza dozzina di spazzole, con denti più robusti e più grossi di quelle che mi sono state inviate e che non erano utilizzabili.

12 Due paia di pantofole bianche, molto più strette di quelle inviatemi che non sono assolutamente utilizzabili, due paia di pantofole nere, sei paia di scarpe di taffetà bianco, sei paia di scarpe di prunella bianca, più strette delle altre.

13 Sei dozzine di vesciche grandi e belle come le ultime inviatemi.

14 Un paio di stivaletti di pelle nera da calzare sopra le scarpe.

15 Una forma per fare borse con la seta, l'argento e l'oro; le piccole ghiande necessarie. Bisogna che la seta e l'oro siano abbastanza robusti perché la principessa fa soltanto borse quadrettate.

16 Da quattro a sei mazzetti di fiori, uno di rose bianche, un altro di rose rosa, ma belle, e gli altri a piacere, da mettere sui cappelli di paglia.

17 Dieci aune di bel taffetà bianco, dieci aune di un bel taffetà azzurro, e altrettante di taffetà rosa. Si può eliminare un abito se la somma non fosse sufficiente.

18 Inviare il «Journal des Modes» degli ultimi tre mesi e continuare in abbonamento.

N.B.: I due soprabiti non devono superare i 4-500 franchi. I due tocchi non devono costare più di 4-500 franchi, il mamelucco e il vestito con cappello 250 franchi.

Bisognerebbe che le cose ordinate fossero imballate meglio delle ultime due casse portate da Madame Ducluzel, che sono arrivate in pessime condizioni.

Tutti gli oggetti devono essere stivati in casse, quanto meno voluminose e nel minor numero possibile.

Prego Madame Michelot di mandarmi anche le cose segnate sulla nota di Lubin.

Secondo le affermazioni di Beugnot, Paolina avrebbe chiesto proprio a Mme Michelot di procurarle sei bottiglie di Rob de Laffecteur, «di che guarire tutta l'isola», come precisa lo strano rapporto di polizia. Nelle disparate versioni delle presunte «lettere» inviate dalla principessa, la medicina compare sempre in forme diverse, non soltanto per l'ortografia del nome, che diventa Bob Laffecteur, oppure Bob l'Affecteur, o Rob Laffecteur, ma anche per la quantità, che varia da due a sessantotto bottiglie... Un bel margine! Nei libelli anche le sorelle di Napoleone sono intercambiabili: la musa Carolina diventa la musa Elisa o la ninfa Paolina; gli attributi si possono a loro volta scambiare, a seconda dell'ispirazione del falsario.

Beugnot si mise all'opera per farli circolare nelle anticamere del Congresso di Vienna. Anche Mounier seguì la corrente dominante, sostenendo che l'indomani del 18 brumaio Paolina gli aveva confidato con aria noncurante: «Sto molto bene con mio fratello. È già venuto due volte a letto con me».

Infine, per non essere da meno, il terzo brigante, Semonville, si diffuse a descrivere i rapporti incestuosi fra

234   *Paolina Bonaparte*

Napoleone e Paolina «come cose di ordinaria amministrazione», definendo Paolina «la più grande e la più seducente briccona che si possa immaginare».

Ovviamente non fu mai presentata una prova che confermasse tali elucubrazioni. Furono un nemico di Napoleone, l'inglese Walter Scott, e il fedele Constant, cameriere dell'imperatore, a levare le loro voci in difesa dell'imperatore caduto. Il primo scrisse: «Si è arrivati al punto di imputare a Paolina un intrigo con suo fratello. Respingiamo senza esitazione un'accusa troppo odiosa anche solo per nominarla, e che non si dovrebbe mai proferire senza una prova lampante che la confermi». Il secondo protestò: «Posso affermare sul mio onore che i desideri infami a lui attribuiti non gli sono mai balenati alla mente».

Credere possibile, sia pure per un istante, un eventuale incesto di Napoleone con Paolina (o con un'altra sorella), significa ritenere Bonaparte un commediante e un simulatore davvero straordinario. Dall'intera corrispondenza con Paolina, sia quando scrive come fratello, sia quando scrive come imperatore, l'ipotesi appare nettamente smentita. Si rilegga per esempio la lettera del 1804 citata nel capitolo VIII: «Amate vostro marito e la vostra famiglia ... Quanto a Parigi, potete stare certa che non vi troverete nessun sostegno, e qui non vi riceverò mai se non accompagnata da vostro marito. Se i vostri rapporti dovessero guastarsi, la colpa sarebbe vostra, e in tal caso la Francia vi sarebbe preclusa. Perdereste la vostra felicità e la mia amicizia»; o anche questo biglietto meno ufficiale del 1808:

Ho ricevuto la vostra lettera del 18 maggio. Approvo il vostro progetto di andare alle acque della val d'Aosta. Sono spiacente di apprendere che siete in cattiva salute. *Presumo che siate giudiziosa* e che ciò non dipenda da una vostra responsabilità. Vedo con piacere che siete contenta della vostra dama d'onore e delle dame piemontesi. Fatevi voler bene; siate affabile con tutti; cercate di mantenere un umore costante e rendete felice il principe.

«Presumo che siate giudiziosa», espressione priva della

minima amabilità, ma ammissibile da parte di un fratello, sarebbe di pessimo gusto se provenisse da un amante. Cinque anni dopo, nel 1813, la situazione è identica, solo che questa volta Napoleone parla in veste di capofamiglia:

Ho ricevuto la vostra lettera del 20 gennaio. Mi addolora sapere del vostro cattivo stato di salute. Avreste fatto meglio a venire a Parigi, invece di lasciare che le speranze dei medici vi trascinassero da una contrada all'altra. Avreste fatto meglio ad andare a Nizza, anziché a Hyères; non vedo alcun inconveniente al vostro soggiorno in questa città.

Quanto alle lettere d'amore di Paolina, e più precisamente quelle indirizzate a Fréron o a Forbin, sono tenere, affettuose, sensuali, appassionate, ma mai impudiche, mai rozze, mai volgari.

A fine Ottocento Marcellin-Pellet, con l'aiuto del «Cabinet noir» e del conte d'Hérisson, rinverdì le vecchie calunnie in un'opera pubblicata nel 1886: *Napoleone all'isola d'Elba*. Senza rivelare nessun fatto concreto, questo autore preferisce ammantarsi di virtù offesa, sul genere «Coprite quel seno, che potrei vederlo»; è un espediente risaputo, ma a farci dubitare della natura dell'uomo e della dignità di vivere non mancheranno mai i Tartufo e i don Basilio.

II

PICCOLO MANUALE DI DECORAZIONE
PER ARREDARE UNA RESIDENZA PRIVATA
DI ALTA CLASSE NEL 1816

Pubblichiamo due documenti relativi all'arredamento della residenza romana acquistata da Paolina Borghese subito dopo la caduta dell'impero, e che oggi è sede dell'ambasciata di Francia presso il Vaticano.

Si tratta di un vero e proprio manuale a uso dei decoratori e non attestano soltanto l'importanza attribuita da Paolina all'arredamento degli interni della sua nuova residenza, ma anche il suo gusto e la sua accuratezza. Il primo contiene le istruzioni della principessa al suo intendente, il barone Lindt, ex aiutante di campo di Luciano Bonaparte. Questi diresse i lavori con una diligenza che gli arredatori di oggi nemmeno si sognano: fu tutto finito nel giro di due mesi e mezzo. Il secondo riguarda le spese sostenute dalla principessa per l'esecuzione dei lavori e l'acquisto dei mobili ordinati a Charles De Roos, celebre ebanista allievo di Jacob, che si era appena stabilito a Roma; da esso emerge soprattutto la preoccupazione manifestata da Paolina riguardo alla «solidità delle riparazioni» e all'«economia nelle spese»:

Documento I

Lista delle riparazioni da eseguire e dei mobili necessari per villa Paolina. Sua altezza la principessa incarica il signor barone de Lindt e il segretario Perres di provvedere al più presto e con la massima eleganza possibile, mettendosi d'accordo con l'avvocato M. Vannutelli:

1 Entrando si trova un grande salone: bisogna farlo ridipingere,

porvi due stufe di Firenze, dipingere a olio i telai, ordinare dei sedili di marocchino a scelta del barone da disporre tutto intorno. Tende di una bella cotonina, di colore simile al mobilio; usare legno di noce, di limone o altri legni per i tavoli di marmo che sono collocati negli angoli; tagliare il marmo in modo più semplice. Due statue di gesso all'entrata, dei canapè di legno fuori, delle lampade a olio.

2 *Sala da biliardo*: quella con un buco al centro, che va colmato; dipingerla in modo semplice ma elegante, con motivi a scelta ma non a panneggi, perché la principessa li detesta. Mobili in noce foderati di nanchino con la gala rosso papavero, una tenda di percalle bianco e una di nanchino con gala rossa, parati molto semplici. N.B.: Ci sono 13 pezze di nanchino, il biliardo è in arrivo dalla Francia, le lampade a olio sono qui. Un caminetto di Firenze.

3 *Sala da bagno*: è quella dove ora si trova la biblioteca; una vasca di marmo uguale a quella di palazzo Borghese, i muri con un bel dipinto o a stucco, una porta che si deve aprire sul giardino, un caminetto di Firenze. Bisogna assolutamente che l'acqua calda e quella fredda escano da rubinetti distinti e che l'acqua sia riscaldata in una caldaia fatta apposta. I mobili blu e bianco in nanchino, un lettino da riposo basso. Il barone deve scegliere una stoffa intonata al dipinto, una lampada d'alabastro proveniente da Livorno. La principessa desidera che sia il barone a scegliere gli altri mobili; che scelga anche due bei mobiletti per collocarvi dei vasi d'alabastro. Un tappeto intorno alla pedana. Due campanelli dove dirà il barone. Tende di percalle, frange dello stesso colore del mobilio; la scala interna deve arrivare fino in cima.

4 *Salone*: la carta più bella fra quelle nuove che sono arrivate, dipingere i fregi, i soffitti ecc.; mobili di noce o di limone, foderarli di seta intonata con la carta, un campanello che arrivi in anticamera. Le *consoles* che saranno necessarie, 2 tavoli da giuoco di mogano. Tende di mussola provenienti da Livorno, le tappezzerie minute in seta, colore della carta uguale ai mobili, lampadari al centro che devono arrivare da Livorno, un tappeto.

5 *La Biblioteca*: un dipinto tale da potervi inquadrare la bella biblioteca che sta facendo De Roos; prendere la misura necessaria perché il dipinto non superi i margini; in alto si devono rappresentare dei soggetti graziosi. Cambiare il marmo del caminetto, mettervi lo specchio che in palazzo Borghese stava nella camera di Sua altezza, ordinare i busti della famiglia da porre sulla biblioteca. I mobili sono ordinati da Roos in crine nero, le tende sono una di percalle, una di mussola, un tappeto, una lampada e due lampade a olio.

6 *Piccola anticamera a pianterreno*: panche tutto intorno per i domestici.

7 *Salone grande*: restaurare i dipinti, le finestre, vetri ecc.; sedili di crine nero con alcuni sgabelli, 4 grandi cantonali, 2 grandi *consoles*, tende in percalle bordate con decorazioni intonate, un colore simile; un grande lampadario – a Roma ce n'è uno che si potrebbe acquistare –, due caminetti di Firenze, alcune lampade a olio che il signor Mottedo porta da Livorno, due tavoli da giuoco.

8 *Galleria*: soffitto, telai e dipinti, due piccoli canapè, quattro poltroncine e quattro sedie, il tutto con tappezzeria di casimira pistacchio ricamata di seta bianca come quella blu, due consolle con leggere decorazioni in bronzo, a ogni finestra due tende, una di seta bianca e l'altra di mussola. Ci vuole un tendaggio di casimira lungo le tre finestre riunite. Ci sarà un ricamo di seta bianca e verde, due specchi che devono arrivare da Parigi, il tavolo rotondo di porfido fatto da De Roos, due bei lampadari.

9 *Sala a destra*: un camino che va fatto costruire; far dipingere in bella maniera la cornice e il soffitto, collocare un campanello che arrivi negli alloggi dei domestici. Tappezzeria di seta arancione drappeggiata tutto intorno con frange celesti e bianche; il mobilio di mogano fatto da De Roos, una tenda di seta bianca e l'altra arancione. Foderare i mobili in arancione, un piano che va acquistato, un bel tavolino, due belle lampade a olio a un braccio, un lampadario, al di sopra del caminetto uno specchio che deve arrivare da Parigi, e per finire un tappeto.

10 *Sala a sinistra*: far dipingere tutta la sala dal pittore migliore; sfondo in tinta unita con dei bei soggetti: il soffitto e tutta la stanza devono essere dipinti dal miglior artista, si possono spendere fino a 250 piastre. Sul caminetto uno specchio che viene da Parigi. Il mobile di mogano fatto da De Roos foderato di seta azzurra ordinata da M. Seraphino (Serafino maestro di casa). I dipinti devono essere intonati; un lampadario e due lampade a olio a un braccio provenienti da Livorno, una bella *console* con il piano di mosaico, un bel tavolo tondo.

11 *Camera da letto*: dipingere quanto meglio possibile il soffitto, le cornici superiori e quelle inferiori in modo che i parati non debbano arrivare fino in cima; le tende della stanza devono essere della seta bianca già ordinata dal barone; ordinare le frange bianche e verdi. Il letto di mogano che De Roos sta facendo deve avere due belle colonne ai lati per mettere una tenda bianca di ottima mussola liscia con la frangia verde. Foderare il mobile con seta verde chiaro ricamata in bianco. La seta va acquistata, perché la principessa non ne ha. Ci vogliono tende verdi se si trova la seta, cioè una verde e l'altra bianca di mussola; se non si trova il verde, farle bianche con le mantovane verdi. Una lampada d'alabastro proveniente da

Livorno, lo stipo che sta facendo De Roos, un tappeto, sul caminetto uno specchio che arriva da Parigi, un paravento fatto da Roos, il tavolino da notte, il mobile di mogano foderato in verde con ricami bianchi, un tavolinetto rotondo piccolo.

12 *Gabinetto di toeletta*: questa stanza sarà divisa in due per servire una da toeletta e l'altra da guardaroba; la prima sarà tappezzata di mussola ricamata o a broccato, come ne ha l'ebreo, e foderata di carta rosa; la mussolina deve essere senza decorazioni, i mobili ricoperti di bella indiana inglese rosa e bianca, un piccolo canapè molto comodo, un cassettone, la toeletta che viene da Parigi; porvi una lampada d'alabastro, eliminare la porta che dà nel salone.

13 *Guardaroba*: fare una scaletta che salga dalla cameriera di sopra, proseguendo la scala che scende fino alla stanza da bagno; farvi una comodità all'inglese, se è possibile; sistemare dei tavoli per gli oggetti di guardaroba, come quello di Frascati, con tende di seta verde per chiudere i fori, se si può collocare un armadio con portamantelli; dipingere questa stanza in modo semplice.

14 *Sala da pranzo*: dipingerla in modo grazioso, un caminetto di Firenze, due *consoles* per il servizio di tavola, con il piano di marmo, se è possibile aprire una porta sulla scala per non passare dal salone. 18 sedie e 4 poltrone di marocchino rosso e un grande tavolo già ordinato dal barone. Tende bianche di percalle con la frangia rossa o guarnizioni nella tinta del marocchino, due sgabelli da piedi, lampadario al centro e lampade a olio intorno.

N.B.: Vasistas come se ne trovano a palazzo Borghese, dove si potranno esaminare parlando al viceprincipe.

Bisogna cercare di sistemare i domestici, i letti sono già stati ordinati, i cassettoni ci sono al palazzo, appartengono alla principessa. Bisogna acquistare altri due letti, ordinare armadi e credenze, dipingere quelli che ci sono.

Quanto al piccolo Casino, per il momento va solo pulito, riparato e ridipinto all'esterno; vanno ridipinti di verde anche gli scuri e le finestre.

Cancello nero per il portone d'ingresso. Far lucidare porte, serrature, ferramenta, e acquistare i bronzi più belli.

Quanto alla cappella, dipingerla e farvi tutto il necessario; i candelabri si trovano a palazzo, occorre vedere se sono d'argento dorato.

Aver cura che i campanelli funzionino bene e non si sentano. Per le quattro camere della casa di rappresentanza, la principessa ha ordinato dei mobili a Livorno.

La principessa vuole che le acque siano sostituite e non semplicemente pulite.

La principessa incarica dell'esecuzione di quest'opera M. Vannutelli, il barone e Perres; sottolinea che non si tratta di ordinare una cosa dopo l'altra, ma tutte insieme, per averle tutte nello stesso momento: mobilio, dipinti, frange, vasche ecc. Quanto al giardino, far sabbiare i viali e poi ordinare le panchine. Non appena ordinato un lavoro, bisogna fare il contratto, specificando allo stesso tempo i modi, i tempi e i prezzi, stabilendo una penale d'un terzo se non vengono rispettate le scadenze fissate.

La principessa ordina di fare tutto con la massima celerità, e accorda per tutti i lavori della villa due mesi e mezzo, cioè fino alla fine di novembre (1816); vuole che si scelga con la massima finezza di gusto, e che tutto sia bello ed elegante; si rimette alle persone che incarica di questo lavoro e in cui ripone tutta la sua fiducia, non volendo affatto essere angustiata e annoiata per i particolari o le osservazioni di chicchessia.

(Firmato)
Paolina principessa Borghese

Avvertire gli operai che saranno pagati a fine lavori, e quindi devono essere ragionevoli sul prezzo.

Documento II

Stima approssimativa delle spese che Sua altezza la signora principessa Paolina Borghese intende destinare alle riparazioni e all'arredamento di villa Paolina, già villa Sciarra, esclusi i mobili che devono arrivare dalla Francia e da Livorno, e quelli di De Roos, già ordinati.

Riparazioni generali

	Piastre
Pittura degli interni, pavimentazione al centro della stanza in cui stava la macchina a molla; divisione di una stanza, scaletta di comunicazione con il giardino, vetri, camini, stufe e pulitura delle porte, circa	1500
Riparazione di tetti, dell'aranceto e di parte del cornicione	700
Per sostituire le acque	500

Sala da bagno

Vasca di marmo, stuccatura della stanza e stufa	1000

Mobilio

Svariati mobili, piano di Vienna, bronzi e mostre da camino, oltre a una batteria da cucina	2000

Giardino
   Serra per i fiori con una stufa, potatura dei viali,
panchine di marmo, piante da fiori, lillà e altri arbusti,
aiuole inglesi, prati, cipressi e vasi per i pilastri nei viali   1700
   Facciata in tinta del palazzo e del Casino, insegna
della villa, cortile e una mucca   300
   Totale piastre   7700

Non dimenticare i vasistas. Tutte le riparazioni e l'acquisto degli oggetti elencati sopra saranno eseguiti a cura del signor barone de Lindt e del segretario di Sua altezza la principessa, incaricato dell'amministrazione della sua casa; essi devono prestare grande attenzione alla solidità delle riparazioni, devono scegliere il mobilio e i colori più eleganti, senza dimenticare l'economia necessaria nelle spese più importanti, facendo sempre riferimento ai gusti della principessa e alle intenzioni da lei manifestate.

Il presente preventivo ammontante alla somma di 7700 piastre è stato redatto e stabilito per ordine di sua altezza e in sua presenza, a Frascati il 7 settembre 1816, per essere eseguito al più presto.

(Firmato)
Paolina principessa Borghese

BIBLIOGRAFIA

Abrantès, Laure Junot d', *Mémoires – Histoire des salons de Paris*; tr. it. *Memorie*, Milano, Ultra, 1945.

Alméras, Henri d', *Pauline Bonaparte*; tr. it. *Paolina Bonaparte*, Milano, Corbaccio, 1940.

Angeli, Diego, *I Bonaparte a Roma*, Milano-Verona, Mondadori, 1938.

Archives Nationales, AF IV 876, 1808, AF IV 897, 1813, AF IV 895. O2 202.

Arnault, Antoine-Vincent, *Souvenirs d'un sexagénaire*, Paris, Dufey, 1833.

Aulard, François-Alfonse, *Paris sous le Directoire*, Paris, Le Cerf, 1898.

Bainville, Jacques, *Napoléon*; tr. it. *Napoleone*, Messina, Principato, [1932].

Barras, Paul de, *Mémoires*, Paris, Hachette, 1896.

Beauharnais, Hortense de, regina d'Olanda, *Mémoires d'une contemporaine*, 8 voll., Paris, 1827-28.

Beugnot, Jacques-Claude, *Mémoires*, Paris, E. Dentu, 1866.

Boigne, Eléonore Adèle de, *Mémoires*, Paris, J. Claye, 1866.

Borghetti, Giuseppe, *Paolina Borghese davanti alla Sacra Rota*, Roma, Treves, Treccani e Tuminelli, 1932.

Bro, Louis, *Mémoires*, Parios, Plon-Nourrit, 1914.

Busquet, Raoul, *Histoire de Marseille*, Paris, Laffont, 1945.

Castelot, André (A. Storms), *Joséphine*, Paris, Perrin, 1964.

Chanlaine, P., *Pauline Bonaparte*, Paris, Buchet-Chastel, 1959.

Charles-Roux, François, *Rome asile des Bonaparte*, Paris, Hachette, 1952.

Chastenay, Victorine de, *Mémoires*, Paris, Plon Nourrit, 1896.

Chateaubriand, René de, *Mémoires d'Outre-tombe*, 1848-50; tr. it. *Memorie*, Torino, UTET, 1959.

Clary e Aldringen, Carl de, *Trois mois à Paris lors du mariage de l'em-*

pereur Napoléon 1er et de l'archiduchesse Marie-Louise, Paris, Plon Nourrit, 1914.

Constant (Constant Wairy), *Mémoires*, Paris, Ladvocat, 1830.

Coulmann, Jean-Jacques, *Réminiscences*, Paris, Michel-Lévy Frères, 1862.

Courier, P.-L., *Lettres écrites de France et d'Italie*; tr. it. *Lettere dall'Italia*, Lanciano, Carabba, 1910.

Dalmas, dottor, *Recherches historiques et médicales sur la fièvre jaune en 1805*, Paris, Compère jeune, 1822.

Davin, *Pauline Borghèse dans le Var*, Draguignan, Imp. Olivier Jouan, 1955.

Decaux, Alain, *Letizia, mère de l'Empereur*, Paris, Imp. de Tournon, 1949.

Dixon, Pierson, *Princess Borghese*, Paris, Fayard, 1966; London, Collins, 1964.

Ducrest, Georgette, *Mémoires sur l'impératrice Joséphine*, Paris, Ladvocat, 1829.

Fleishmann, Hector, *Pauline Bonaparte*, Paris, Librairie Universelle, 1910.

Fleuriot de Langle, Paul, *La Paolina, soeur de Napoléon*, Paris, Colbert, 1946.

Fouché, Joseph, *Mémoires*, Paris, Le Rouge, 1824.

Frenilly, Auguste-François de, *Souvenirs*, Paris, Plon Nourrit, 1908.

Friedrich, Conrad, *Mémoires*, Tübingen, 1848.

Gélannes, B. de (Georges Marty), *Pauline Bonaparte*, Paris, Ed. de l'Arabesque, 1955.

Girardin, Stanislas de, *Mémoires – Journal et souvenirs*, Paris, Moutardier, 1929.

Gobineau, Marcel, *Pauline Bonaparte, soeur fidèle*, Paris, P. Amiot, 1958.

Goldsmith, Lewis, *Histoire secrète de Napoléon Bonaparte et de la cour de Saint-Cloud*, Paris, Les marchands de nouveautés, 1814.

Goncourt, E. e J. de, *Histoire de la Société française sous le Directoire*, Paris, E. Dentu, 1855.

Henri-Robert, *Les Grands Procès de l'Histoire*, Paris, Payot, 1926.

Hérisson, Maurice de, *Le Cabinet noir*, Paris, P. Ollendorff, 1887.

Hohschild, Karl Frederich, *Désirée reine de Suède et de Norvège*, Stockholm, Nat. Arch., 1890.

Khün, Joseph, *Pauline Bonaparte*, Paris, Club des Libraires, 1937.

Lacour Gayet, Georges, *Napoléon*, Paris, Hachette, 1921.

Lamartine, Alphonse-Louis de, *Histoire de la Restauration*, 1851-53.

Las Cases, Emmanuel de, *Mémorial de Sainte-Hélène*, 8 voll., 1823; tr.

it. *Il memoriale di Sant'Elena,* seguito da, Francesco Antonmarchi, *Gli ultimi giorni di Napoleone,* Roma, Avanzini e Torraco, 1967.

Lévy, Arthur, *Napoléon intime;* tr. it. *Napoleone intimo,* Milano, Minerva, 1935.

Luzzatto-Guerrini, Teresa, *Paolina,* Firenze, Nemi, 1932.

Madelin, Louis, *Histoire du Consulat et de l'Empire,* Paris, Hachette 1939.

Magen, Hippolyte, *Les Deux Cours et les nuits de Saint-Cloud,* London, Jeffs, 1852.

Magnac, *La Perte de Saint-Domingue,* Paris, Librairie africaine et coloniale, 1934.

Marbot, Jean-Baptiste-Antoine de, *Mémoires,* Paris, Plon Nourrit, 1891.

Marchand, Louis-Joseph Narcisse, *Souvenirs,* Paris, Plon, 1952.

Masson, Frédéric, *Napoléon et sa famille,* Paris, P. Ollendorff, 1919.

Méneval, Claude-François de, *Napoléon et Marie-Louise. Souvenirs historiques,* Paris, Amyot, 1844.

Metternich, Clemens von, *Mémoires;* tr. it. *Memorie,* Roma, Bonacci, 1991.

Morgan, Sidney Owenson, *L'Italie,* Paris, P. Dufart, 1821.

Nadaillac, Jean François de, *Mémoires, Souvenirs de la marquise de Nadaillac,* Paris, 1912.

Narbonne, B., *Pauline Bonaparte,* Paris, Hachette, 1963.

Nasica, T., *Mémoires sur l'enfance et la jeunesse de Napoléon,* Paris, Ledoyen, 1852.

Nauroy, Charles de, *Les Secrets de Bonaparte,* Paris, E. Bouillon, 1889.

Normand, Suzanne, *Pauline Bonaparte,* Paris, Grasset, 1952.

Ormesson, Wladimir d', *La Ville éternelle,* Paris, Alastia, 1956.

Ossian, traduzione di Macpherson [sic!], *Fingal;* tr. it. Macpherson, James, *Le poesie di Ossian,* Milano, Mondadori, 1983.

Pacca, Bartolomeo, *Mémoires historiques,* Paris, Pradel et Goujon, 1845.

Parlanges, H., *Etude médico-psychologique sur Pauline Bonaparte,* Lyon, Bosc-Frères, 1838.

Pietrangeli, Carlo, *Villa Paolina – Guida del Museo,* Roma, Istituto di studi romani, 1961.

Piettri, François, *Lucien Bonaparte,* Paris, Plon, 1939.

Pons, André, detto Pons de l'Hérault, *Napoléon souverain de l'île d'Elbe,* Paris, Plon-Nourrit, 1934.

Rémusat, Madame de, *Mémoires;* tr. it. *Memorie,* Milano, Istituto Editoriale Italiano, 1918.

Robiquet, Jean, *La Vie quotidienne au temps de Napoléon,* Paris, Hachette, 1944.

Roussier, Paul, *Lettres du général Leclerc, à Decrès et Napoléon*, Paris, Faculté de Lettres, 1935.

Sancholle-Henraux, Bernard, *Le Chevalier Luigi Angiolini, Correspondances*, Paris, Prieur et Dubois, 1913.

Savant, Jean, *Les Amours de Napoléon*, Paris, Hachette, 1956.

Scott, Walter, *Vie de Napoléon*; tr. it. *Vita di Napoleone Buonaparte, Imperatore dei francesi, preceduta da un quadro della Rivoluzione francese*, Firenze, Ciardetti, 1927-28.

Servières, Joseph de, *Les réfugiés corses à Marseille de 1793 à 1797*, Imp. St-Laurent du Var, 1914.

Talleyrand, Charles-Maurice de, *Mémoires*; tr. it. *Memorie di Talleyrand*, Milano, Rizzoli, 1941.

Talma (Hector Fleischmann), *Lettres d'amour*, Paris, Fasquelle, 1911.

Thierry, Augustin, *Notre-Dame des colifichets*, Paris, Albin Michel, 1937.

Turquan, Joseph, *Les soeurs de Napoléon: Elisa et Pauline Bonaparte*, Paris, Tallandier, 1954.

Villemarest, Maxime de, *Souvenirs d'un chroniqueur*, Mayenne, Imp. C. Colin, 1830.

Zieseniss, Charles Otto, *Napoléon et la cour impériale*, Paris, Tallandier, 1980.

– , *Lettres à Drouot*.

– , *Mémoires*, Paris, A. Picard, 1899.

–, *Correspondance inédite de Napoléon et de la famille impériale avec la princesse Borghèse*.

–, *Correspondence inédite (Lettre de la princesse Borghèse à Mme Michelot)*.

–, *De Buonaparte et des Bourbons*; tr. it. *Di Buonaparte, dei Borboni e della necessità di riunirci intorno ai nostri principi*, Milano, Sonzogno, 1914.

–, *Les dissentements de la famille impériale*, Paris, Plon Nourrit, 1893.

–, *Mémoires politiques*, Paris, 1866.

–, *Souvenirs de Blangini*, Paris, Allardin, 1834.

INDICE DEI NOMI

R.M. Utley, *Toro Seduto*
La sua vita, i suoi tempi

J. Goebbels, *Diario 1938*

P. Filo della Torre, *Elisabetta II*
La donna e la regina

R. Lazzero, *Il sacco d'Italia*
Razzie e stragi tedesche nella repubblica di Salò

M. Isnenghi, *L'Italia in piazza*
I luoghi della vita pubblica dal 1848 ai giorni nostri

G. Bocca, *La repubblica di Mussolini*

E. Ferri, *Maria Teresa*
Una donna al potere

A. Lepre, *Italia, addio?*
Unità e disunità dal 1860 a oggi

A. Pietromarchi, *Luciano Bonaparte*
Il fratello nemico di Napoleone

T. Powers, *La storia segreta dell'atomica tedesca*

D. Mack Smith, *Vittorio Emanuele II*

F. Herre, *Bismarck*
Il grande conservatore

L. Picciotto Fargion, *Per ignota destinazione*
Gli ebrei sotto il nazismo

G. Oliva, *I vinti e i liberati*
8 settembre 1943 - 25 aprile 1945. Storia di due anni

É. Viennot, *Margherita di Valois*
La vera storia della regina Margot

A. Petacco, *La signora della Vandea*
Un'italiana alla conquista del trono di Francia

N. Avril, *Sissi*
Vita e leggenda di un'imperatrice

A. Spinosa, *Italiane*
Il lato segreto del Risorgimento

F. Coen, *Dreyfus*

G. Giorgerini, *Uomini sul fondo*
Storia del sommergibilismo italiano dalle origini a oggi

D. Fraser, *Rommel*
L'ambiguità di un soldato

G.B. Guerri, *Fascisti*
Gli italiani di Mussolini. Il regime degli italiani

P. Pinto, *Vittorio Emanuele II*
Il re avventuriero

U. Lazzaro, *L'oro di Dongo*
Il mistero del tesoro del duce

A. Lepre, *Mussolini l'italiano*
Il Duce nel mito e nella realtà

A. Petacco, *La nostra guerra 1940-1945*
L'avventura bellica tra bugie e verità

C. Williams, *De Gaulle*
L'ultimo Grande di Francia

R. Bracalini, *Cattaneo*
Un federalista per gli italiani

G. Eschenazi – G. Nissim, *Ebrei invisibili*
I sopravvissuti dell'Europa orientale dal comunismo a oggi

P. Preston, *Francisco Franco*
La lunga vita del Caudillo

A. Read – D. Fischer, *La caduta di Berlino*
L'ultimo atto del Terzo Reich

H. R. Lottman, *I Rothschild*
Storia di una dinastia

G. Chastenet, *Lucrezia Borgia*
La perfida innocente

L. Pierotti Cei, *Madonna Costanza*
Regina di Sicilia e d'Aragona

A. Stille, *Nella terra degli infedeli*
Mafia e politica nella Prima Repubblica

G. Artieri, *Le guerre dimenticate di Mussolini*
Etiopia e Spagna

M. Boneschi, *Poveri ma belli*
I nostri anni Cinquanta

R. Tumiati, *La pace del mondo gelatina*
Una giovinezza nel fascismo

A. Palmer, *Francesco Giuseppe*
Il lungo crepuscolo degli Asburgo

A. Speer, *Memorie del Terzo Reich*

O. Vergani – G. Vergani, *Caro Coppi*
La vita, le imprese, la malasorte, gli anni di Fausto e di quell'Italia

G. Gerosa, *Napoleone*
Un rivoluzionario alla conquista di un impero

R. Calimani, *Storia del ghetto di Venezia*

C. Gentry, *Il primo poliziotto d'America*
Da Roosevelt a Nixon, la vita e i segreti di J. Edgar Hoover, capo dell'FBI

R. Lazzero, *Gli schiavi di Hitler*
I deportati italiani in Germania nella seconda guerra mondiale

A. Petacco, *Il comunista in camicia nera*
Nicola Bombacci, tra Lenin e Mussolini

J. Ridley, *Tito*
Genio e fallimento di un dittatore

M. Craveri, *L'eresia*
Dagli gnostici a Lefebvre, il lato oscuro del cristianesimo

V. M. Manfredi, *I Greci d'Occidente*

G. Rocca, *Il piccolo caporale*
Napoleone alla conquista dell'Italia 1796-97 e 1800

M. Mafai, *Botteghe oscure, addio*
Com'eravamo comunisti

R. Zorzi, *Cesare Beccaria*
Il dramma della giustizia

V. Zucconi, *Gli spiriti non dimenticano*
Il mistero di Cavallo Pazzo e la tragedia dei Sioux

C. Powell, *Nato nel Bronx*
Una storia americana

A. D. Ortiz, *Evita*
Un mito del nostro secolo

E. Ferri, *Giovanna la Pazza*
Una regina ribelle nella Spagna dell'Inquisizione

R. W. Howe, *Mata Hari*
La vera storia della più affascinante spia del nostro secolo

M. Boneschi, *La grande illusione*
I nostri anni Sessanta

A. Fraser, *Maria Stuart*
La tragedia di una regina

F. Herre, *Guglielmo II*
L'ultimo Kaiser

G.B. Guerri, *Giuseppe Bottai, fascista*

A. Spinosa, *Augusto. Il grande baro*

D. Pizzagalli, *L'amica*
Clara Maffei e il suo salotto nel Risorgimento italiano

A. Knight, *Beria*
Ascesa e caduta del capo della polizia di Stalin

E. Goldhagen, *I volonterosi carnefici di Hitler*
I tedeschi comuni e l'Olocausto

E. Gentile, *La Grande Italia*
Ascesa e declino del mito della nazione nel ventesimo secolo

A. Petacco, *L'archivio segreto di Mussolini*

H. A. Turner Jr, *I trenta giorni di Hitler*
Come il nazismo arrivò al potere

G. King, *L'ultima zarina*
Vita e morte di Alessandra Fëdorovna

M. Carpinello, *Libere donne di Dio*
Figure femminili nei primi secoli cristiani

A. Cazzullo, *I ragazzi di via Po*
Quando Torino ritornò capitale

I Rosselli
Epistolario familiare, 1914-1937

Ch. Jacq, *Le donne dei faraoni*
Il mondo femminile nell'antico Egitto

Questo volume è stato impresso
nel mese di giugno dell'anno 1997
presso lo stabilimento Nuova Stampa di Mondadori - Cles (TN)

Stampato in Italia - Printed in Italy

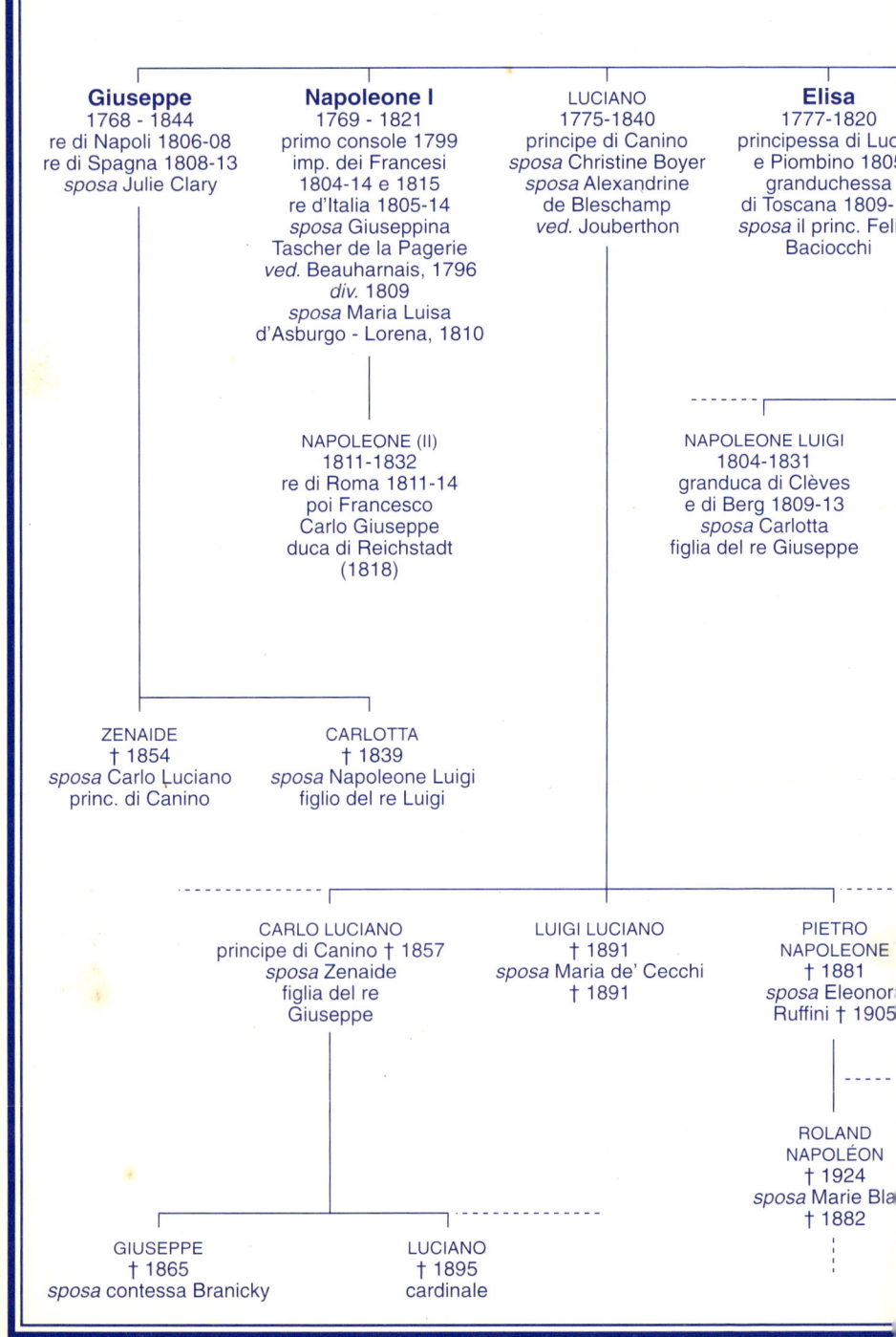

Giuseppe
1768 - 1844
re di Napoli 1806-08
re di Spagna 1808-13
sposa Julie Clary

Napoleone I
1769 - 1821
primo console 1799
imp. dei Francesi
1804-14 e 1815
re d'Italia 1805-14
sposa Giuseppina
Tascher de la Pagerie
ved. Beauharnais, 1796
div. 1809
sposa Maria Luisa
d'Asburgo - Lorena, 1810

LUCIANO
1775-1840
principe di Canino
sposa Christine Boyer
sposa Alexandrine
de Bleschamp
ved. Jouberthon

Elisa
1777-1820
principessa di Luc
e Piombino 1805
granduchessa
di Toscana 1809-1
sposa il princ. Feli
Baciocchi

NAPOLEONE (II)
1811-1832
re di Roma 1811-14
poi Francesco
Carlo Giuseppe
duca di Reichstadt
(1818)

NAPOLEONE LUIGI
1804-1831
granduca di Clèves
e di Berg 1809-13
sposa Carlotta
figlia del re Giuseppe

ZENAIDE
† 1854
sposa Carlo Luciano
princ. di Canino

CARLOTTA
† 1839
sposa Napoleone Luigi
figlio del re Luigi

CARLO LUCIANO
principe di Canino † 1857
sposa Zenaide
figlia del re
Giuseppe

LUIGI LUCIANO
† 1891
sposa Maria de' Cecchi
† 1891

PIETRO
NAPOLEONE
† 1881
sposa Eleonor
Ruffini † 1905

ROLAND
NAPOLÉON
† 1924
sposa Marie Bla
† 1882

GIUSEPPE
† 1865
sposa contessa Branicky

LUCIANO
† 1895
cardinale